ullstein

Das Buch

Die Politik betreibt Abstiegsmanagement. Der »vorsorgende« Staat macht Verlierer. Darum ist der Kampfruf »Aufstieg für alle« ohne Alternative. Aufsteiger sind auch Stellvertreter. Sie müssen Garanten für den Wertbesitz der Gesellschaft sein. Wo die Starken sich abkoppeln, sind die Schwachen bald isoliert. Sie werden auch die Starken stürzen. Wir brauchen ein neues Ethos für Aufsteiger. Sein Kerngebot: Aufstieg verpflichtet! Die Erfolgreichen müssen ihr Bestes geben, damit die Verlierer von heute morgen an ihrer Seite sind.

Die Autorin

Prof. Dr. Gertrud Höhler ist Publizistin und Beraterin für Wirtschaft und Politik. Sie ist Board Member des Schweizer Chemie-Konzerns CIBA, der Bâloise Insurance und des Ingenieur-Unternehmens Georg Fischer. Sie wurde vielfach ausgezeichnet, u. a. mit dem Bundesverdienstorden der Bundesrepublik Deutschland und dem Deutschen Fairnesspreis.

Gertrud Höhler

Aufstieg für alle

Was die Gewinner den Verlierern schulden

Ullstein

Besuchen Sie uns im Internet:
www.ullstein-taschenbuch.de

Umwelthinweis:
Dieses Buch wurde auf chlor- und säurefreiem Papier gedruckt.

Ungekürzte Ausgabe im Ullstein Taschenbuch
1. Auflage Februar 2009

Zeichnungen: Klaus Menzel, Meerbusch
Grafik: Joachim Biehne, Visuelle Kommunikation, Düsseldorf
Umschlaggestaltung: HildenDesign, München
(unter Verwendung einer Vorlage von Etwas Neues entsteht, Berlin)
Titelabbildung: Benno Kraehahn, Berlin
Satz: LVD GmbH, Berlin
Gesetzt aus der Sabon und Syntax
Druck und Bindearbeiten: CPI – Ebner & Spiegel, Ulm
Printed in Germany
ISBN 978-3-548-37247-1

Für
Abel
Luna
Daniela
Lena

Für
meine Mutter
meine verlorenen Brüder

Für
Michael Koch

Für
meine Toten:
meinen Vater
Rainer Gruenter

INHALT

I ABSTIEGSMANAGER AN DER MACHT

Abstieg als geheime Kommandosache

Abstieg für alle – so lautet das verschwiegene Motto der Politik in Deutschland. Abstiegsmanagement ist eine ungewohnte Herausforderung für Politiker, die mit Glücksversprechen und Wahlgeschenken Erfahrung haben. ›Abstieg‹ gehört nicht ins Vokabular der Herrschenden und kommt dort auch nicht vor. Es ist ja eher eine geheime Kommandosache, quer zu den attraktiven Botschaften, mit denen Mandatsträger ihre Zukunft auf herrschenden Positionen sichern.

Noch ist kein Motto gefunden, das den Abstieg als Versprechen kostümiert. ›Reformer‹ mag niemand mehr sein, seit Reformen als Drohkulisse empfunden werden.

Die größte Chance, das Abstiegsszenario aus der Tabuzone zu holen, möchte einstweilen kein Politiker ergreifen, weil so das Luftschloss zerstört würde, in dem die Politik sich soeben eingerichtet hat: Der Aufschwung sei ihr Verdienst, heißt der trügerische Slogan um das luftige Gebilde. Die Riesenchance wahrzunehmen, die im unerwarteten Aufschwung steckt, würde aber mehr bringen als jedes Selbstdekor, an das ohnehin kaum einer mehr glaubt.

Die Chance wahrzunehmen hieße, millionenfach Zuversicht zu verbreiten: Freunde, da haben uns Erfolge überfallen, die jede Prognose über den Haufen werfen, Erfolge, die keineswegs unser Verdienst sind, aber ein gewaltiger Ansporn für uns alle. Motto: Auch wo wir abstiegstrunken und mutlos unterwegs sind, setzen sich gutes Management der Wirtschaft und Leistungslust der Menschen durch. Der Gewinn aus dieser Lesart, die immerhin den Vorzug hat, der Wahrheit zu entsprechen, wäre viel größer als der vermutete Vorteil aus der falschen Auskunft, die

Politik sitze im *driver seat*. Was will sie liefern, wenn die Bürger fordern: ›Weiter so‹?

Dieses natürlich gar nicht zumutbare Bekenntnis der Politik an die Bürger hätte eine bisher unerprobte, in diesen Zeiten aber höchst angemessene Form der Solidarität hergestellt: Leute, hätte der verborgene Subtext der Politik gelautet, Ihr mißtrauischen Partner unseres fehlerhaften Tuns, wir erleben die Grenzen unserer Macht. Wir möchten mit Euch gemeinsam die vitale Hoffnung feiern, dass sich Erfolge auch gegen unser Unvermögen durchsetzen, weil es überall Menschen gibt, die den Rausch der Leistung suchen und nach Erfolgen hungern.

Aufstiegswille: Das ist nicht der Sonderfall, sondern die Regel. Schon kleine Kinder wollen nichts energischer als aufsteigen – auf allen Vieren, dann auf zwei Beinen stehen und gehen, und jeden Tag mehr erreichen als am Tag zuvor. Kinder sind die Aufsteiger *par excellence*. Sie lernen wie besessen, ergreifen Besitz von allem, um es zu ›be-greifen‹ und dann zu verstehen. Wer treibt ihnen das aus – und wann?

Was ist los in einer Kultur, die ihren Aufstiegswillen vergißt? Ihn an wenige delegiert, die sie argwöhnisch beobachtet? Was ist los in einer Republik, deren Hunger nach Aufstieg politisch ›vom Programm genommen‹ wird? Was läuft da falsch, wenn eine Regierung ungestört und ungeniert Abstiegsmanagement betreibt und damit die kostbarste Ressource der Menschen lähmt: die Lust am Aufstieg?

Alle Newcomer im weltweiten Wettbewerb leben von dieser Ressource: Aufstiegswille, grenzenlos. Wovon wollen wir künftig leben? Hat jemals eine Kultur überlebt, die den Schwund allen Lebenskomforts zum Zukunftsmotto macht? Ist jemals eine Gesellschaft wie eine Lämmerherde aus allen hart erkämpften Freiheitsspielräumen ausgewandert in die Planwirtschaft?

Mit welchen Völkern glückt das Experiment? Am Ende mit uns Deutschen? Die politische Führung lädt Schuld auf sich, wenn sie unseren Wohlstand und unsere Freiheit verspielt.

Abstieg für alle – das ist das verschwiegene Motto der Politik in Deutschland.
Was ist los in einer Republik, deren Hunger nach Aufstieg politisch ›vom Programm genommen‹ wird?
Wovon wollen wir künftig leben?
Hat jemals eine Kultur überlebt, die den Schwund allen Lebenskomforts zum Zukunftsmotto gemacht hat?

Ist jemals eine Gesellschaft wie eine Lämmerherde aus allen hart erkämpften Freiheitsspielräumen ausgewandert in die Planwirtschaft?

Zielverlust

Abstieg für alle. Wo immer wir fragen auf den Meinungsmärkten in Deutschland, Abstieg ist das Programm für die nächsten Jahrzehnte. ›Enttäuschungsoffen‹ – wie die letzten Soziologen der ›fetten Jahre‹ das genannt hätten – legen die Menschen Wert darauf, nichts zu beschönigen. Es geht abwärts, sagen die meisten. Und erschreckend gleichmütig sagen sie es. Natürlich wissen sie von Gewinnergruppen, die gerade aufsteigen, und von Verlierern, die eben jetzt so tief stürzen, wie es in der alten Bundesrepublik gar nicht zugelassen wurde.

Der Zorn lässt auf sich warten. Aber er kommt, sagen die Forscher. Es muss nur ein ganz klein wenig besser gehen, dann erwacht die Revolte.

Fast atemlos ducken sich die Menschen unter immer neue Zumutungen und Verluste. Deutschland Wunderland ist zurückgefallen, so hören sie seit Jahren. Aber wir waren doch mit Siegerabonnement unterwegs, wir haben die Barbarei der Mauer unblutig erledigt, neuerdings sind wir auch Fußballwunderkinder. Verdienen wir, seit wir alle beisammen sind, nicht nur die Westler, nicht auch ein bißchen Glück?

Haben wir ja!, müsste jeder sagen, der das Wunder der Konjunkturwoge 2006 erlebt hat, an der die Reformdrohungen der Politik einen Anteil hatten, der ziemlich zuverlässig bei Null liegt. Die Philosophin Hannah Arendt war es, die »das Recht, Wunder zu erwarten«, vor allem den freien Völkern zugesprochen hat. Als wir noch Wunderkinder waren, haben wir das gern geglaubt. Heute sind wir Virtuosen des Misstrauens, Hellseher statt Zuschauer beim politischen Geschäft, nicht mit allen Wassern gewaschen, aber vom Wind des Wandels zerzaust – und sehr allein, seit die bleierne Hand des vorsorgenden Staates immer schwerer auf unserer Schulter liegt.

Abstieg für alle, das ist ein Motto, für das wir jeden Tag und überall Beweise finden.

Und wenn die Forscher recht hätten, die uns belehren, wir würden schon aufbegehren, wenn es uns nur etwas besser ginge: Wer weiß, ob das auf Deutsche zutrifft, die sich auch in totalitären Herausforderungen eher anpassen? Immerhin gibt die Achtundsechziger-Revolte den Forschern recht: Im Aufwärtszyklus brandet der Protest auf. Im Abstieg schweigen die Verlierer fatalistisch. Sie wandern ab aus ihren sozialen Bindungen, sie resignieren. Abstieg macht stumm.

Erst im Aufschwung kommt die Stimme wieder. Ob Politiker das wissen – und fürchten?

Deutschland ist auffallend ruhig, gemessen an den großen Verlusten, die die Menschen machen, an jeder Jahresschwelle neue. Die fatalistische Ruhe zeigt, dass sie dem Zwischenhoch der Konjunktur nicht trauen. Und auf Wunder haben sie keine Lust. Lieber handfeste Kausalitäten. Nie mehr vergeblich hoffen. Nie mehr Wechselbäder.

Was die Abstiegs-*community* mit den neuen Spielräumen macht, falls sie wirklich kommen, falls die Politik sie nicht sofort wieder okkupiert, lohnt erwartungsvolle Aufmerksamkeit. Das Verlierergefühl hat sich ja flächendeckend ausgebreitet; auch die sogenannte Elite nimmt daran teil. Viele hochqualifizierte Leistungsträger sehen sich einfach übergangen, während belastbare, unterkühlte junge Nachrücker an ihnen vorbeiziehen, noch ehe sie ihre Chance hatten. Diese Verlierer sind die potentiellen Verbündeten der *loser* aus niedrigeren Schichten. ›Neue Armut‹ ist zum Teil ein ökonomisches Thema; sie ist weit gefährlicher, weil kaum therapierbar durch Politik, ein Fall von Sinnverlust. Hier entsteht eine Gerechtigkeitslücke neuen Zuschnitts, die sich nicht holzschnittartig diskutieren und per Tarifvertrag wegmanagen lässt.

Abstiegsmanagement, wie es die Politik gegenwärtig betreibt, wäre also eine Garantie für beherrschbare Verhältnisse und fügsame Bürger.

Abstieg für alle – so lautet seit einigen Jahren das verschwiegene

Motto der Politik. So sicher das Rede-Tabu das Motto schützt, so zuverlässig hat die verfeinerte Witterung der Wähler das Leitmotiv erkannt.

›Kleine Schritte‹, sagt die Politik und spart aus, wohin die führen sollen. Es tut nicht weh, ihr werdet Zeit haben, euch daran zu gewöhnen, dass alles dürftiger und enger wird. Eng ist auch gemütlich, sagen die Datschenbesitzer aus dem deutschen Neuland.

Die Schritte dürfen klein sein, wenn die Visionen groß sind. Wohin es gehen soll, ist entscheidend.

Ziele für Bürger sollten es sein, nicht Ziele für Mächtige. Wo beides immer weiter auseinanderfällt, droht beiden Gefahr. Denn Macht braucht Mitspieler, und die Mitspieler verlangen Glaubwürdigkeit. Keiner von beiden wird sich anstrengen, wenn er den oder die andern geringschätzt. Der schleichende wechselseitige Ansehensverlust, der Bürger und Politiker, Topmanager und Normalverbraucher trennt, bedroht beide Lager. Ohne gegenseitige Anerkennung können Führung und Geführte keines ihrer Ziele erreichen – gleichgültig, ob sie sich auf gleiche Ziele einigen konnten oder nicht.

Während wir die wachsende Entfernung der Führenden von den Menschen im Staat und im Markt beobachten, als sei sie der neue Normalzustand, wächst die Bedrohung für uns alle, dass wir einander aus den Augen verlieren. Wo Führung ein *closed shop* wird, bricht sie das Bündnisversprechen, das sie mit den weniger Erfolgreichen und mit den Verlierern in ein Boot zwingt. Wer führen will, ohne die andern ins Boot zu lassen, hat sein Privileg verspielt.

Wenn die politische Führung für ein Kalkül der kleinen Schritte entscheidet, teilt sie eigentlich mit: Es dauert lange. Der Weg bis zur Ankunft wird gestreckt, die Fragen nach dem Ziel können aufgeschoben werden. Kleine Schritte sind auch sinnvoll, wenn es um Machterhalt geht. Wer lange oben bleiben will, kann an der Verlangsamung aller Prozesse interessiert sein. Das gilt aber nur für Spitzenplätze in der Politik. Die Wirtschaft lebt im Tempodiktat der Weltmärkte. Sie hat schneller und mit größeren Schritten wieder Fahrt aufgenommen als die Politik. Damit begünstigt sie ungewollt die Politiker, die sich nun zu Vätern der wirtschaftlichen Erfolge erklären.

Aufstiegswille: Das ist nicht der Sonderfall, sondern die Regel. Schon kleine Kinder wollen nichts energischer als aufsteigen – um jeden Tag mehr zu erreichen als am Tag zuvor.

Es ist der Zielverlust, der dem Abstieg vorausgeht. Viele Leistungsträger sehen sich übergangen, während ein unterkühlter *winner*-Trupp nach oben zieht.
›Neue Armut‹ ist nur zum Teil ein ökonomisches Thema. Sie ist, weit gefährlicher, ein Fall von Sinnverlust.

Wer den Aufstieg will, muss einen andern Einstieg wählen als die Botschaft der kleinen Schritte. Was bescheiden klingt, begeistert nicht. Wer nicht enttäuschen will, wird diese mutlose Formel von den kleinen Schritten wählen. Wer nur überleben will, wird nicht mehr als das Überleben sichern können, unabhängig davon, wie groß die Chancen wären, die er abwählt. Wer sich für Aufstieg entscheidet, wird anders als der Überlebensmanager bald viele Verbündete haben. Sie würden ihm helfen, die Vision zu klären, die den Treibsatz für den Aufstieg liefert.

Sobald wir nicht mehr gruppenweise auf Kosten der andern aufsteigen, sondern alle zusammen, hört die Langeweile des puren Überlebens auf. Jetzt endlich hören wir wieder die Stimmen der andern, die im Abstieg verstummt waren. Jetzt lernen die Mächtigen Ziele und Träume kennen, die anders klingen als ihre Dogmen von der Selbstbehauptung. Jetzt und nur im Aufstieg bekommen wir die Chance, wieder zu lernen, verschiedene Träume gemeinsam zu erfüllen.

Für Aufstieg entscheiden, heißt die Richtung wechseln: aufwärts statt abwärts. Richtungswechsel heißt Tempowechsel, weil wir keinen Grund mehr für zaghafte kleine Schritte haben. Und die Verlegenheit, Ziele zu zeigen, endet plötzlich. Die Verlierer wollen keineswegs auf die Plätze der Sieger, aber sie wollen nicht mehr Verlierer sein. Sie wollen mitspielen in der Mitte. Die abstiegsbedrohten Spieler in der Mitte wollen Sicherheit und Freiheit, um ihre Aufstiegspotentiale zu erforschen. Beide Gruppen profitieren nur dann, wenn die Entscheidung für ein Klima des Aufstiegs von den Gewinnern auf den besten Plätzen getragen wird. Aufstieg für alle heißt dann nämlich: Jeder wirtschaftliche Erfolg verpflichtet. Nicht nur materiell müssen die Unternehmen Erfolgsteilhabe liefern; sie müssen vor allem Lieferanten von Chancen sein, die aus Zuschauern des Erfolgs Mitspieler machen. Ausbildung und Fortbildung sind eine feste Dauerverpflichtung erfolgreicher Unternehmen. Sie sollen nicht Geschenke verteilen, sondern Herausforderungen liefern.

Der ›starke Staat‹ renommiert einstweilen noch mit Scheinerfolgen und Etikettenschwindel. Seine prallgefüllten Kassen hat er den Bürgern zu verdanken. Wenn die Fanfare ›Aufstieg für alle‹ auch die Regierung zum Mitspielen zwingt, wird der starke

Die Schritte dürfen klein sein, wenn die Visionen groß sind.
Wohin es gehen soll, ist entscheidend.
Ziele für Bürger sollten es sein, nicht Ziele für Mächtige.
Wo beides immer weiter auseinanderfällt, droht beiden Gefahr.

Aufstieg für alle heißt: Jeder wirtschaftliche Erfolg verpflichtet.
Wer Erfolg hat, muss aus Zuschauern Mitspieler machen.

Staat ein paar Positionen räumen müssen. Zu allererst muss er sich bei seinen Bürgern bedanken. Für ihre Geduld und Friedfertigkeit, obwohl es einen Aufstand wert gewesen wäre, dass die politische Führung den Abstieg als geheime Kommandosache an ihnen vorbei zum Dauerprogramm gewählt hat. Abstieg als zuverlässiges Szenario für Machterhalt: Das bestätigt die Forscher, die von willfährigen Bürgern in Zeiten kollektiver Entmutigung berichten. Entmutige deine Leute, dann folgen sie dir, heißt der zynische Führungssatz für dürftige Zeiten und Machterhalt. Die Welt der kleinen Schritte, in der Deutschland sich einrichten soll, ist in Wahrheit ein Szenario der unsicheren Schritte. Zielverlust lautet die Diagnose, und sie bedeutet Führungsversagen im großen Stil.

Zum Führungsversagen gehört auch die Okkupation von Erfolgen, die keiner wirklich versteht, durch die Politik. Glaubwürdige Führung müsste bescheiden kommentieren: Wir nähern uns der Normalität, aber unser Beitrag im Weltkonzert der Wirtschaftsmächte bleibt immer noch weit hinter unserer Leistungsfähigkeit zurück. Der kleine Aufschwung von 2006 und 2007 belohnt wirtschaftliche, nicht politische Reformen. Die Risikoscheu des deutschen Strebers wird zum Laster in turbulenten Zeiten. Der Streber glaubt nur, was er sieht. Er mauert sich bürokratisch ein, um den Wellengang im Wildwasser des Wandels aus dem sicheren Haus zu beherrschen. Wogen bändigen, statt das Kanu steuern: Wer so plant, bleibt auf der Verliererseite.

Ein Wunder muss her! Und der kleine Aufschwung von 2006 und 2007 könnte Vorbote eines Wunders sein. Aber Wunder sind Risiko, sagt der politische Streberclub. Und wer Wunder zulässt, steht nicht mehr als der Macher da. Streber sind eitel, sie buchen auch die Erfolge der andern aufs eigene Konto. Dennoch: Ein Wunder muss her! Weil nur ein Wunder die Schwarzseher mit den Hellsehern verbindet. Die Gewinner mit den Verlierern. Ein Vorglühen des Wunders ist die kleine Konjunktur, die uns 2006 überraschte. Sie war nicht prognostizierbar, auch wenn es da ein paar Besserwisser gibt, die gestern schon davon wussten. Ein ›Wunder‹ wie jener legendäre Wirtschafts- und Wohlstandsaufstieg von Nachkriegsdeutschland hat dieses Label nur bekommen, weil alle überrascht waren, weil niemand geglaubt hatte, weil alle Umstände dagegen sprachen. Von Wundern reden wir, wenn unsere Logik Schiffbruch erleidet. Nur ein Wunder kann unsere falschen Prognosen entschuldigen. Es versöhnt die Rechthaber mit denen, die unrecht hatten. Das Wunder befriedet beide: die Optimisten und die Pessimisten. Es verbindet die Lager, wenn wir von einem Wunder reden können: Es gehört allen, und endlich endet der Streit.

Das Wirtschaftswunder der Nachkriegsjahre widersprach den Nahkampf-Szenarien der Politik so gründlich, dass jeder Mitspieler in diesem ideologischen Grabenkrieg der konträren Menschenbilder geschworen hätte, nichts sei unwahrscheinlicher als ein solcher Sieg der freiheitlichen Wirtschaftsordnung und eine solche Explosion des Leistungswillens.

Das Unwahrscheinlichste setzte sich durch. Die Menschenfreunde in beiden Lagern, die auf der einen Seite nach mehr Staat und auf der andern nach weniger Staat riefen, traten am Ende gemeinsam den Weg zu mehr Konsumfreiheit – eine Lieblingsvokabel Ludwig Erhards – und wachsendem Wohlstand an.

Die Aufstiegsgegner sind unter uns

Aufstieg für alle? Unmöglich, denn Aufsteiger gibt es nur, wenn die andern zurückbleiben. Aufsteiger brauchen Absteiger und Verlierer, um sichtbar zu sein.

Das sind die Spontanmeinungen; sie kommen aus der Welt der Blöcke, wo das Entweder-Oder galt: Was ich erreiche, kannst du nicht haben; wenn ich gewinne, musst du verlieren. Wenn ich aufsteige, bleibst du zurück. ›Du oder ich‹, so heißt eine Formel, die noch heute alle Konzeptgespräche über Erfolg bestimmt – obwohl wir längst nicht mehr in der Welt der Blöcke leben. Obwohl wir, zumindest partiell, begriffen haben, dass Erfolg teilbar ist und beim Teilen mehr wird statt weniger.

Die Wohlstandsmaximen lieferten ökonomische Verstärkung für diese Legende. Sie rechneten Erfolgseinheiten wie eine Währung: Geld, das ich habe, kann nicht bei dir sein. Was ich in meine Taschen wirtschafte, kann nicht in deinen sein. Mein Aufstieg kann nicht dein Aufstieg sein. Mein Erfolg kostet deinen. Als sei Erfolg eine Währung in Münzen und Banknoten, die halbiert werden müsse, wenn der Erfolgreiche jemanden mitnimmt auf seinen Weg.

Die Ökonomisierung unseres Denkens hat diese Ausschlussformeln für Erfolg und Aufstieg entwickelt – und keiner kommt auf die Idee, dass diese Formeln falsch sind.

Der Preis des Irrtums ist hoch. Wer Erfolg und Aufstieg behandelt wie einen Sack voll Geld, den man mit niemandem teilen kann, ohne zum Verlierer zu werden, vertreibt die Mobilität aus der Kulturgemeinschaft. Die Gegenwehr der Verlierer ist der Neid. Was sie nicht erreichen können, weil andere es bereits haben, das darf nicht mehr begehrenswert sein. So einfach erklärt

Die Aufstiegsgegner sind unter uns.
Sie rechnen Erfolgseinheiten wie eine Währung: Mein Aufstieg kann nicht Dein Aufstieg sein.
Mein Erfolg kostet Deinen.
Die Ökonomisierung des Denkens hat diese Formeln entwickelt.
Und keiner kommt auf die Idee, dass sie falsch sind.

Der Preis des Irrtums ist hoch.
Wer Erfolg und Aufstieg behandelt wie einen Sack voll Geld, den man mit niemandem teilen kann, ohne zum Verlierer zu werden, vertreibt die Mobilität aus der Kulturgemeinschaft.

sich der Generalverdacht gegen die Erfolgreichen und Mächtigen. Der »Aufsteiger« wird zur verdächtigen Figur, weil er Chancen »verbraucht«, die nun für andere nicht mehr verfügbar sind. Das ›Du oder Ich‹ ist die fatale Blockadeformel einer Gesellschaft, die den Verteilungskampf auf alle Güter und Werte ausdehnt, so als handle es sich um die Verteilung von materiellen Waren.

Was in Jahrzehnten der Knappheit ein verzeihlicher Irrtum ist, das wird in Phasen des Wohlstands zur Selbstblockade: die Legende, die Plätze an der Sonne seien grundsätzlich limitiert. Sonne für alle sei nicht lieferbar.

Dagegen steht die Grundregel aller erfolgreichen Kulturen: Stabile und belastbare Loyalität gibt es nur, wenn alle am Aufstieg der Kulturgemeinschaft teilhaben. Verteidigung gegen Feinde, Mehrung des Wohlstands gibt es nur, wenn Schritt für Schritt alle profitieren. Sobald deutlich wird, dass sich Einzelne absetzen und größere Profite in Anspruch nehmen, wird jede Gemeinschaft prüfen, ob sie dafür auch mehr liefern als andere. Aufsteiger müssen liefern – das heißt in jedem Stadium einer Gesellschaft: Sie müssen beweisen, dass sie Schrittmacher und Stellvertreter sind, die den andern Wege nach oben freischaufeln.

Holen sie sich Privilegien auf Kosten der Mehrheit, haben die Erfolgreichen in jeder Gesellschaft einen hohen Abgrenzungsbedarf, der viel Energie kostet. Für den schweren Stand der Profiteure sorgen alle andern, die ihre Vorteile schwinden sehen, weil einer die Spielregeln verletzt.

Erst wenn die Gemeinschaft die falsche Folgerung zieht, Sonnenplätze seien nur im offenen Kampf und in geringer Zahl zu erreichen, bricht sich die Lehre vom Verteilungskampf Bahn, einem Kampf, der um begrenzte Güter und bei Freigabe der Spielregeln geführt werde.

Unser doppelter Blick auf das Thema Erfolg erklärt sich aus diesen gemischten Perspektiven. Die Aura um Erfolg und Aufstieg ist offenkundig unzerstörbar; die Faszination der Idee, sich aus der Menge zu lösen und mehr zu erreichen als die meisten, lebt weiter, während Ressentiments und Verdächtigungen die Helden zuverlässig begleiten. Von Stufe zu Stufe steigt mit der Zahl ihrer Bewunderer auch die der Ankläger und Neider. Den-

Die Grundformel aller erfolgreichen Kulturen:
Stabile Loyalität gibt es nur, wenn alle am Aufstieg teilhaben.

Verteidigung gegen Feinde, Mehrung des Wohlstands gibt es nur, wenn Schritt für Schritt alle profitieren.
Sobald Einzelne sich absetzen und größere Profite in Anspruch nehmen, wird die Gemeinschaft prüfen, ob sie dafür mehr liefern als andere. Aufsteiger müssen liefern –
Das heißt: Sie müssen beweisen, dass sie Schrittmacher und Stellvertreter sind, die den andern die Wege freischaufeln, die nach oben führen.

noch: Die Magie der Aufstiegsidee wirkt fort. Erst wenn eine Gesellschaft sich entschließt, den Abstieg zum einzigen zustimmungsfähigen Modell zu adeln und ihre Aufsteiger grundsätzlich zu ächten, sieht es für alle schlecht aus – für die Gewinner und die Verlierer. Das profitable Bündnis zwischen beiden bedarf immer wieder der Erneuerung und Absicherung gegen negative Gefühle, mit denen wir unsere eigenen Chancen genauso beschädigen wie die der Vortrupps, die den Aufstieg für alle als Spitzengruppe führen sollen.

Zeit der Versuchungen: Der starke Staat

»Demokratie und freie Wirtschaft
gehören ebenso zusammen wie Diktatur
und Staatswirtschaft.«
Ludwig Erhard

Von Wundern sprechen wir immer dann, wenn unsere Erwartungen übertroffen werden. Zeiten der Mutlosigkeit sind ideal für Wunder, weil die Erwartungen niedrig sind; es ist leicht, sie zu übertreffen. Bleierne Zeit ist Wunderzeit. Wer jetzt den Aufstieg für alle ausruft, wer die Mächtigen aufschreckt und die Gewinner an den Preis ihres Erfolgs erinnert, der kann das Wunder kreieren, mit dem niemand rechnet. Der Aufstieg für alle wird unaufhaltsam, wenn zwei Bedingungen verstanden und erfüllt sind:

Erstens die Gefährdung der Mächtigen, wenn ihnen das Bündnis mit den Verlierern von heute nicht gelingt,

– und zweitens die unausweichliche Bedingung für die neuen Aufsteiger, nicht zu fordern, sondern zu leisten.

Das deutsche Wunder der Nachkriegsjahre wurde errungen in all den Versuchungen, mit denen die Politik und die Bürger heute wieder kämpfen. Mehr Staat, mehr Planung – oder mehr Freiheit, mehr Wettbewerb? Ludwig Erhards mutige Fanfare ›Wohlstand für alle‹ geriet ins Feuer, weil alle genau das wollten, über den Weg dahin aber völlig gegensätzliche Konzepte aufeinanderprallten.

Während heute die Große Koalition die demokratischen Kampfpartner beide an die Kette legt, flogen in den frühen Nachkriegsjahren den Sozialisten und den Konservativen die Klartextbrocken täglich um die Ohren. Hier war noch offener Disput, was heute weichgekocht von Leisetretern serviert wird.

Ist der Weg zu Wundern deshalb weiter? Die Schwellen liegen

niedriger, weil wir dort leben, wo Erhard hinwollte: im Wohlstand. Verlustangst macht uns schwach; unser Selbstvertrauen ist beschädigt. Unser Zukunftswille ist so ungeklärt wie die Diagnose für unsere Lage. ›Aufstieg für alle‹ ist in dieser Schwächephase unserer Selbsteinschätzung der abwegigste aller Sätze. Zugleich ist er, als Versprechen eines Wunders, der einzige erfolgversprechende Satz. In der Krise des Selbstvertrauens und des Politikvertrauens helfen die mittleren Temperaturen nicht mehr. Nur extreme Ziele schaffen die zornige Unruhe, die wir brauchen, um gegen alle Wahrscheinlichkeit loszupreschen.

Wer unterwegs ist Richtung Aufstieg, der wird hellhörig für die Versuchungen der Krise: Wettbewerb sei nun eine Gefahr für die Schwachen, die der Staat abmildern müsse. Freiheit könne man sich jetzt nicht leisten, da die ordnende und kontrollierende Hand des Staates nun die Ausreißer bändigen und die Untätigen schützen müsse. Gerechtigkeit bringe vor allem Einbußen für die Sieger.[1]

»Das erfolgversprechendste Mittel zur Erreichung und Sicherung jeden Wohlstands ist der Wettbewerb«,[2] schreibt Ludwig Erhard in seinem Bestseller *Wohlstand für alle* 1957. Eine Illusion der Nachkriegspolitik? »›Wohlstand für alle‹ und ›Wohlstand durch Wettbewerb‹ gehören unmittelbar zusammen«, bekräftigt Erhard. Er widerspricht entschieden, wenn Sozialdemokraten »aus der Automation auf die Notwendigkeit einer staatlichen Planwirtschaft schließen«.[3] Was wir heute Verteilungsgerechtigkeit nennen, lehnt Erhard rigoros ab: »Es ist sehr viel leichter, jedem einzelnen aus einem immer größer werdenden Kuchen ein größeres Stück zu gewähren, als einen Gewinn aus einer Auseinandersetzung um die Verteilung eines kleinen Kuchens ziehen zu wollen, weil auf solche Weise jeder Vorteil mit einem Nachteil bezahlt werden muss.«[4]

---

1 Siehe dazu die Kapitel über Freiheit und Gerechtigkeit, S. 197–207 und 208–218

2 Ludwig Erhard, *Wohlstand für alle*. Düsseldorf 1957, München 2000, S. 7.

3 Erhard, S. 9.

4 Erhard, S. 10.

Ludwig Erhard erklärte ›Konsumfreiheit‹ zum leuchtenden Ziel.
Wir, die Kinder des Konsums, verstehen uns als Genesende nach der Wohlstandserkrankung.
Unser Ziel heißt Gestaltungsfreiheit.
Wir wollen die Regie über unser eigenes Leben zurückhaben.
Aber der Staat gibt sie nicht her.
Der Konsumknechtschaft entronnen, sind wir zu Sklaven der Finanz- und Sozialbürokratie geworden.
Der mächtige Schlagschatten von Vater Staat, der immer weniger väterliche Züge zeigt, verschluckt unsere erträumten Freiheiten, noch ehe Sonnenlicht auf sie fällt.

Jedes geforderte Mehr, so der Wirtschaftsminister lapidar, setzt eine größere Leistung voraus. Niemand dürfe sich auf Kosten anderer Vorteile verschaffen. ›Angemessenheit‹ und ›Würde‹ sollen den Lebensstandard jener kennzeichnen, die wegen hohen Alters, Krankheit oder Kriegsfolgen nicht mehr am Produktionsprozess teilhaben können.[5]

Schöne neue Welt? Einfache alte Welt? Die Verteilungskämpfe hatten dieselben Themen, die Kontrahenten dieselben Argumente wie heute. Viele äußere Bedingungen für unsere Lösungsversuche in der Krise haben sich verändert. Die grundsätzliche Konfrontation ist immer noch eine der Menschenbilder: das System als lähmender Vormund oder der Markt als Impulsgeber für eigene Leistung und persönliche Entfaltungs-Abenteuer.

Erhard bezeichnet ›Konsumfreiheit‹ als das leuchtende Ziel für alle auf dem Weg in den Wohlstand. Wir, die Kinder des Konsums, verstehen uns als Genesende nach der Wohlstandserkrankung. Unser Freiheitsziel – sofern wir nicht zur Mehrheit in Deutschland gehören, die ruft: »Gib mir Sicherheit! Dann will ich auf Freiheit gern verzichten« –, unser Ziel also heißt Gestaltungsfreiheit. Wir, eine Minderheit, möchten die Regie über unser eigenes Leben zurückhaben. Aber der Staat gibt sie nicht her. Der Konsumknechtschaft entronnen, sind wir zu Sklaven der Finanz- und Sozialbürokratie geworden. Der mächtige Schlagschatten von Vater Staat, der immer weniger väterliche Züge zeigt, verschluckt unsere erträumten Freiheiten, noch ehe Sonnenlicht auf sie fällt.

Das »demokratische Grundrecht der Konsumfreiheit und die Freiheit der wirtschaftlichen Betätigung müssen im Bewusstsein jedes Staatsbürgers als unantastbare Grundrechte empfunden werden. Gegen sie zu verstoßen, sollte als ein Attentat auf unsere Gesellschaftsordnung geahndet werden. Demokratie und freie Wirtschaft gehören ebenso zusammen wie Diktatur und Staatswirtschaft.«[6]

---

5 Erhard, S. 12.
6 Erhard, S. 14.

Konsumieren geht nicht ohne Produzieren.
Konsumfreiheit ist eng verknüpft mit Leistungsfreiheit.

Ludwig Erhard spricht für beide nicht von Pflichten, sondern erklärt sie als Grundrechte.
Wirtschaft und Politik, so Erhard, sind einander verpflichtet.

Für politische Eingriffe in den Wettbewerb gibt es nur dann eine Rechtfertigung, wenn der Wettbewerb entgleist.
›Nicht der Staat hat darüber zu entscheiden, wer im Markt obsiegen soll, … sondern ausschließlich der Verbraucher«, so Erhard.
›In dieser Sicht ist die Freiheit ein staatsbürgerliches Recht, das von niemandem außer Kraft gesetzt werden darf … Die Freiheit ist ein Ganzes und Unteilbares.‹

Hier erst begreift man, worum es bei der Konsumfreiheit geht. Sie ist eng verknüpft mit dem, was man Leistungsfreiheit nennen könnte. Konsumieren geht nicht ohne Produzieren. Erhard interessiert dabei nicht, beides als Pflichten zu bezeichnen; er deklariert beide als Grundrechte. Wenn Konsumrechte so dicht mit Leistungsrechten verbunden sind, dann erscheinen Lohnerhöhungen, die den Produktivitätsfortschritt »überspringen«, wie Erhard es nennt, als schwere Fehler, die am Ende alle treffen.

Schon Mitte des 20. Jahrhunderts erkennt Erhard »das Gedeihen der Wirtschaft auf das engste mit dem Schicksal des Staates verwoben ... So wie sich der Wirtschaftspolitiker dem Leben des demokratischen Staates verpflichtet fühlen muss, hat auch der Politiker die überragende Bedeutung des wirtschaftlichen Seins der Völker anzuerkennen und dementsprechend zu handeln.«[7]

Dass in dieser wechselseitigen Abhängigkeit Übergriffe nicht ausbleiben können, zeigt unsere heutige Lage. Der Staat kann ohne große Umwege die Krise seiner Finanzen aus den Taschen der Bürger therapieren, statt den umständlicheren Weg zu gehen, wirtschaftlichem Wettbewerb so viel Raum zu geben, dass die Erträge steigen: Produktivität vor Konsum. »Sich die Gunst des Verbrauchers im Wettbewerb zu verdienen«[8], ist die Pflicht der Hersteller und Händler im Markt. Sich die Gunst der Bürger im Wettbewerb der politischen Angebote zu verdienen, ist entsprechend die Pflicht der politischen Parteien.

Für politische Eingriffe in den Wettbewerb, so Erhard, gibt es nur dann eine Rechtfertigung, wenn der Wettbewerb entgleist, zum Beispiel bei Kartellbildungen zur Ausschaltung von Wettbewerbern. Grundsätzlich aber gilt: »Nicht der Staat hat darüber zu entscheiden, wer im Markt obsiegen soll ... sondern ausschließlich der Verbraucher ... In dieser Sicht ist die Freiheit ein staatsbürgerliches Recht, das von niemandem außer Kraft gesetzt werden darf ... Die Freiheit ist und bleibt ein Ganzes und Unteilbares.«[9]

---

7 Erhard, S. 17.
8 Erhard, S. 171.
9 Erhard, S. 171 f.

›Aufstieg für alle‹ ist das logische Nachfolgeprojekt des deutschen Wirtschaftswunders unter dem Motto ›Wohlstand für alle‹.

Globale Aufsteiger sind unsere Handelspartner.
Sie alle durcheilen das hinter uns liegende Wohlstandskapitel hungrig und eilig.
Wir leben mit ihnen und sie mit uns in der Ungleichzeitigkeit.
Ihr Heute ist unser Gestern.
Schon morgen werden sie an unserer Seite sein.
Wenn wir kein Aufstiegsziel mehr haben, werden wir die Verlierer sein.

Der Bürger als Souverän, dessen Freiheitsrechte in der Mitte von Wirtschaft und Politik den Takt des Handelns vorgeben: Das ist nicht verstaubter Urtext der sozialen Marktwirtschaft, sondern Zukunftsmusik. Ohne diese grundsätzliche Würde ist Aufstieg für alle nicht möglich. Jetzt lässt sich das Profil des erforderlichen ›Wunders‹ recht deutlich erkennen. Es geht um die Wiedereinsetzung des Bürgers, des Wählers und Freiheitskonsumenten in seine demokratischen Grundrechte: Leistungsfreiheit, Leistungsgerechtigkeit und Teilhabe an allen Gütern und Werten, die das Gemeinwesen bewohnbar und zukunftsstark machen.

In diesem großen Deal kann es niemanden geben, der nur nimmt. Jeder gibt nach seinen Kräften, seinen Kenntnissen und seinem Temperament. Wer mehr kann, muss mehr geben. Das gilt auch für immaterielle Gaben wie Zuversicht und Selbstvertrauen. Wer schneller ist, muss in Rufweite bleiben. Wer stärker ist, muss Schwächere schützen.

›Aufstieg für alle‹ ist das logische Nachfolgeprojekt des deutschen Wirtschaftswunders unter dem Motto ›Wohlstand für alle‹. Globale Aufsteiger sind unsere Handelspartner. Sie alle durcheilen das hinter uns liegende Wohlstandskapitel hungrig und eilig. Wir leben mit ihnen und sie mit uns in der Ungleichzeitigkeit. Ihr Heute ist unser Gestern. Schon morgen werden sie an unserer Seite sein. Wenn wir kein Aufstiegsziel mehr haben, werden wir die Verlierer sein.

II WER GEWINNER ISOLIERT, MUSS AUCH VERLIERER ISOLIEREN

Der Staat als Aufstiegsgegner

Nicht nur als Abstiegshelfer qualifiziert sich die Politik im neuen Deutschland. Die Regierung organisiert den Ausstieg aus der Marktwirtschaft. Sie zeigt ein Doppelgesicht, das nicht nur die Verlierer ängstigt: Die Politik finanziert die *Loser*straße, auf der die Aufstiegshoffnungen sterben, aus den Leistungen der Bürger, die immer noch an die Marktwirtschaft glauben. So werden die Starken, die sich nicht so schnell einschüchtern lassen, zu Financiers der Überbetreuung und Entmutigung der Schwächeren.

Der Staat auf dem Weg in die Planwirtschaft ist nicht zufällig, sondern zwangsläufig ein Aufstiegsgegner. Er vernichtet Wettbewerb – mit ›Wettbewerbsstärkungsgesetzen‹. Er glaubt sich zu diesem Betrug berechtigt, weil die Regierenden das Ziel, alles unter staatliche Kontrolle zu bringen, über alle Entscheidungen setzen. Die Verstaatlichung aller Leistungen und ihrer Ergebnisse ist das höchste Ziel, das alle Mittel heiligt.

Der Staat wird zum Aufstiegsgegner, sobald er sich von der sozialen Marktwirtschaft verabschiedet. Sechzig Jahre nach dem durchschlagenden Start mit diesem Konzept, das so erfolgreich war, dass es ein international bewundertes Aufstiegs*wunder* bewirkte, lebt die soziale Marktwirtschaft nur noch als Festredenzitat weiter. Der Etikettenschwindel blüht.

Der Weichspüler ›sozial‹ legt überall sein Veto ein, wo Markt entsteht; er korrumpiert die Gerechtigkeit zum Schaden beider, der Starken wie der Schwachen.[10]

Muss der ›fürsorgliche Staat‹ ein Aufstiegsgegner sein? Muss

10 Siehe dazu das Kapitel über die Gerechtigkeit, S. 208–218.

er Aufsteiger als Abweichler fürchten? Kann er sie aber wirklich entbehren, wenn er sie doch weiter als Financiers seiner sozialen Wohltaten braucht? Kann der Staat es sich leisten, die Kühe zu schlachten, die er weiter melken will?

Der Staat taktiert. Viele Politiker, die mit der Vorbereitung der wettbewerbsfreien Staatskultur beschäftigt sind, setzen auf das in ihren Augen überholte Ethos der Hochleister, die sich dem Gemeinwesen der untergegangenen Spielart verpflichtet fühlen. Die Politiker wissen, dass sie noch eine ganze Weile auf die Moral einer Spitzengruppe in Wirtschaft und Wissenschaft, Kunst und Kirche rechnen können – eine Moral, die auf sich leerenden Bühnen ein längst abgesetztes Stück zu Ende spielt, zu dem die Kulissen fehlen.

Aufsteiger in diesem immer enger umzäunten Areal zu sein, erfordert Mut und Eigensinn. Wer Lust auf Höhenluft hat, wird es auch in Deutschland versuchen, auf einen Platz mit Überblick zu klettern – allein schon, um das Rätsel zu lösen, warum die Deutschen von einer Gefangenschaft in die nächste stolpern, ohne sich zu wehren.

Bei den meisten Bürgern geht die Rechnung der Politik auf, in der das Sicherheitsversprechen der Freiheit den Rang abläuft.[11]

Der Lagerschaden wird zur Epidemie; das Haftsyndrom, das viele als Trauma in sich tragen, scheint ein ansteckendes Virus zu sein. Rechtfertigen die Katastrophen, die wir angerichtet und erlitten haben, die Risikoscheu der Deutschen im neuen Jahrhundert? Was aber, wenn uns diese Risikoscheu immun macht gegen neue Verliererrollen, die wir noch nicht kannten?

Nein, sagen viele Deutsche, wir sollten keine Aufsteigerrollen mehr anstreben. Wer so denkt und spricht, macht Verlierer.

Die Politik dieser Jahre verdirbt den Erfolgsappetit der Bürger. Die Politik als Aufstiegsgegner wird im Abgabenalltag ganz konkret erlebt: Fast jeder politische Erfolg, den die Regierung feiert, ist eine Niederlage für die Bürger.

Die als Siege gefeierten Gesetzeswerke der Regierung machen die Bürger zu Verlierern. Eine große Mehrheit von ihnen sieht es

11 Siehe S. 246–256.

Der Staat auf dem Wege in die Planwirtschaft ist nicht zufällig, sondern zwangsläufig ein Aufstiegsgegner.

Er vernichtet Wettbewerb mit ›Wettbewerbsstärkungsgesetzen‹.

Der Staat wird zum Aufstiegsgegner, sobald er sich von der sozialen Marktwirtschaft verabschiedet.
Muss der ›fürsorgliche Staat‹ ein Aufstiegsgegner sein?
Muss er Aufsteiger als Abweichler fürchten?

Die Politik der umfassenden staatlichen Kontrolle verdirbt den Erfolgsappetit der Bürger.
Fast jeder politische Erfolg, den die Regierung feiert, ist eine Niederlage für die Bürger.

Statt Aufsteiger produziert die Politik der Leistungsfeindlichkeit immer mehr Aussteiger.
Das sind die Leute, die nicht bei uns klettern, sondern woanders.

so; ob die Wahrheit geringfügig anders wäre, ist unerheblich; die Realität im Kopf entscheidet. Das *mindset* in Millionen von Köpfen lautet: Wir sind Verlierer, wenn die Politiker Siege feiern. Verkehrte Welt – an die man sich gewöhnt, wenn keine andere zum Vergleich verfügbar ist.

Noch ist diese verkehrte Welt ohne Wettbewerb und ohne Leistungsglück nicht Heimat für die Menschen, die aus der Leistungskultur kommen. Dass sie Heimat werden kann, bezeugen die Bürger aus den nun ›neuen‹ Bundesländern, die von den beschaulichen Seiten der Diktatur berichten: Wo kein Ausweg ist, da schläft der Wunsch nach Fluchtwegen ein. Wo Fliehen tödlich ist, die Gefängnismauern zum ›Schutzwall‹ erklärt werden, stellt man auf Dauer die inneren Bewertungen um; der Leidensdruck lässt nach, und die Gefangenschaft kann auch von einer anderen Seite betrachtet werden: Hier herrscht Sicherheit – außer Du willst aussteigen. Verkehrte Welt ist auch ein Lernprogramm. Je leiser sie kommt, desto zuverlässiger die Gewöhnung.

Da wird Freiheit schließlich zur ernsten Bedrohung.

Zur verkehrten Welt gehört die Umwertung der Werte. Wer freiheitsdurstig bleibt, lebt gefährlich. Wer Aufstiegshunger hat und den gebahnten, kasernierten Weg in die Funktionärsriege nicht steigen will, wird bald zum Abschuss freigegeben.

Wer im Wende-Deutschland aufsteigen will, muss es ohne oder gegen die Politik tun. Wenn Aufstieg auch mit Freiheitsgewinnen einhergeht, weil genau davon die Aufsteiger den Nachrükkern etwas abgeben müssen, dann läuft Aufstieg gegen das politisch verordnete Programm, das auch die Gerechtigkeit auf den Kopf stellt: Wenn die meisten nicht aufsteigen, steht auch den wenigen tollkühnen Gipfelstürmern kein Aufstieg zu.

Statt Aufsteiger produziert die Politik der Leistungsfeindlichkeit immer mehr Aussteiger. Das sind die Leute, die nicht bei uns klettern, sondern woanders.

Hätte die Politik ein klares Bild davon, dass die Gesellschaft ohne Spitzenleistungen verhungern und verdursten wird, hätte sie überhaupt ein zutreffendes Bild davon, wozu die Gewinner nützlich sind außer zum Abschöpfen von Leistungsergebnissen durch den Staat, dann würde sie eine Aufsteigerkultur zulassen – eben nicht durch Exzellenz-Initiativen fehlpolen –, die Anreize für alle gibt, Selbstvertrauen an alle liefert, Anstrengungsbereitschaft weckt, wie es kein politisches Versprechen jemals könnte.

Je dichter die Netze der schleichenden Planwirtschaft werden, desto weniger Chancen haben Aufsteiger. Aufstieg macht einzelne sichtbar, in diesem Sinne zeigt er Unterschiede. Dass sie beflügeln und ermutigen, will die herrschende politische Planung nicht annehmen. Sie schlägt sich auf die Seite der Neider und bestätigt Ressentiments mit der Behauptung, Unterschiede seien ein Symptom für Ungerechtigkeit.

Es herrscht der anmaßende Staat. Die Politik organisiert Siegerszenarien und subventioniert bürokratische Talente in der Wissenschaft. Der Staat ergreift die Macht über hochsensible Kulturgüter wie die Schriftsprache. Der Staat kündigt an, künftig das Familienerbe anzutreten. Die Leistungsbereitschaft und Vorsorge der Erfolgreichen werden schnell nachlassen. Der Staat zeigt sich damit offen als Aufstiegsgegner. Er vertritt die Geringschätzung von privater Fürsorge und privater Verantwortungsbereitschaft.

Und die Puzzlesteine fügen sich unmerklich zu einem konsequenten Bild: Wer Krippenkinder liefert, der definiert auch elterliche Fürsorge völlig neu – am besten gar nicht mehr. Endlich nur für sich verdienen. Der Erbe klopft schon an, es ist der omnipotente Staat, der unseren Rat beim Umgang mit unseren Leistungsergebnissen so wenig abruft wie unsere Träume und Wünsche.

Wer will da noch aufsteigen?

Im globalen Wettstreit der Aufsteiger mitspielen

Nie sind Aufstiege attraktiver als im Abstieg. Die umgekehrte Richtung müsste es sein, so huscht es täglich durch unzählige Köpfe. Auch wenn die politische Führung nicht davon redet: Wir spüren ja, dass wir abwärts gehen. Die Ungewissheit, wann wir unten sein werden und wie es dort unten aussieht, wo wir so lange nicht waren – viele von uns nie –, begleitet uns auf Schritt und Tritt.

Wenn wir unten sind, im Stillstand, werden wir nicht mehr an den Aufstieg glauben. Wir werden auch nicht mehr sicher sein, dass er sich lohnt. Stillstand macht müde und mutlos.

Darum können wir den Aufstieg nur im Abstieg planen. Nur im Abstieg können wir die Richtung wechseln und nach der nächsten Anhöhe suchen. Wir müssen nur verstanden haben, dass die politische Führung bei diesem Richtungswechsel nicht an unserer Seite ist. Wir sollten aber für möglich halten, bis auch hier das Gegenteil bewiesen wird, dass wir alle Einfluss haben auf die Abstiegsprogramme der Regierung. Wir alle sind Stellvertreter. Jeder, der mehr wagt, vertritt und ermutigt viele andere, mitzugehen.

Aufstieg kann nie ein Geschenk sein. Aufstieg gelingt nur durch Leistung, durch Arbeit. Wo staatliche Eingriffe, Fehler und Korrekturversuche, wo staatliche Forderungen und Strafaktionen gegen die Leistungsstarken im Lande den Leistungswillen beschädigen, da ist etwas aus dem Lot geraten.

Wo die Verdächtigung von Höchstleistungen unter das Motto der ›sozialen Gerechtigkeit‹ gestellt wird, brechen bewährte Verständigungsformeln weg. Nun gilt, dass Ungerechtigkeit gegen die einen zur Voraussetzung für Gerechtigkeit zugunsten der an-

Aufstieg kann nie ein Geschenk sein. Aufstieg gelingt nur durch Leistung.
Wo staatliche Eingriffe, staatliche Fehler und Strafaktionen gegen die Leistungsstarken im Lande den Leistungswillen beschädigen, da ist etwas aus dem Lot geraten.
Wo die Verdächtigung von Höchstleistungen unter das Motto der ›sozialen Gerechtigkeit‹ gestellt wird, brechen bewährte Verständigungsformeln weg.
Nun gilt, dass Ungerechtigkeit gegen die einen zur Voraussetzung für Gerechtigkeit zugunsten der andern wird.
Wo Leistung nicht belohnt, sondern bestraft wird, da verabschieden sich immer mehr leistungsbereite Mitspieler.

Die Politik arbeitet derweil an einer grandiosen Selbsttäuschung: Es gelte, die Leistungsfeindlichkeit der Bürger zu bekämpfen.

dern wird. Wo die Erfahrung alltäglich wird, dass Leistung nicht belohnt, sondern bestraft wird, da verabschieden sich immer mehr leistungsbereite Mitspieler.

Die Politik arbeitet derweil an einer grandiosen Selbsttäuschung: Es gelte, die Leistungsfeindlichkeit der Bürger zu bekämpfen. Die Menschen hingegen werden den Verdacht nicht los, dass sich Leistungsbereitschaft nicht lohnt. Am unteren Rand tritt Arbeitsbereitschaft in Konkurrenz zu den Gratifikationen, die auch ohne Arbeit zu haben sind; Der Arbeitswillige ist der Dumme. In den höheren Etagen wird der Staat als Leistungsfeind erlebt, weil er vergisst, die Beiträge der Leistungsstarken zu würdigen und zu belohnen. Sein Zugriff ohne Dank wird als Strafe erlebt.

Ein Aufstiegsplan der politischen Führung für ihre Bürger und Wähler fehlt. Die strategische Unbescheidenheit der Aufstiegswilligen ist daher ein hohes Gut. Der Aufstieg für alle, wie ihn China, Korea und Singapur, Indien und andere Verlierer des zwanzigsten Jahrhunderts heute auf ihrer Generalagenda haben, wird uns nicht mitnehmen, weil er jene Wohlstandseroberung nachholt, die hinter uns liegt. Dass wir vergeblich nach einem Aufstiegskonzept der Europäer, zumal der Deutschen, suchen, hat auch diesen Grund: Gesucht wird eine neue Dimension, die nicht einfach ›Haltet den Wohlstand‹ heißt oder ›Stoppt den Abstieg‹. Erstmals geht es um *Uniqueness*, um jene Unschlagbarkeit, an die die meisten Europäer schon nicht mehr glauben. Da unser Siegermodell, ›Wohlstand für alle‹, errungen durch ein ›Wunder‹, das kein Wunder, sondern Leistungsbereitschaft und Siegeswillen war, nun Nachfolger findet, fallen wir auf durch Konzeptlosigkeit. Wir haben nicht vorgesorgt für die ›Zeit danach‹, weil es kein Ende der Wohlstandsgeschichte geben sollte.

Was wir zum Aufstieg in der Welt der Aufsteiger beitragen könnten, das muss in Regionen führen, wo wir uns wenig zutrauen. Zu Unrecht übrigens, denn wir haben erst in jüngster Zeit die Ökonomie zur Königsdisziplin erklärt und ihr den Rang des *summum bonum*, des höchsten Gutes, eingeräumt. Wir müssen nicht weit zurückschauen, um die Kraftquellen wiederzufinden, die den Aufstieg eben nicht nur finanzieren, sondern in eine neue Qualität führen. Zum Aufstieg einer Gesellschaft aus ihren

Dem Aufstieg fehlt das Textbuch.
Zu Aufsteigern fällt der Politik nur ein: abgreifen, was die erreicht haben. Erben, was die bunkern.
Ein Staat, der nicht Danke sagt, wenn er seinen leistungsstarken Financiers unter den Bürgern begegnet, der zu feige und zu bequem ist, die Leistungslust der Verlierer zu wecken, wird beim Aufstieg für alle sicher nicht die Fahne tragen.

Wir brauchen ein neues Ethos für Aufsteiger, das auch die politisch führende Klasse auf den Prüfstand stellt.

Wir müssen zu einer öffentlichen Moral finden, die es verbietet, immer mehr Menschen von der Mitgestaltung unseres gesellschaftlichen Lebens auszuschließen.

Lieblingsirrtümern gehört der entschiedene Abschied vom Selbstbetrug, vom Etikettenschwindel und von Mogelpackungen des politischen Alltags, die allesamt dem Machterhalt der politisch Aufgestiegenen dienen und die Entdeckung dieses wenig ehrenvollen Motivs durch die Bürger verhindern sollen.

Wir beobachten jeden Tag Aufsteiger, die ihre Verantwortung nicht antreten oder missbrauchen. Wegen dieser Erfahrung den Aufstieg aus unseren Zukunftsplänen zu streichen, ist aber die falsche Folgerung, weil wir ohne eine inspirierende Aufstiegskultur im Wettstreit der globalen Aufsteiger verlieren werden.

Solange wir am alten Weltmodell des Entweder-Oder festhalten, läuft der Kurzschluss jeder Aufstiegsdebatte so: Wenn die andern jetzt aufsteigen, müssen wir absteigen. Da sie noch vor sich haben, was hinter uns liegt, fehlt uns das Aufstiegsmotiv. Als sei Konsum das einzig mögliche Aufstiegsmotiv. Solange wir dem ›Du oder Ich‹ verfallen bleiben, das auch unsere Karrierekultur beschädigt hat, werden uns die Ideen für ein Aufstiegsziel fehlen. Wer über Aufstieg, und erst recht über ›Aufstieg für alle‹ in Deutschland reden will, der erfährt, wie schmal unser Horizont geworden ist. Die meisten von uns können Aufstieg für sich und die andern weder glauben noch denken. Wohin denn, wenn man das ›Besser‹ mit dem ›Gestern‹ gleichsetzt, das verloren ist? Dem Aufstieg fehlt das Textbuch. Zu Aufsteigern fällt der Politik nur ein: abgreifen, was die erreicht haben. Erben, was die bunkern. Ein Staat, der nicht Danke sagt, wenn er seinen leistungsstarken Financiers unter den Bürgern begegnet, ein Staat, der zu feige und zu bequem ist, die Leistungslust der Verlierer zu wecken, wird beim Aufstieg für alle sicher nicht die Fahne tragen.

Wir brauchen ein neues Ethos für Aufsteiger, das auch die politisch führende Klasse auf den Prüfstand stellt.

Wir müssen die Zahl der Verlierer schon deshalb verringern, weil die Minderheit immer weniger in der Lage sein wird, sie durch materielle Täuschungsmanöver vom Experiment eines ›eigenen Lebens‹ abzuhalten.

Wir müssen zu einer öffentlichen Moral finden, die es verbietet, immer mehr Menschen von der Mitgestaltung unseres gesellschaftlichen Lebens auszuschließen.

Wenn die Aufsteiger die Gewissheit haben, dass sie ›für alle‹ unterwegs sind, wird sich auch die Moral der Gewinner verbessern. Isolation für die Sieger und Isolation für die Verlierer bedingen einander. Dieses Spiel ist um so gefährlicher, weil beide Gruppen Zulauf von denen ›in der Mitte‹ erhalten, die bereits weltweit ihre stabilisierende Rolle für die Kulturen aufgeben.

Zum neuen Ethos für Aufsteiger gehört auch, dass wir ein Klima der Zustimmung für die schaffen, die mehr geben wollen und mehr wagen. Aufstiegsfreundliche Gesellschaften haben mehr Aufsteiger als Deutschland heute. Das Dilemma, in dem wir stecken: Kaum einer glaubt, wenn Neid und Ressentiments gegen alle, die mehr erreichen als die meisten, zum guten Ton gehören, dass auch der Aufstieg anderer, der nicht mein Aufstieg ist, für mich und die andern Nutzen bringt. Dass wir von der Antriebsenergie einer Minderheit profitieren – vor allem dann, wenn auch die Aufsteiger selbst ihre Verpflichtung auf das allgemeine Wohl wieder ernster nehmen. Warum die Zuschauer zweifeln und warum die Beweispflichtigen, die Gewinner, in das Dilemma geraten sind, haben wir verstanden. Es gibt niemanden, der als freier Vermittler zwischen die Fronten treten könnte, denn Gewinner und Verlierer nach dem alten Modell gibt es überall. Die Antwort ist einfach: Die Aufsteiger selbst müssen für ihre Glaubwürdigkeit sorgen.

Warum Erfolgsträume unsterblich sind

Wer Erfolg verspricht, hat viele Zuhörer. Erfolgsformeln, Erfolgsgeheimnisse verkaufen sich gut. Interviews mit Aufsteigern, Biographien der Erfolgreichen werden konsumiert wie ein Zaubertrank; wer oben ist, muss doch sagen können, wie man dahinkommt. Die Faszination durch Erfolgsgeschichten und Aufsteigerlebensläufe ist ungebrochen – obwohl noch niemand durch den Konsum von Siegerstories zum Sieger geworden ist.

Die Gewinner können uns am wenigsten sagen, warum sie oben sind. Und ihre Nachfolger steigen nicht auf mit der Vita des Vorgängers im Marschgepäck, sondern mit dem Erfolgshunger und dem Sendungsbewusstsein, das mehr Energie liefert als ganze Bibliotheken. Ihr innerer Text heißt in Kurzformeln: Ich kann das, ich will das, ich gehöre da oben hin. Unten ist nicht mein Platz.

Er ist ein festes Zukunftswissen, das die Aufsteiger begleitet. Dieses Wissen setzt Anstrengungsbereitschaft frei und verfeinert die Disziplin. Und es lässt grundsätzlich viel Raum für das, was unser neues Ethos für Aufsteiger sein muss. Denn die steilen Wege sind nicht ohne Versuchungen; sie bringen Begegnungen und Attacken, zu denen man sich verhalten muss: opportunistisch oder entschieden, mutig oder feige angepasst. Aufstieg ist eine Straße der Prüfungen, und wir haben uns abgewöhnt, näher hinzuschauen, wie einer diese Prüfungen besteht.

Alle Autoren und Seminar-Gurus, die Erfolgsformeln versprechen, profitieren kurzfristig von einer falschen Grundannahme, bei der sie niemand ertappt: Erfolg ist immer eine Folgeerscheinung, sagt Flaubert, ›er darf niemals zum Ziel werden‹. Dass niemand die Erfolgsmagier daran erinnert, dass sie ein Produkt an-

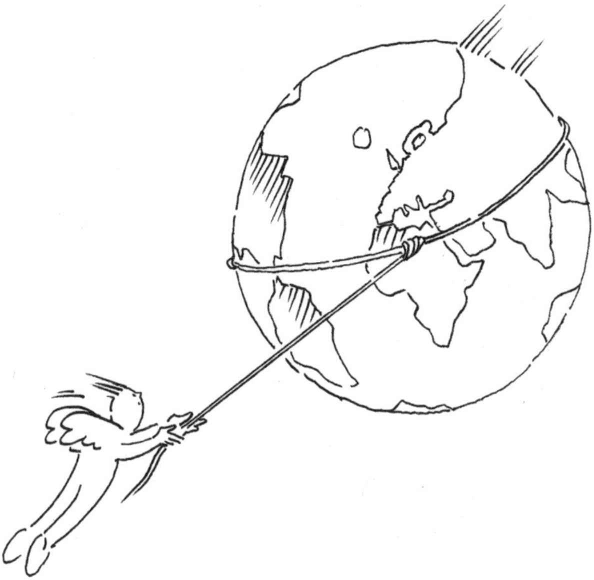

Zum neuen Ethos für Aufsteiger gehört auch, dass wir ein Klima der Zustimmung für die schaffen, die mehr geben wollen und mehr wagen.
Aufstiegsfreundliche Gesellschaften haben mehr Aufsteiger als Deutschland heute.
Unser Dilemma: Kaum einer glaubt, dass auch der Aufstieg anderer, der nicht mein Aufstieg ist, für mich und die andern Nutzen bringt. Dass wir profitieren von der Antriebsenergie einer Minderheit.

Erfolgsbücher sind es nicht, die eine *winner*-Kultur begründen. Erfolgsbücher werden vor allem von Verlierern gelesen.
Seminare für Aufsteiger haben ein Publikum, zu dem kein einziger Himmelsstürmer gehört.

Alle wollen oben sein. Alle hegen den Traum, auf die nächste Stufe zu steigen.

bieten, das nicht funktioniert, beruht auf einer Irrlehre, die zu den Botschaften der Wohlstandskultur gehört: Auch die Ergebnisse von Talent und Willenskraft seien käuflich. Menschen, so lautet der kühle Nachsatz noch heute, sind so käuflich wie Waren im Markt.

Erfolgsbücher werden vor allem von Verlierern gelesen. Seminare für Aufsteiger haben ein Publikum aus den mittleren Etagen der Unternehmen und Behörden, zu dem kein einziger Himmelsstürmer gehört. Auch die ganz jungen Nachkommen der aufgestiegenen *winner* lesen eher Entlegenes wie Jules Vernes *Reise zum Mittelpunkt der Erde* oder die Tagebücher von Extrembergsteigern, Antarktisforschern oder Tiefseetauchern. Sie lesen aber nicht, um zu lernen, sondern um das, was sie in sich an Kraftreserven fühlen, bestätigt zu finden.

Sie wissen schon, wer sie sind, ehe ihre erwachsenen Begleiter es begriffen haben. ›Förderer‹ bewerben sich um ihre Gunst, Mentorenkulturen belästigen entschlossene junge Aufsteiger, Assessments halten sie immer wieder auf, und ein Coaching, bei dem sie eher führen könnten als der Coach, dem ein Aufstieg nach ganz oben nicht gelungen ist, kostet weitere wertvolle Zeit.

Erfolg ist ein Hürdenlauf, wenn man ihn nicht außerhalb der herrschenden Strukturen in Management, Behörden und politischen Kleinkampfbühnen stürmisch absolvieren darf. Zuerst anpassen, sagen die Regelwerke der Hierarchien, die von mittleren Talenten gemacht sind, dann frei fliegen. Manchem bricht diese Phase der Evaluationen und Verschiebespiele auf den Nachwuchstableaus die jugendlichen Flügel.

Erfolgsbücher sind es nicht, die eine *winner*-Kultur begründen. Sie entwerfen obendrein ein Siegerbild, das den Einzelnen in seinem Emportauchen aus den vielen anderen zeigt, einen Helden, der zum Höhenflug ansetzt und die andern zurücklässt. Flöge er nicht allein, wäre seine Aura nicht halb so großartig. Er kann, was die andern nicht können; er wagt, was sie nicht wagen, er startet durch und entfernt sich. Ein Versprechen für die andern lässt er nicht zurück. ›Aufstieg für alle‹ ist durchaus nicht das Programm, das die Erfolgstrainer vertreten. Gleichzeitig ereilt den Himmelsstürmer, wenn er erstmal oben ist, der Neid und das Misstrauen der Zuschauer. Das widersprüchliche Spiel läuft dennoch ungestört: Jeder will oben sein, und jeder, der unten bleibt, richtet seinen Verdacht und seine Absturzwünsche gegen den, der es geschafft hat.

›Alle wollen oben sein‹: Dazu wissen wir zweierlei. Je nachdem, in welchem Milieu die Menschen leben, alle hegen sie den Traum, auf die nächste Stufe zu steigen. Aufstieg, das ist für die Ärmsten der Ausstieg aus der Armut, für die im Mittelfeld der offene Himmel über Elternhaus und Ausbildung, der vielleicht noch näher rückt, wenn man sich anstrengt.

Das Ressentiment gegen die Erfolgreichen hat bei beiden Gruppen einen einfachen Grund: Die Zurückgebliebenen profitieren nicht vom Aufstieg der anderen. Sie teilen eben nicht die Erfolgsidee der meisten Aufsteiger, dass eine deutliche Rückmeldung an die Nichtaufsteiger im Wettkampfkonzept unserer Gesellschaft nicht vorkomme. Dass jeder, der herausragende Plätze erreicht, damit eine Verpflichtung einhandelt, eine Lieferpflicht in der Sprache der Marktwirtschaft, ist wahrscheinlich für die meisten Aufsteiger ein ungewohnter Gedanke. Ein überholter Gedanke, meinen viele, denn die Globalisierung habe keine Einzelgesichter mehr. Das Gegenteil wird täglich in der Weltpresse und an den Börsen bewiesen.

Und die weltweite Debatte um *codes of conduct*, um *corporate governance* zeigt, dass wir es besser wissen. Die Entgleisung ganzer Werte-Codices, die bandenmäßig organisierte Korruption in immer mehr von diesen gesichtslosen Mega-Firmen zeigt, dass wir eine Folgerung brauchen, die nicht erst zugreift, wenn die Sieger oben angekommen sind, sondern die ein klares Ethos mit Wegmarkierungen zu ihrer Begleitung beim Sturm auf die Spitze liefert. Anders wird es auch nicht möglich sein, die Allmacht des Geldes und die Übermacht der Begehrlichkeit, die nur wenige von den Gipfelstürmern unberührt lässt, wirksam zu begrenzen. Gesetze und Sanktionen, Kontrollen und Absturzdrohungen können allein nicht leisten, was ein starkes und überzeugendes Ethos leistet, das die Achtung vor den Leistungsgaranten mit der Hochschätzung der ihnen anvertrauten Menschen verbindet.

Wirtschaft und Politik erfahren aus unterschiedlichen Blickwinkeln die Bedrohung unseres Wertekonsenses: die Wirtschaft durch die Fülle der Optionen und die Politik durch das Hinschwinden von Optionen für immer mehr Menschen.

Wie Aufstiege in diesen widersprüchlichen Szenarien bewertet werden, hängt von unserem Erfolg ab, die Sozialpflichtigkeit von Erfolg verbindlich zu machen. Sie ist es, die Teilhabe der Vielen am Erfolg der Wenigen bringt. Dazu gehört auch die Vermehrung der Wenigen um all jene, die endlich wieder daran glauben, dass Anstrengung sich lohnt. Dafür muss aber die Politik zuerst Beweise liefern.

Erfolg kann man also nicht lernen. Wer Erfolg als Ziel eines Trainings in Lektionen anbietet, ist genaugenommen ein Betrüger. Er will die Folge lehren, ohne die Voraussetzung zu zeigen: Wie sie entsteht. Was man tun muss, wie man sein muss, um mit dem, was man tut und ist, Aufmerksamkeit, Beifall, Prestige, Ruhm zu erlangen. Sichtbarkeit. Vielleicht sogar etwas, das die Zuschauer ›Größe‹ nennen. Verehrt werden, geschätzt, hochgeachtet, das sind die Ergebnisse von Höchstleistungen – ihre Folge – die wir ›Erfolg‹ nennen. Wer nichts Besonderes leistet, kann also mit Erfolg nicht rechnen. Er oder sie wird vergeblich denen lauschen, die von den sehr Erfolgreichen erzählen und dazu nur deshalb Zeit haben, weil sie nicht selbst dazugehören.

Was steckt hinter dieser Wunderformel vom Erfolg, vom Aufstieg, vom Gipfelglück, wenn wir doch die dort oben Versammelten mit Misstrauen beobachten? Zugleich nehmen wir hin, dass sie uns nicht mitgenommen haben, dass sie nicht herabsteigen, um uns nach oben zu holen. Die meisten von uns ahnen, dass die Luft da oben dünn ist. Aber sie wollen teilhaben an den Privilegien, die sie dort vermuten. Vielleicht auch am Fernblick, am Durchblick, an Einsichten und Informationen, an Strategien und Visionen, die man dort oben austauscht. Und nicht alle diese Wünsche sind unerfüllbar. Längst nicht alle sind unangemessen. In einer *community* mit viel Zusammenhalt hätten die Aufsteiger selbst diese Gedanken: dass die sozusagen ›Daheimgebliebenen‹ von ihrem Höhenflug profitieren sollen.

Wenn alle zusammengehören in einer Kultur, dann sollen alle an den Leistungen und Talenten der andern teilhaben. Alle teilen sich den Erfolg.

Wer keine Chance hat aufzufallen und wer von seinen Träumen nicht satt wird, der ist empfänglich für den Zuspruch, Aufmerksamkeit und Erfolg seien einklagbar:
Die gleichmäßige Verteilung von Erfolgsportionen sei eine Frage der Gerechtigkeit.
Man müsse nur denen, die das Spiel beherrschen, von ihren Ergebnissen etwas wegnehmen und unter die Erfolglosen verteilen.

Der Verdacht aber, dass die Erfolgreichen schweigen über etwas, das sie wissen, ist verfehlt. Sie schweigen über etwas, das sie nicht wissen. Ihre Auskünfte über die Ursachen ihres Erfolgs sind oft dürftig und meist enttäuschend. Nur eines fällt auf: Sie sind ziemlich ungestört ›bei sich selbst‹. Sie stecken mitten in sich. Sie spüren, dass sie gut sind. Aber ihr Abstand zu sich selbst ist so gering, dass sie als Selbstbeobachter nicht taugen. Naiv wie die Kinder sitzen sie vor ihrem Besucher, scheu oder fast autistisch in sich selbst gefangen, fröhlich und harmlos können sie wirken, aber zugleich so unbekümmert absurde Positionen vertreten, dass dem Beobachter schwindelt vor so viel Unabhängigkeit. Zugleich scheinen sie die Spielregeln der Macht zu kennen; schließlich verkehren sie überwiegend mit Mächtigen – weil sich das da oben so ergibt.

Welche von all diesen widersprüchlichen Eigenschaften führen zum Erfolg? Dass man sie trainieren könnte, die Fähigkeiten, die vor dem Erfolg liegen, ist zu 98 Prozent eine Legende. Und Erfolg kommt erst bei hundert Prozent, vorher fällt man vielleicht ein bisschen auf. ›Auffallen‹, sagt Georg Baselitz, das war ihm als junger Maler sehr wichtig. Nicht gefallen, auffallen. Auffallen macht stärker, und nur der Starke wünscht es sich; denn auffallen bedeutet Widerstand, Kritik, Gegenwind.

Was in dieser Lust zur Provokation steckt, ist ja die Kraftprobe. Die pochenden Fragen: Wer bin ich? Was steckt in mir? Was kann ich erreichen? Eben: Was folgt aus meinen Möglichkeiten?

Wer keine Chance hat aufzufallen und von seinen Träumen nicht satt wird, der ist empfänglich für den Zuspruch, Aufmerksamkeit und Erfolg seien sozusagen einklagbar; die gleichmäßige Verteilung von Erfolgsportionen sei eine Frage der Gerechtigkeit. Man müsse nur denen, die das Spiel beherrschen, von ihren Ergebnissen etwas wegnehmen und unter die Erfolglosen verteilen. Diese Botschaft beherrscht auch heute die sozialpolitische Debatte. Was vor dem Erfolg gelingen muss, damit er eintritt, interessiert nicht, weil ja das Hauptinteresse sich auf die Ergebnisse richtet. Ob sie erkämpft oder am Spieltisch erlangt wurden, spielt keine Rolle.

So freilich kann Aufstieg für alle weder begonnen werden noch gelingen. Erfolg lässt sich nicht umverteilen, und jeder selbst getane Schritt bringt mehr Erfolgsglück als hundert geschenkte Schritte.

Obendrein wird der Eifer der Bestohlenen nachlassen, weil ihr Gerechtigkeitsempfinden verletzt wird. Was uns auseinandertreibt, wird zum Zusammenhalt nicht mehr taugen: Dissens bei den täglich beschworenen Werten Freiheit und Gerechtigkeit macht uns am Ende alle zu Verlierern.[12]

Um gemeinsam erfolgreich zu sein, müssten wir das Geheimnis des Erfolgs kennen. Der Autobauer Henry Ford meint, dieses Geheimnis sei: ›Den Standpunkt des andern verstehen und die Dinge mit seinen Augen sehen.‹ Nichts ist schwerer als das in einer interessengeleiteten Gesellschaft, wo jeder lernt: Dein Vorteil ist der Nachteil des andern. Dein Erfolg ist sein Misserfolg. Aufstieg, das gilt auch ganz trivial in der Geschäftswelt, aus der Henry Ford spricht, gelingt immer nur im Einverständnis mit denen, die wir brauchen wie sie uns: Im Markt sind es die Augen des Kunden, mit denen der Verkäufer zu sehen lernen muss. Privat sind es die Augen der Liebe, mit denen wir die Gedanken und Wünsche unserer Liebsten lesen. Auf allen Führungsplätzen in Wirtschaft und Politik sind es auch die Augen der Mitarbeiter und Bürger, mit denen wir die Welt sehen müssen, um nicht abzustürzen, weil sie uns verlassen.

Dass die Erfolgsträume unsterblich sind, beweist zweierlei. Zum einen: Wir wünschen uns nicht gleich, sondern verschieden zu sein. Zum andern: Wir träumen vom Wettbewerb. Auszeichnen kann man sich nur in Wettbewerben, gleichviel um was gespielt wird.

---

12 Siehe dazu die Kapitel über Freiheit und Gerechtigkeit, S. 197–207 und 208–218.

Der Staat als Aufstiegsmanager: eine Utopie?

Wenn politische Führung den Wettbewerb immer enger einzäunt, wandern die Träume der Menschen vom erfolgreichen Match und dem eigenen Sieg in irreale Zonen aus. Sich unterscheiden, heißt ja auch: mehr über sich selbst erfahren. Wer kämpft und wetteifert, lernt seine Möglichkeiten und Grenzen kennen. Wo dafür immer weniger Raum bleibt, da resignieren immer mehr Menschen. Das Experiment, die Wettbewerbslust der Bürger in Deutschland zu füttern, die man ins Verliererlager wegsortiert hat, steht aus. Das Staunen wäre groß, würde man es wagen.

Aufstieg für alle als staatliches Motto wäre ein Sprengsatz, weil Unruhe entstünde, die schwerer kalkulierbar wäre als das monotone Murren aus dem wachsenden Verliererlager. Es ist tatsächlich bequemer, weiter aus den Taschen der Noch-Gewinner zu subventionieren – so lange, bis deren Zahl durch Überwechsler ins *loser*-Lager und Flüchtlinge so stark geschrumpft ist, dass ein neues Konzept her muss, um die Resignierten von ihren Wünschen nach Aufstieg abzubringen.

Der Staat missachtet Verfassungsrechte, wenn er die Verlierer in ihrem Status festnagelt. Was ihnen auch abhanden kommt, sind ja gesellschaftliche Geltung, Achtung, ihre Ehre. Wir sagen gern ›Prestige‹ sei es, was die Erfolgsträumer und die Aufsteiger im Kern suchen. *Prestigiae*, Gaukelspiel, meint das lateinische Wort eigentlich. Blendwerk also, Augentäuschung, Prestige ist das, was materielle Vorsprünge und Gestaltungsspielräume erst süß macht. Wir alle wissen es. Wer aus dem großen Spiel um Unterschiede herausfällt, verliert als erstes diese höchsten Werte und mit ihnen seine Würde. Alle Führungsgruppen dürften das nicht auf sich beruhen lassen.

Da wir uns Wunder nicht vornehmen können, wenn wir nicht einmal an unseren Aufstieg glauben, bleibt für einen Neuanfang nur eines: die Grundsicherung für alle, die das Stigma von der Stirn der Menschen nimmt, die sich und die wir aufgegeben haben – und sie wieder mitten in den Wettbewerb stellt, wo sie ihr Glück suchen können. Aufsteiger sind natürlich unter ihnen. Es gibt ja viele Ebenen, zu denen Aufstieg in unserem komplexen Gemeinwesen führen kann. Wer ohne Perspektive lebt, muss wie ein entlassener Häftling erst wieder lernen, sie zu erkennen.

Die Grundsicherung für alle macht von Anfang an klar, dass alle die gleiche Würde haben. Sie klärt, dass Zuwendungen des Staates nicht eine Kapitulationsaufforderung an die Schwachen sind, sondern ein Signal der Hochschätzung und Erwartung – an alle. Keiner soll verlorengehen, heißt das Motto, ganz im Sinne des Grundgesetzes, das diese Idee von den Programmen für Verlorene und Aufgegebene unterscheidet. Das Bürgergeld ist nicht ›Ruhegeld‹, wie die meisten Sozialgelder heute. Es ist nicht von einer Drohung begleitet, deren Vollstreckung im Verlauf eines Jahres näherrückt. Das Bürgergeld ist der Anfang, nicht das Ende von allem, wie die meisten Sozialsubventionen bis heute.

Arm und Reich werden damit in dem einen Boot versammelt, das ohne einen Turnaround weiter sinken wird. Die Reichen ärmer zu machen, wird die Armen nicht reich machen, vor allem aber wird es nicht die Stärken der Armen wecken, wenn wir die Starken schwächen. Alle in einem Boot mit gleicher staatlicher Grundausstattung, das ist ein Bekenntnis der politischen Führung zur Demokratie. Der Turnaround ist ohne Alternative, wenn wir den gordischen Knoten verfehlter Sozialtransfers durchschlagen wollen. Lösen können wir ihn nicht. Die ›soziale‹ Marktwirtschaft hat so viele von ihren Zielen im Namen des ›Sozialen‹ verfehlt, dass nur noch ein kühner Neuanfang den Abstieg stoppen kann.

Staatstransfers nicht mehr an »Bedürftigkeit« zu koppeln, verlangt nicht nur Mut von der Führung. Es setzt ein neues *mindset* voraus, das staatliche Zuwendung nicht mehr an Verliererrollen bindet, sondern Gewinner und Verlierer solidarisch versammelt: der Staat signalisiert, dass er endlich verstanden hat. Er hat nicht nur verstanden, dass die Sozialpolitik der Wohlstandsphase trotz aller Täuschungsmanöver am Ende ist. Er zieht auch die Folgerung aus seiner Verstrickung in immer teurere Bürokratien, die den Mangel nicht ausgleichen, sondern verschärfen. Der Staat nimmt die Chance wahr, sein Profil zu wandeln: Endlich zeigt er wieder ein menschliches Gesicht. Dazu gehört angesichts der festgefahrenen Kopfprogramme, die von Sanktionen und Kontrollen handeln, der kühne Sprung über den eigenen Riesenschatten, den die staatlichen Versorgungssysteme auf uns alle werfen.

Bedingungslos für alle wäre das Eintrittsgeld in die Solidargemeinschaft, das jedem Bürger die Achtung gewährt, die er als unbeschriebenes Blatt verdient: Nun kann er starten in einer entschlackten Landschaft ohne die zentnerschwere Abgabenlast, kann Jobs anhäufen, sich ein Puzzle seiner Arbeitsneigungen zusammenstellen.

Wenn Deutschland, Streberland mit Primusträumen, alle seine in der Sozialstaatskrise zappelnden Nachbarländer überholen will, dann geht das nur durch einen Turnaround großen Stils.[13]

Könnte die Politik sich zu diesem mutigen Schritt durchringen, dann würde sie etwas vorführen, was in den meisten Erfolgsanleitungen fehlt: das Lernen aus Misserfolgen. Nicht mit Fehlern auf Fehler zu reagieren, sondern radikal neu anzusetzen, um diesem Reflex – Fehler erzeugen Fehler – zu entgehen, das hieße immerhin, ein Lieblingsthema der Managementlehre unserer Jahre in die Tat umzusetzen: die lernende Organisation.

Der Staat als lernendes Unternehmen; die Regierung nicht als Kompromiss-Club, sondern als Lerngemeinschaft: Das verbindende Element wäre die Pflicht jeder Führung, um ihre eigene Verbesserung zu kämpfen – immerhin ein Gebot des neuen Aufstiegsethos.

Die Demokratie als lernendes Gemeinwesen ist auf eine lernwillige Führung angewiesen. Wo die Führung nicht lernt, lernt der Bürger nimmermehr. Die Dauerklage der Politiker, mit diesen Bürgern seien Reformen kaum zu machen, ist das Einge-

---

13 Vgl. dazu Michael Borchard/Michael Opielka/Wolfgang Strengmann-Kuhn (Hrsg.), *Das solidarische Bürgergeld – Analysen einer Reformidee*. Im Auftrag der Konrad-Adenauer-Stiftung. Stuttgart 2007.

Der Staat missachtet Verfassungsrechte, wenn er die Verlierer in ihrem Status festnagelt.

Was ihnen auch abhanden kommt, ist ja gesellschaftliche Geltung, Achtung, ihre Ehre.

Das Experiment, die Wettbewerbslust der Bürger in Deutschland zu füttern, die man ins Verliererlager wegsortiert hat, steht aus.
Das Staunen wäre groß, würde man es wagen.

Aufstieg für alle als staatliches Motto wäre ein Sprengsatz, schwerer kalkulierbar als das monotone Murren aus dem wachsenden Verliererlager.

ständnis von Führungsversagen und Eigennutz. In Wahrheit sind ja nicht die Wahlen das Ziel, sondern das Wohl aller zu mehren, muss das Ziel sein. Die Regierung dieser Jahre zieht aus der angeblichen Unbelehrbarkeit der Bürger Konsequenzen zum eigenen Vorteil. Wenn mit diesen Bürgern so wenig Staat zu machen ist, dann macht der Staat sein Spiel eben ohne die Bürger. ›Mehr Staat‹ ist das Programm für Freiheits- und Machtverluste der Bürger. Ihr Aufstieg rückt in weite Ferne, weil die Politaufsteiger ihren eigenen Abstieg verhindern wollen.

Als lernende Organisation hätte Deutschland die besten Chancen, weil aus Misserfolgen, die wir im Überfluss produziert haben, mehr gelernt werden kann als aus jedem Erfolg. Menschen neigen aber dazu, ihre Misserfolge möglichst schnell zu vergessen. Die Ursachen zu verstehen, schützt uns davor, denselben Fehler zu wiederholen. Wer führt, muss Fehlerkosten senken.

›Repariere nichts, was nicht ganz kaputt ist‹ lautet das verschwiegene Motto aller lernscheuen Organisationen. ›Repariere ein wenig, kuriere an Symptomen, wo offenkundig nichts mehr rundläuft‹, lautet die Steigerung dieses Prinzips. Unternehmen scheitern daran schneller, der Staat langsamer, weil er seine Geldgeber nicht mehr fragt, ob sie seine Maßnahmen mittragen. Er braucht ihr Einverständnis nicht, und er schätzt als geringen Schaden ein, dass er auch ihr Vertrauen verliert. Jederzeit, so meinen viele Politiker, können sie es sich wiederholen – durch Wahlversprechen. Leichtfertig genug, dass sie selbst auch dieses As früherer Jahre neuerdings als gezinkte Karte bezeichnen: Wer werde dann so unfair sein, sie beim Wort zu nehmen, warf einer aus der ersten Reihe 2006 in die Diskussion.

Was uns beim Lernen aus Misserfolgen immer wieder behindert, ist auch das Echo auf unsere Fehler. Da uns der Erfolg aber genug Feinde gebracht hat, sollten wir den Gönnern unserer Misserfolge eigentlich besser gewachsen sein. Daniel Vasella, höchst erfolgreicher CEO des Pharmariesen Novartis, hat für Misserfolge eine ganz eigene Perspektive: Nicht unsere hochgesteckten Ziele zu verfehlen, ist der größte Misserfolg, sondern unsere Ziele so niedrig zu setzen, dass wir sie erreichen, das ist ein wirklicher Misserfolg.

Fremde Welt für das politische Geschäft? Aber hier wie dort

Da wir uns Wunder nicht vornehmen können, wenn wir nicht einmal an unseren Aufstieg glauben, bleibt für einen Neuanfang nur eines: die Grundsicherung für alle.

Sie macht von Anfang an klar, dass alle die gleiche Würde haben. Sie klärt, dass Zuwendungen des Staates ein Signal von Hochschätzung und Erwartung sind – an alle.

Arm und Reich weren damit in einem Boot versammelt, das ohne einen Turnaround weiter sinken wird.

Die Reichen ärmer zu machen, wird die Armen nicht reich machen. Noch weniger wird es die Stärken der Armen wecken, wenn wir die Starken schwach machen.

Die ›soziale‹ Marktwirtschaft hat so viele von ihren Zielen im Namen des ›Sozialen‹ verfehlt, dass nur ein kühner Neuanfang den Abstieg stoppen kann.

sind es Menschen, die wir für Ziele begeistern müssen. Dass hohe Ziele mehr begeistern als niedrige, gilt überall. Dass sie mehr Einsatz verlangen und das Siegerglück größer ist als im *business as usual*, das wir gestern schon beherrschten, gilt ebenfalls überall, wo Menschen sind. Das Normalsoll als Misserfolg, das ist eine Lernidee, die nicht nur Kindern gefallen würde.

Die lernende Firma braucht den lernbereiten Manager. Hier beginnt das Handicap der Politik: Während Manager von ihren Mitarbeitern Detailwissen holen, weil sie delegieren müssen, lebt die politische Klasse in einem Ghetto. Der Bürger als Ratgeber ist eine Figur, die nicht vorkommt. Einzelexemplare mit funktionärsähnlichen Privilegien sind zwangsläufig Teil des Systems, weil sie ihr Vorrecht, das Ohr der Mächtigen, möglichst lange halten möchten.

›Nahe am Betrieb‹ zu sein, ist für Manager leichter als für Politiker. Der ›Betrieb‹ ist ja nicht der Biertisch im Wahlkreis, sondern die Fabrikhalle, das Lagerhaus, der Außendienst. Misserfolge, die sich später erst in den Zahlen der Vorstandssitzung spiegeln, beginnen hier. Kein Management kann sich herausreden, die Fehler hätten seine Leute gemacht. Der Misserfolg gehört der Führung.

Der Bürger als Quelle des Misserfolgs kann auch vom politischen Management nicht ernstlich beschworen werden. Wer Macht hat, ist zuständig für den Fluss von Wissen und Können, und dieser Fluss fließt, wenn sie es gut macht, sogar bergauf: von unten nach oben. Mehr von den Wirkungen ihrer Entscheidungen zu erfahren, ist für Politiker im höchsteigenen Überlebensinteresse.

Die Bürokratie ist der Feind der lernenden Organisation. Und natürlich muss der Einwand gehört werden, dass Bürokratien wuchern, weil wir weder den Überblick noch den Mut besitzen, die komplexen Anforderungen mit einfacheren Konzepten zu beantworten. Wir rudern im Wildwasser der Globalisierung gegen die Strömung, statt unser Kanu geschickt und entschlossen zu steuern. Wir wissen nicht, wohin die Reise gehen soll, deshalb haben wir die Republik zu einem großen Reparaturbetrieb gemacht. Wir beobachten Aufsteiger mit einfachen Botschaften und sind überzeugt, das Einfache könne für uns nie mehr gelten.

Und wenn andere aufsteigen, könne das nicht die Zeit des Aufstiegs für uns sein. Sie holen ja nach, so meinen wir, die Inder, die Koreaner, die Chinesen, Singapur, die Emirate. Was sie sich holen, das hatten wir schon. Unser Horizont ist leer, es fehlt ein zündender Leitgedanke.

Uns fehlt die Lust am Risiko, aber auch die Leidenschaft zur Freiheit und die Aufrichtigkeit, um Gerechtigkeit für alle zum Leitmotiv zu machen.

Wir machen viele kleine Bewegungen: um Fehler zu verschleiern, um zu reparieren, was wir aufgeben und neu beginnen sollten.

Wir passen uns an, wo wir Pflöcke einschlagen sollten, auf denen unsere Übereinkünfte eingemeißelt stehen: Freiheit, Gerechtigkeit – und Aufstieg für alle.

III AUF DEN GIPFELN DER VERSUCHUNG

Für ein neues Ethos der Macht

Die moderne Organisation von Macht
sorgt dafür, dass Macht und Ohnmacht
»einander nicht mehr Aug in Auge gegen-
überstehen und sich nicht mehr von
Mensch zu Mensch erblicken«.
Carl Schmitt

Wir leben gefährlich. Unser Aufstiegswille ist bedroht, anders als nach den großen Katastrophen im vorigen Jahrhundert. Die Welt der schleichenden Verluste, in der wir leben, schläfert den Zorn ein, der die Befreiung erst möglich macht. Werden die Verluste dann noch als notwendige Opfer im ›Reformprozess‹ beschrieben, dann lassen sich auch Freiheit und Gerechtigkeit als Reformopfer verkaufen.

Krieg ist Absturz, der ungeahnte Kräfte freisetzt. Nach der totalen Katastrophe gibt es nur noch eine Option: die Auferstehung. Abstieg im Frieden ist dagegen ein schleichendes Gift. Es gibt weder große Worte noch große Taten. Die Stimme der Vernunft empfiehlt sich als einzige Alternative.

Die Legende, Bürger seien gegen Reformen, wird von Politikern gestreut mit zweierlei Zielen: einmal, um Misserfolge vorweg aus der eigenen Verantwortung hinauszuschieben zum Bürger; zum andern, um zu verschleiern, dass es vor allem um eines geht, wenn ein Turnaround ansteht: um den richtigen Umgang mit der Macht. Und es zeigt sich: Vom neuen Ethos der Macht ist bei den Krisen-Aufsteigern, die das Land regieren, seit die Bürger allen Politikern misstrauen, nicht viel zu sehen.

Macht muss kommunizieren. Je unübersichtlicher die Lage, desto mehr. Kommunikation bringt nicht Zeitverluste, sondern Zeitgewinne. Das angebliche Nein der Bürger zu den Reformen in ein Ja zu verwandeln, ist Aufgabe der politischen Führung, nicht der Bürger. Politische Macht kann ihre Pläne auch ohne Zustimmung der Bürger durchsetzen; das ist die große Versuchung. Das Ja der Bürger wird man sich am Wahltag wiederholen, unterwegs scheint es entbehrlich.

Wer erfolgreich kommuniziert, sichert nicht nur die Zustimmung für seine Pläne ab; er kann auch das Tempo erhöhen, mit dem die Ziele angesteuert werden. Politikern liegt aber nicht immer an der Beschleunigung. Die nächste Wahl ist weit oder nah; beides kann ein Grund für Langsamkeit sein.

Wer politische Macht hat, lebt mit besonders vielen Ablenkungen von dem Ziel, das Leben der Menschen zu verbessern, ihnen mehr Freiheit, mehr Information und mehr Anreize für einen Aufstieg zu geben.

Oft mag es den politisch Mächtigen so erscheinen, als sei der freie Aufstieg möglichst vieler Bürger eine Bedrohung für die politische Kalkulierbarkeit der Gesellschaft. Weil sie Entscheidungen auch ohne die Zustimmung, ja sogar ohne die Kenntnis der Bürger durchsetzen können, unterschätzen Politiker die Wirkung dieser Alleingänge: Ihre Macht wird zerbrechlicher, je weniger sie vermitteln und erklären.

Die Bürger zu Vertrauenspartnern zu machen, plant offenbar kaum ein Spitzenpolitiker. Anerkennung und Vertrauen würden die Durchsetzung schwieriger Projekte aber sehr erleichtern.

Der Bürger, das geht Politikern bei diesem Hinweis durch den Kopf, ist ja gar nicht ihr unmittelbarer Partner. Er ist auch nicht wirklich ihr Kontrolleur; Wahlkampf ist Ausnahmezustand, Sonderraum jenseits der Wirklichkeit, in dem eigene Regeln gelten. Da gilt auch nicht das gesprochene Wort in der späteren Realität weiter. Nur so ist erklärlich, obwohl weiterhin unzulässig als Aufsteigerlizenz, wenn ein Politiker sich darüber empört, beim Wort genommen worden zu sein – von den Bürgern, den Spielverderbern.

Der Bürger ist im Machtalltag der politischen Führung eine streckenweise ganz zu vernachlässigende Größe. Was dem Politiker auf den Leib rückt und seine Macht begrenzt, das sind die Gremien, die Apparate, die Machtsysteme, die über seine künftige Machtentwicklung bestimmen.

Würde er es mit einem Aufstiegsethos versuchen, das ihn der

Wahrheit, der Freiheit seiner Schutzbefohlenen und der Gerechtigkeit verpflichtet, dann wäre er immun gegen die innere Korruption, die unter seinen Kollegen als unausweichlich gilt: Sie gewöhnen sich daran, Dinge zu behaupten, an die sie selbst nicht glauben. Welche höhere Gewalt das verlangt, wird nie besprochen. Welches Ziel dieses Mittel heiligt, bleibt ebenfalls unerwähnt.

Eine Begründung jedenfalls taugt auf keinen Fall: Der Bürger sei ein erklärter Gegner von wahren Auskünften, gerechten Entscheidungen und Freiheitslieferungen.

Mächtig zu sein in der Politik, führt in ein Minenfeld der Versuchungen.

Verglichen mit dem Topmanager hat der Politiker mit komplexeren Erfolgsbedingungen zu kämpfen. Politischer Erfolg ist ein Mischprodukt aus Kompromissen und Koalitionszwängen. Fehlentscheidungen in der Wirtschafts- und Sozialpolitik können einen machtpolitischen Höhenflug einleiten oder beenden; die politischen Winde wehen, wo sie wollen.

Ob ein klares Aufstiegsethos die politische Karriere verlässlicher, den Aufsteiger glaubwürdiger macht und seinen Einfluss steigert, wird strittig bleiben.

Nach allem, was wir wissen, ist auch diese Variante unter Umständen erfolgreich. Diese Umstände lassen sich beschreiben: faire Freunde und Gegner; kein zur Korruption entschlossener Wettbewerber. Das gilt für Aufsteiger generell: Man sollte sich in guter Gesellschaft bewegen, wenn man viel erreichen will. Insoweit haben Aufsteiger mit hohem Ethos eine reinigende Wirkung.

Ist das vor allem eine Machtbeziehung: Politiker und Bürger? Bei schwindender Macht der Bürger, so erleben wir es im ersten Jahrzehnt des neuen Jahrhunderts, wächst die Macht der Politik. Es ist folgerichtig, dass die Wahlentscheidungen von Bürgern, die immer weniger durchschauen, dann auch Ergebnisse haben, die niemand voraussah. Die Performance der gemischten Politcrew, die vor die unsicheren Bürger tritt, erlaubt die logische Folgerung, dass auch die politisch Mächtigen immer weniger durchschauen.

Aber sie haben die Macht.

Die Machtmaschine zur Lebensvorsorge läuft nicht mehr so rund wie in Wohlstandszeiten. Die Macht der Politiker aber wird umso deutlicher, je weniger es zu verteilen gibt. Damit wächst der Erklärungs- und Begründungsbedarf. Zugleich geht die Bereitschaft der Politiker, ihre Maßnahmen zu begründen, zu erklären und zu verteidigen, zurück. Unter widrigen Bedingungen wächst der Abstand zwischen Politik und Bürgern. Ihn zu verringern, fehlt den Bürgern die Macht und der Mut. Die Nähe zu den Regierten kann immer nur die Führung selbst herstellen. Sinkt ihr Interesse daran, bleibt die Verpflichtung trotzdem bestehen, und das Versäumnis kostet nicht nur Vertrauen, sondern auch Qualität bei den Machtergebnissen.

Ein Aufstiegsklima entsteht so nicht. Es gibt auch keine Absichtserklärung der Politik in diesen Jahren, die ›Aufstieg‹ als Regierungsziel nennt. Man ist ja mit Abstiegsmanagement beschäftigt. Gibt es überhaupt eine Zielbeschreibung für politische Macht, die für beide Seiten, Politiker und Bürger, verbindlich regelt, was erreicht werden soll? Wer ein Mandat erhält, muss liefern. Steht im Belieben der Mandatsbesitzer, was sie liefern? Hat der Vertrag zwischen Politik und Bürgern außer dem nächsten Wahltermin keine Rückmeldungs- und Kommunikationspflicht vorgesehen? Muss die politische Macht nicht regelmäßig ihr Tun und Lassen rechtfertigen, auch wenn keine nahende Wahl sie dazu treibt? Versagt das Führungsethos, um das die Wirtschaft mit ihren neuen Codices kämpft, bei politischen Topentscheidern?

Wer politische Macht ausübt, gehört zu den Aufsteigern. Die Menschen im Staat sehen es so, und sie wenden die verschärften Kriterien an, die sie für Aufsteiger reserviert haben: Aufmerksamkeit, Erwartung und sprungbereites Misstrauen. Wer im Licht steht, muss mehr bieten als Fleiß und Wahrhaftigkeit. Er schuldet uns Vision und Strategie, nichts weniger. Das neue Aufstiegsethos[14] gilt auch für die Politik. Viele Aufsteiger wählen eine politische Karriere, um den Erfolgskontrollen zu entgehen, die von den Ergebnissen in Wirtschaftsunternehmen ausgehen. Politischer Erfolg ist selten eindeutig und noch seltener frühzei-

14 Siehe dazu S. 105–116.

tig zu beweisen. Umso wichtiger ist das Kontrollinstrument, das ethische Grundsätze liefern. Es geht aber nicht darum, eine verschärfte Ghetto-Moral für politische Entscheider auszurufen; vielmehr ist die weithin sichtbare Plazierung der politischen Führungskräfte die beste Voraussetzung für eine weiträumige Ausstrahlung in die Lebenswelt der Regierten. Jede politische und jede wirtschaftliche Entscheidung hat eine ethische Dimension – selbst dann, wenn die Führung es nicht wahrnimmt. Mit jeder Maßnahme transportieren die Mächtigen gewollt oder ungewollt ihre ethische Position. Sie nehmen damit jeden Tag Einfluss auf Mitarbeiter und Bürger.

Dies ist der wichtigste Grund für den Anspruch beider – der Mitarbeiter im Unternehmen und der mitwirkenden Bürger im Staat – auf ein hohes Ethos der Mächtigen. Der Verfall ethischer Normen ist immer ein Führungsthema. Alle Debatten, die den Verlust von Normen und Werten zu einem Mehrheits- oder Verliererthema machen wollen, dienen der Ablenkung von der Verursachergruppe: den Machtverwaltern.

Der Staat ist ein Machtraum, der Autorität verleiht, so hoffen die aufstrebenden Funktionäre der Parteien. Mit dem Abstand, der die Aufsteiger von heute von ihren Nachfolgern trennt, die morgen um ihre Plätze wetteifern, wachsen Stolz und Unruhe gleichzeitig: Der Machtraum ist ein begehrter und bedrohter Aufenthalt. Politische Macht wird auf Zeit ›verliehen‹. Diese Zeit auszudehnen, so weit es geht, fesselt bald einen großen Teil der Kräfte, die eigentlich für das Ganze, für alle, die nicht oben sind, eingesetzt werden sollten. Die Mächtigen können dafür wichtige Gründe angeben.

»Das menschliche Individuum«, sagt Carl Schmitt, »in dessen Hand für einen Augenblick die großen politischen Entscheidungen liegen, kann seinen Willen nur unter gegebenen Voraussetzungen und mit gegebenen Mitteln bilden. Auch der absolute Fürst ist auf Berichte und Informationen angewiesen und von seinen Beratern abhängig (...) So wird jede direkte Macht sofort indirekten Einflüssen unterworfen.«[15]

---

15 Carl Schmitt, *Gespräche über die Macht*. Berlin 1994, S. 17 f.

Um den Mächtigen oder die Mächtige bildet sich ein »Vorraum der Macht«, der von Ministern, Koalitionspartnern und Parteigenossen, Ratgebern und Zulieferern von Nachrichten jeder Art bevölkert ist. Der Vorraum der Macht, so Carl Schmitts Beobachtung, schneidet den Mächtigen von der Welt vollständig ab, so dass er »nur noch diejenigen erreicht, die ihn direkt beherrschen, während er alle übrigen Menschen, über die er Macht ausübt, nicht mehr erreicht, und auch sie ihn nicht mehr erreichen«.[16]

In der Demokratie entsteht derselbe Effekt für das Kollektiv, das die Macht ausübt: Die Regierungsmitglieder leben mit reduzierten Außenkontakten in einem Ghetto, wo Solidarität und Rivalität einander die Waage halten. Ihr Informationsstand ist also durchaus dürftig, was die Lage, die Stimmung und die Meinungen der Regierten angeht.

Der Informationsmangel trägt natürlich auch zur Unbefangenheit bei. Die Illusion, Gestaltungsmacht zu besitzen, wird gestärkt, wenn Mauern die Welten trennen. Verliererzahlen kommen nicht als Eilmeldung bei den Abstiegsmanagern an, und nur ein Zyniker würde meinen, das Anwachsen der *Loser*gruppe sei eigentlich eine Erfolgsmeldung für die Absteigerpolitik.

Die Mächtigen selbst können von ihrer Ohnmacht in komplexen Organisationen berichten, von wuchernden Bürokratien und Apparaten, die ihre Terminpläne entwickeln und abwickeln, so dass jeder Freiheitsrest verzehrt wird. Wie sollen sie Freiheit liefern, wenn sie selbst keine Freiheit mehr erreichen? Die Forderung, dass Macht Freiheit liefern muss, ist durch keinen Vorwand abzuschütteln. Der Freiheitsverzehr beim Aufstieg kostet Urteilsvermögen und Entscheidungskraft; er wird im neuen Ethos für Aufsteiger deshalb nicht mehr auftauchen.[17]

Die Demokratie teilt die Macht unter vielen auf, damit sie einander kontrollieren, überwachen, in der Vielstimmigkeit Toleranz üben und Kompromisse finden können. Dennoch gelingt uns nicht die unmittelbare Begegnung von politischer Macht

---

16 Schmitt, S. 20.

17 Siehe dazu S. 82–90.

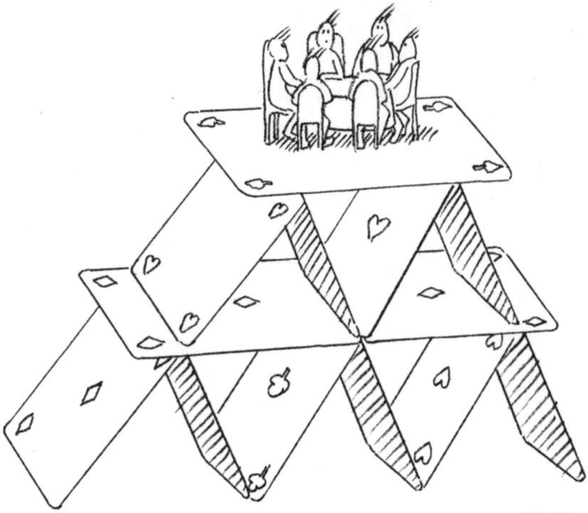

Wir leben gefährlich: ›Die moderne Organisation von Macht sorgt dafür, dass Macht und Ohnmacht einander nicht mehr Aug in Auge gegenüberstehen und sich nicht mehr von Mensch zu Mensch erblicken‹. *(Carl Schmitt)*

Macht muss kommunizieren. Je unübersichtlicher die Lage, desto mehr. Kommunikation bringt nicht Zeitverluste, sondern Zeitgewinne.

Viele Politiker meinen, der freie Aufstieg möglichst vieler Bürger werde die Gesellschaft weniger kalkulierbar machen.

Weil sie Entscheidungen auch ohne die Zustimmung, ja ohne der Kenntnis der Bürger durchsetzen können, unterschätzen Politiker die Wirkung dieser Alleingänge: Ihre Macht wird zerbrechlicher, je weniger sie vermitteln und erklären.

und den Verlierern, die sich mehren. Die Organisation der Macht sorgt dafür, gezielt oder unabsichtlich, dass »Macht und Ohnmacht«, wie Carl Schmitt anschaulich sagt, einander »nicht mehr Aug in Auge gegenüberstehen und sich nicht mehr von Mensch zu Mensch erblicken.«[18]

Und doch bleibt die Abhängigkeit der Macht von Information. Wer gut regieren will, muss wissen, wie es im Lande steht – nicht nur in Zahlen, mit denen der Finanzminister gern arbeitet, nicht in Konjunkturmeldungen, die einzelne Gruppen begünstigen, sondern in den Köpfen und Herzen der Menschen, die weder von den Zahlen noch von der Konjunktur der Wirtschaft oder von den Prognosen der Analysten satt werden.

Menschen sind nicht nur begehrende Konsumenten im Markt; sie sind schicksalsempfindliche Wesen mit einem Recht auf Glück. Dieses Recht auf Lebensglück schickt die Politik der Aufsteiger seit Jahren in eine Warteschleife, die für Millionen Menschen verlorene Lebenszeit bedeutet: Angstjahre sind verlorene Jahre.

Jahre ohne Aufstiegsvision sind verlorene Jahre. Jahre des fehlenden Führungsvertrauens sind verlorene Jahre.

Verlorene Jahre sind für Junge ein großes Unglück, das Lebensvertrauen kostet, für Kranke, Alte und Schwache ein unwiederbringlicher Verlust und für die leistungshungrigen Menschen auf der Höhe des Lebens ein Entzug von Chancen mit Langzeitwirkung. Wer von Gerechtigkeitslücken reden will, der müsste auf diese Stelle zeigen.

Politische Macht braucht die Leidenschaft zum Konkreten. Wissen, was die Menschen denken, fühlen und hoffen, wovon sie träumen, was sie ängstigt. Ihre Sehnsüchte erforschen statt ihrer Schwarzarbeitsstunden, ihre Scham über die Verliererposition verstehen lernen. Politische Macht muss mit Leidenschaft das Ziel verfolgen, immer mehr Menschen das zurückzugeben, was unsere Verfassung ihnen als ›unveräußerlich‹ zusichert: ihre Würde. Die wachsende Schar der Verlierer fühlt ihre Würde nicht mehr. Darin besteht die schlimmste Niederlage, und hier

---

18 Schmitt, S. 29.

Unter widrigen Bedingungen wächst der Abstand zwischen Politik und Bürgern.
Ihn zu verringern, fehlt den Bürgern die Macht und der Mut.

Die Nähe zu den Regierten kann immer nur die Führung selbst herstellen. Sinkt ihr Interesse daran, so kostet das nicht nur Vertrauen, sondern auch Qualität bei den Ergebnissen der Macht.

Wer politische Macht ausübt, gehört zu den Aufsteigern.
Wer im Licht steht, muss mehr bieten als Fleiß und Wahrhaftigkeit.

Das neue Aufstiegsethos gilt auch für die Politik.

ist die Fehlerquote dessen, was die Politik Reform nennt, am augenfälligsten.

Politik hat eine Holschuld, wenn es um Information geht. Wer politische Macht hat, kann sich nicht mit dem Mangel an Wahrhaftigkeit und Offenheit der Mitarbeiter und Ratgeber herausreden. Wissen hereinschaufeln, gleichviel, ob es wehtut oder ratlos macht, gehört zum ›neuen Ethos‹ für Aufsteiger. Sammle nur Menschen um Dich, die Dir die Wahrheit sagen, steht da. Lass sie alle spüren, dass sie niemals wegen einer unbequemen Wahrheit, die sie vertreten, ihren Arbeitsplatz verlieren werden. Sammle nur solche Mitarbeiter um Dich, die für das Land und seine Menschen mehr Leidenschaft aufbringen als für ihre Karriere. Lass Dir neben der ›Papierform‹ der Bewerber ihre Ziele zeigen. Stell nur Menschen ein, deren Intelligenz mit dem emotionalen Beistand eines pochenden Herzens arbeitet. Frag sie nach ihrer Kindheit, nicht nach ihrer Neigung, Behörden zu überschätzen. Frag sie nach den Spielen ihrer Kindertage und nach ihrer Lust, vorn dabei zu sein, zu siegen. Frag sie unvermittelt, wer denn in der Demokratie siegen sollte: Der Staat? Die Freiheit? Die Gerechtigkeit? Der Wohlstand? Das Glück der Menschen? Ihre Zukunftslust? – Wer oder was sollte siegen?

Und frag sie, ob sie für ihren Aufstieg leben oder für mehr. Und das wäre? Stell sie ein, wenn sie Dich mit mehreren Antworten überraschen.

Überleg Dir, der Du politische Macht hast, was Du auf diese Fragen antworten würdest. Und ob Du, wenn Du ehrlich bist, dabei Dir selbst in die Augen schauen kannst.

Was immer die politischen Akteure entscheiden, der reale oder imaginäre Dialog mit den Medien läuft mit und nimmt Einfluss. Beide Sphären brauchen und benutzen einander. Was ›öffentliche Meinung‹ genannt wird, das nährt sich von den Machtspielen zwischen Politik und Medien. Totalitäre Regimes bemächtigen sich der Medien, weil sie die Kontrolle fürchten, die eine kritische Presse liefert. Auch in der Demokratie schwingt die Spannung immer mit: Die Presse braucht Gesprächspartner, und die Politik braucht Multiplikatoren. Die Medien suchen die Bilder hinter den Bildern, die ihnen gezeigt werden, und die Texte hinter den Texten, die ihnen geliefert werden. Wechselseitiges

Misstrauen wechselt mit Kumpanei; beide Seiten strapazieren ihr Ethos gegenseitig. Beide Seiten haben immer mehrere imaginäre Gesprächspartner: die Kollegen, die Rivalen, die Leser und Fernsehkunden, die Funktionäre der eigenen und der gegnerischen Partei, die Koalitionspartner – und einander, denn man sieht sich wieder, schon morgen, und man braucht jenen minimalen Grundkonsens: Du transportierst meine Nachricht, und ich bin vielleicht der erste, der diese Nachricht hat. Oder derjenige, der ihren Hintergrund kennt, oder jener, der die Nachricht entlarvt und den Lieferanten mit. Beide Seiten dürfen das Lieferverhältnis nicht dauerhaft beschädigen, weil sie aufeinander angewiesen sind. Beide können Aufstiege befördern oder abrupt beenden – und die Mittel dazu füllen die gesamte Skala der Tugenden und Laster.

Auch wenn sie ihre Spielregeln kennen, die Wahrhaftigkeit und Fairness, Achtung vor andern, Sorgfalt bei jeder Nachricht und Verantwortung bei jedem Kommentar von beiden Seiten verlangen: Jeden Tag sind Politiker und Journalisten der Versuchung ausgesetzt, die ethischen Normen, die beide unterschreiben würden, zu missachten. Die Feinde des Berufsethos sind Erfolgshunger und Eitelkeit; die Lizenzen zur Grenzüberschreitung, die man sich selbst erteilt, werden mit Erfolgshunger und Eitelkeit der Wettbewerber begründet. So einfach ist das.

Warum fair sein, wenn andere unfair sind? Warum wahrhaftig, wo andere ihre Karriere auf Lügen aufbauen? Warum andere achten, die mich nicht achten? Wozu Sorgfalt und Verantwortung, wenn die heißen *News*, schlampig kommentiert, schneller im Markt sind und den Absatz hochtreiben?

Für beide Partner, Politiker wie Medienvertreter, steht hinter diesen inneren Spannungen dieselbe Frage: Lohnt es sich, die Spielregeln einzuhalten, wenn Spielverderber Gewinne einfahren?

Und doch sind beide Gruppen genau daran beteiligt: Spielverderber auszuschalten und das gemeinsame, wertbeschwerte Spiel zu schützen. Wer die Regeln verletzt, ermutigt andere, dasselbe zu tun. Wer sich ›einmalige Lizenzen‹ erteilt, wird dies wieder und wieder tun. Politik und Medien haben hier ihr gemeinsames Ziel: die Lebens- und Aufstiegsbedingungen in unserem

Gemeinwesen nicht nur zu dokumentieren, sondern zu verbessern. Politik ist für das Wohl der Menschen da, nicht für das Wohlergehen der Politiker. Und die freie Presse betreibt nicht Entlarvung als Selbstzweck zur Auflagensteigerung, sondern sie stellt die Politik zur Rede, jeden Tag. Die Tendenz zum totalitären Staat schickt immer dieses Zeichen voraus: Die Politik legt die Medien an die Kette. Auch als Beobachter sollten wir dieses Vorzeichen nie verharmlosen.

Die freie Presse in der Demokratie muss jeden Tag um die Unversehrtheit ihrer Freiheit kämpfen. Die Politiker auf den sichtbaren Plätzen müssen jeden Tag der Versuchung widerstehen, diese Freiheit einzuschränken, um der Kontrolle zu entgehen. Ihre eigene Gewissensfreiheit geben deutsche Politiker immer häufiger auf. Gefährlicher noch: Sie bedrohen Kollegen, die ihre Gewissensfreiheit wahrnehmen wollen. Politik und Medien gemeinsam müssen Freiheitsgarantien für die Bewohner des Landes sein. Beide, Politik und Medien, teilen sich also Macht: Sie schützen die Kernwerte des demokratischen Zusammenlebens – Freiheit und Gerechtigkeit –, nicht als Verlierergerechtigkeit, sondern Gerechtigkeit für alle, weil sie sonst allen verlorengeht.

Die Freiheit bleibt trotz schwindender Attraktivität auf der Liste unserer Forderungen an die Gewinner: Freiheit schaffen, auch wenn immer weniger Menschen im Staat danach rufen. Dass Jahr für Jahr der Glaube der Bürger an die Vorzüge der Freiheit schwindet, müsste die politische Führung alarmieren: Kernziel verpasst! Auftrag verfehlt! Aber die regierenden Politiker sehen das insgeheim anders. Ein Volk, das immer weniger Appetit auf Freiheit hat, lässt sich leichter verwalten. Die deutsche Nationalhymne wird so unzuverlässig wie die Worte und Handlungen der Politik: Einigkeit und Recht und Freiheit tönen aus einem abgelaufenen Zeitalter herüber.

Im neuen Aufstiegsethos darf die Freiheit trotzdem nicht fehlen,[19] weil ohne sie alles nichts ist.

Politische Macht, die das Selbstvertrauen der Bürger stärkt, entwickelt, wie Hannah Arendt sagt, »Glanz«. Allein können

---

19 Siehe dazu S. 197–207 und S. 246–256.

Politische Macht braucht die Leidenschaft zum Konkreten. Menschen sind nicht nur begehrende Konsumenten im Markt. Sie sind schicksalsempfindliche Wesen mit einem Recht auf Glück.

Dieses Recht auf Lebensglück schickt die Politik der Aufsteiger seit Jahren in eine Warteschleife, die für Millionen Menschen verlorene Lebenszeit bedeutet:
Angstjahre sind verlorene Jahre.
Jahre ohne Aufstiegsvision sind verlorene Jahre.
Jahre ohne Führungsvertrauen sind verlorene Jahre.

Wer von Gerechtigkeitslücken reden will, der müsste auf diese Stelle zeigen.

die Mächtigen im Gemeinwesen nichts erreichen: »Macht entspringt der menschlichen Fähigkeit, nicht nur zu handeln oder etwas zu tun, sondern sich mit anderen zusammenzuschließen und im Einvernehmen mit ihnen zu handeln.«[20]

Jürgen Habermas sagt noch entschiedener: »Macht besitzt eigentlich niemand, sie entsteht zwischen Menschen, wenn sie zusammen handeln, und sie verschwindet, sobald sie sich wieder zerstreuen.«[21]

Die beiden extrem zugespitzten Sätze aus zwei ganz verschiedenen Denkschulen erinnern daran, dass Macht, wenn sie Erfolg hat, auf die Zustimmung der andern angewiesen ist, die diese Macht ›verleihen‹. Zugleich schwingt bei beiden Denkern die Zerbrechlichkeit der Macht mit: Wenn sich, auch im übertragenen Sinne, die Mitwirkenden dieser Übereinkunft »zerstreuen«, greift die Macht nicht mehr. Dann meldet sich die Versuchung zur Gewalt. Diese Gewalt kann auch auf leisen Sohlen kommen: auf Zehenspitzen in die Planwirtschaft. Dafür ist der Attraktivitätsverlust der Freiheit eine ideale Voraussetzung.

Wo Macht erfolgreich gestaltet wird, ist sie ein Ergebnis von Verständigung. Ja, so möchten wir leben, lautet der unausgesprochene Zustimmungssatz der Regierten. Wenn aber immer mehr Menschen im Staat Ohnmachtsgefühle entwickeln, dann kann das kein Zeugnis einer gelungenen Übereinkunft sein. Es ist eher ein Warnsignal an die Mächtigen, und sie sollten es nicht länger überhören. Wenn Machtausübung Ohnmacht auslöst, dann laufen die Druckmesser bei Toppolitikern und Bürgern nicht mehr synchron. Einfacher gesagt: Wenn die Gewinnergruppe an der Macht bei immer mehr Menschen Ohnmachtsgefühle auslöst, dann produziert sie also Verlierer. Es ist unmöglich, diese Verantwortung von sich zu weisen und fremden Mächten zuzuschieben: Die Führung ist verantwortlich; die Führung muss das ändern. Sie schuldet den Verlierern jenes offene Fenster ins Freie, das Aufstieg als eine reale Möglichkeit zeigt.

---

20 Hannah Arendt, *Vita activa oder Vom tätigen Leben*. München 1981, S. 199 ff.

21 Jürgen Habermas, *Philosophisch-politische Profile*. Frankfurt a. M. 1981, S. 238.

Viele Politiker würden antworten wie die Verlierer: Es gibt kein Fenster ins Freie. Wir können keinen Ausweg zeigen, einen Weg zum Aufstieg erst recht nicht.

Wäre der Staat ein Unternehmen, dann wäre die Antwort klar: Wer nur noch den Mangel verwaltet, muss abtreten. Wer Abstieg managt und kein Aufstiegskonzept präsentieren kann, muss Platz machen für andere, die das können.

Deutschland ist aber kein Unternehmen. Die Verlierer haben deshalb auch nicht die Chance, in ein anderes Unternehmen zu wechseln. Darum ist die Verantwortung der Regierung so ernst; die Verlierer können diesem Staat nicht entkommen. Er bestimmt ihr Schicksal. Die Leidenschaft der herrschenden politischen Klasse richtet sich nicht darauf, aus Verlierern wenigstens Mitspieler zu machen, die ihr eigenes Leben wieder in die Hand nehmen können.

Politische Macht muss das Erlebnis von Freiheit stärken. Strategisch kluge Politik stärkt das Einvernehmen mit den Bürgern durch Freiheitsspielräume und durch intensive Kommunikation. *Communio* beschreibt im theologischen Raum die Begegnung mit metaphysischen Garantien, die das Grundvertrauen stärken. Das Lehnwort Kommunikation meint mehr als die alltägliche Abstimmung über Tagesaktualitäten. Strategisch kommunizieren heißt umfassend informieren, um die Machtentscheidung zu einer gemeinsamen Entscheidung zu machen. Kommunikation ist immer auch Rechenschaft, die die Machtverwalter den Mandatsgebern schulden.

Wenn Fehlentscheidungen der Politik als Kompromisse deklariert werden, dann lohnt die Nachfrage, was *compromittere* eigentlich heißt: die Entscheidung eines kontroversen Falles dem Spruch eines Schiedsrichters anvertrauen. Wenn der Machterhalt die Leitfigur ist, die den Schiedsrichter überflüssig machen soll, dann lebt die Führung nicht nur pflichtvergessen, sondern auch gefährlich.

Aufstiegsklima wird von oben gemacht: Die Führung muss liefern

Wir brauchen sie: die mehr wollen. Von sich und von andern. Wir brauchen ihre anspornende Gegenwart. Ihr Antriebsniveau. Ihren Tatendrang. Ihre Leidenschaft. Ihre Traumenergie.

Brauchen wir sie wirklich? In Zeiten, in denen uns die Träume ausgehen? Wo immer mehr Leiden die Leidenschaft verdrängt? Die Angst den Antrieb lähmt und kein Preis mehr auf Fleiß ausgesetzt wird?

Die mehr wollen: Sind das nicht Leute, die den andern mehr wegnehmen?

In der Abstiegsgesellschaft hat der Verdacht Konjunktur. Dass sie vom Tempo der Aufsteiger profitieren, glauben die wenigsten. Sie sind es dann auch, die den Stärksten nacheifern und bald selbst zu den *climbers*, den Kletterern, gehören.

Wer mehr will und mehr von sich selbst verlangt, gehört in Wahrheit zur Kraftreserve der Gesellschaft. Nur eine Kultur, die den Nutzen der Besten für alle andern nicht mehr erkennen will oder kann, baut Hindernisse auf, an denen Aufsteiger scheitern. Ein fataler Zirkelschluss entwickelt sich: Der Glaube an die Besten und ihren Nutzen für alle weicht dem Verdacht, dass sie für sich etwas holen, was sie niemandem zurückgeben. Der Neid diktiert das Ressentiment, und er schafft sich Beweise für sein Misstrauen: Wo immer mehr Stolpersteine für die Besten auf den Weg gerollt werden, gibt es immer weniger gutgelaunte Visionäre, die nach oben streben. Der Generalverdacht gegen die, die mehr leisten wollen, erweist sich als *self-fulfilling prophecy*. Nun steigen sie woanders auf und beliefern andere Gesellschaften mit ihren Ergebnissen.

Wir werden das nur ändern, wenn wir uns von der bequemen

Die mehr wollen: Sind das nicht Leute, die den andern mehr wegnehmen?

In der Abstiegsgesellschaft hat der Verdacht Konjunktur. Dass sie vom Tempo der Aufsteiger profitieren, glauben die Wenigsten.

Wer mehr will und mehr von sich selbst verlangt, gehört in Wahrheit zur Kraftreserve der Gesellschaft.
Nur eine Kultur, die den Nutzen der Besten für alle andern nicht mehr erkennen will oder kann, baut Hindernisse auf, an denen Aufsteiger scheitern.

Ein fataler Zirkelschluss entwickelt sich: Der Glaube an die Besten und ihren Nutzen für alle weicht dem Verdacht, dass sie für sich etwas holen, was sie niemandem zurückgeben.

Gewohnheit verabschieden, die Entgleisungen einer Minderheit zur Regel zu erklären. Überall werden Regeln verletzt, und überall ist das verabredete Fair Play von Falschspielern bedroht. Niemand käme auf die Idee, deshalb alle Spieler auszuschalten, weil dann kein neues Spiel mehr begonnen werden kann.

Fehler, Tricks und Regelbrüche fallen umso mehr auf, je sichtbarer die Spieler sind. Und die Verfehlungen Einzelner werden sofort der ganzen Gruppe zugeschrieben, weil sie eine Minderheit bildet und mit Abstand zur Mehrheit agiert. Beides zusammen genügt für den Generalverdacht.

Die Generalerwartung an diese Gruppe müssen wir wieder neu lernen, möglichst schnell, ehe die zum höchsten Einsatz Entschlossenen immer weniger werden.

Dass wir sie brauchen, die sich mehr abverlangen und anschließend mehr liefern, wird deutlich, wenn wir den Generalverdacht hinter uns lassen. Dass sich Aufstieg für die andern, die nicht das Größte, aber das aus ihrer Lage Bessere wollen, auch als stellvertretende Leistung lohnt, weil er Chancen zuliefert und Wohlstand mehrt, ist das eine. Dass Aufstiege, genau wie die misstrauischen Beobachter ahnen, auch den Wertbesitz der Gesellschaft stärken, wird viele überraschen.

In Wahrheit ist der Katalog der Forderungen, der einen Aufstieg begleiten muss, eine Erfolgsstrategie für die Leistungskultur und die Wertepraxis unserer Gesellschaft. Beides lässt sich nicht voneinander trennen; auch das dürfte in Zeiten dschungelorientierter Markttheorien eine Überraschung für viele sein. Zugleich ist es die beste Botschaft, die uns erreichen kann: Der Streit zwischen Ethos und Kapitalismus ist ein Irrtum. Ökonomischer Erfolg lässt sich nicht dauerhaft von den Werten abkoppeln, die uns in den freien Gesellschaften herausfordern und schützen.

Nichts inspiriert zuverlässiger als ein Spielplan für Aufsteiger und ihre Freunde und aufstiegshungrigen Schüler. Hier ist er. Wir wollen in einer aufsteigerfreundlichen Welt leben. Das fordert zwar niemand, aber viele wünschen es insgeheim. Dass den selbstverständlichsten aller Ansprüche niemand offen ausspricht, zeigt den Grad unserer Entmutigung.

Dennoch kann Vorwärts nur Aufwärts heißen, alles andere

führt abwärts. Standards halten? Täglich fallen mehr Menschen aus ihren erkämpften Standards heraus. Mängelwirtschaft lernen? Das beflügelt niemanden. Mehr erreichen, nicht nur aufwärts schauen, sondern aufwärts laufen, das ist es, was Menschen wollen, ehe man sie entmutigt.

Halten wir uns an die Mutigen.

Wie muss man sein, was muss man mitbringen, um ein Aufsteiger im allerbesten Sinne zu sein? Das zu wissen ist selbst für die wichtig, die gar nicht selbst aufsteigen wollen. Es geht um ihre Gewährsleute, also möchten sie die Besten von den ›nur‹ Guten unterscheiden.

Die einen und die andern organisieren sich als Wettbewerber, die aufeinander angewiesen sind: Die einen wollen vorauslaufen, die andern hinterher. Die Dritten wollen ›mitlaufen‹, was generell etwas anderes ist als voraus- oder hinterherlaufen.

Wer hinterherläuft, weiß: Aufsteiger machen Aufsteiger, nicht Absteiger. Auch wenn die Legende weiterlebt, weiß es im Grunde jeder: Der Umgang mit Aufsteigern verbessert die eigene Leistung. Im Windschatten von Aufsteigern kommt man weiter als allein. Im Sog von Aufsteigern entwickeln selbst die Zaghaften Tempo. Aufsteiger befeuern den Wettbewerb, weil sie Nachahmer anlocken.

Aufsteiger sollten deshalb auf jeder Etappe zurückschauen: in die Gesichter ihrer Nachfolger und Mitläufer. Mit dem Abstand wächst die Einsamkeit, und mit der Einsamkeit der Argwohn: Wer von den Konkurrenten wird plötzlich auf den Platz vor dem Anführer stürmen? Die Einsamkeit des ersten Läufers gefährdet seine Fairness; sie bedroht damit eine der wichtigsten Tugenden im neuen Aufstiegsethos. Der Abstand zwischen dem Ersten und den andern bleibt auch später, auf dem Hochplateau des Erfolgs, ein Problem. Wer außer Sichtweite seiner Mitspieler gerät, bedroht auch deren Fairness. Wer ganz weit vorn ist, verliert die Solidarität der andern – es sei denn, er kämpft um ihr Vertrauen. In Rufweite bleiben, das ist eine der Erfolgsregeln für Aufstieg und Spitzenplätze. Die Arbeit dafür muss der Aufsteiger tun, er kann sie an niemanden delegieren.

Auch in der zweiten und dritten Reihe herrscht Wettbewerb. Der Ansporn kommt von den Besten, die vorn laufen; aber die

Nachbarn rechts und links könnten plötzlich vorbeigehen und näher an die Ersten heranrücken. Aufstiegsverdächtig ist jeder, wenn es der Führung gelingt, ein Klima des sportlichen Wettstreits zu entwickeln.

Die Aufstiegsregel am Start lautet also: Aufstiegsklima wird von oben gemacht, nicht von unten. Die Führung schuldet allen die Botschaft: Es lohnt sich! Wer sein Bestes gibt, wird von den Ergebnissen profitieren.

Wer nach oben will, der hat oft schon im Schulalter das Gefühl: Da oben gehöre ich hin. Wir wissen nicht sicher, ob die Herkunft aus einer Familie mit aufgestiegenen Vorbildern dabei eine Rolle spielt. Viele Söhne und Töchter starker Eltern schalten eher einen Gang zurück, weil sie sich auf die vorgelegte Leistung verlassen. Wer ohne Vorleistungen der Eltern unterwegs ist, hat dagegen die große Chance, ohne den Schlagschatten eines mächtigen Vaters allein in die Sonne des Erfolgs zu laufen.

Das Gefühl, anders zu sein als die andern, die Entschlossenheit, mehr zu erreichen als die meisten, ist offenbar ein wichtiger Erfolgsfaktor. Literatur und Religion liefern für diese Ausnahmegewissheit einzelner Menschen zahllose Beispiele.

Die Gewissheit, mehr zu wollen und zu können als die meisten, verbindet sich unmittelbar mit der Vorstellung eines größeren Radius, in dem man handeln will und wird. Wenn über Elite und Auslese diskutiert wird, schmeicheln sich Betreuer und Bürokraten gern, sie seien die eigentlichen Entdecker und Förderer der Ausnahmetalente.

Die Exzellenz-Initiative der deutschen Regierung für die Wissenschaft an Universitäten bezeugt diesen selbstgefälligen Irrtum: Hier wird in ökonomische Vorrechte umgemünzt, was Hochschulbürokraten nicht heute können, sondern für die Zukunft versprechen. Vorhaben zu prämieren, bedeutet nicht mehr Vertrauen, sondern mehr Unschärfe. Die besten unter den Hochschulen sind durch das Können und die Leidenschaft ihrer Forscher groß geworden. Entsprechend scharten sich um diese Forscher die besten Nachwuchsforscher.

Entdecken und Fördern sind nicht mehr als Reaktionen auf eine Ausnahmegewissheit, mit der ein junger Mensch herum-

Aufsteiger machen Aufsteiger, nicht Absteiger.
Auch wenn die Legende weiterlebt, weiß es im Grunde jeder.
Der Umgang mit Aufsteigern verbessert die eigene
Leistung. Im Windschatten von Aufsteigern kommt man weiter als allein.
Im Sog von Aufsteigern entwickeln selbst die Zaghaften Tempo.
Aufsteiger befeuern den Wettbewerb, weil sie Nachahmer anlocken.

Die Aufstiegsregel am Start lautet also:
Aufstiegsklima wird von oben gemacht, nicht von unten.
Die Führung schuldet allen die Botschaft: Es lohnt sich!
Wer sein Bestes gibt, wird von den Ergebnissen profitieren.

läuft. Er selbst weiß es zu allererst, dass sein Leben anders verlaufen wird als das der vielen anderen. Diese Sonderstellung in Erfolg umzuwandeln, gelingt nicht ohne Widerstände. Wenn ihm ›Entdecker‹ und Förderer zur Seite stehen, wird das sein Ausnahmeschicksal erleichtern.

Genau dafür haben die erfolgreichen Aufsteiger eine passende Grundausstattung. Sie leben mit einem höheren Antriebsniveau, wie die Forscher es nennen. In der Gruppe fallen sie durch offensive Strategien auf; ihre Frustrationsschwelle liegt deutlich höher. Vergebliche Kämpfe um eine Lösung gibt es mit Aufstiegstalenten seltener. Sie glauben an ihre Macht über Probleme, und ihre Ausdauer macht auch die Teamgefährten belastbarer. Die Anstrengungsbereitschaft einer Gruppe wächst durch diese Unnachgiebigkeit.

›Vorbild‹ wird der Beste nicht aus Entschluss oder aufgrund einer Firmenphilosophie oder Unternehmensethik. Er oder sie wird Vorbild durch den Umgang mit Problemen, der keine Kapitulation kennt. ›Führen durch Vorbild‹ ist die hilflose Formel, die vortäuscht, es könne Programm sein, vorbildlich zu führen. Es kann gelingen, aber nur dann, wenn die Energieladung stimmt, die die Führungspersönlichkeit mitbringt. Inszenieren kann man diesen Mix aus Talent und Willen, Selbstbewusstsein und Disziplin auf keinen Fall und nirgendwo.

Führung mit diesen Qualitäten muss gefunden werden; sie kann kaum aus Trainings hervorgehen. Das bedeutet aber: Die technokratischen Entwürfe zur Förderung von Führungsnachwuchs durch Indoktrination bedürfen dringend der Revision.

Machen wir das Erfolgspaket komplett, das Aufsteiger nach oben führt und die andern mitnimmt, dann kommen hinzu: die Selbstbeherrschung und Unnachsichtigkeit mit sich selbst; Disziplin und innere Unabhängigkeit von *Musts* und Ritualen, die das Gestern vor dem Morgen schützen sollen.

Der Aufstieg braucht Kraft; das sichere Wissen der Überlegenheit ist deshalb unentbehrlich. Die Aufgaben werden anspruchsvoller, Diagnosevermögen und Verantwortungsgefühl müssen im gleichen Takt wachsen.

Ohne Sendungsbewusstsein geht es nicht. Das Sendungsbewusstsein, das sich nach der Ankunft an der Spitze in der *mis-*

sion ausdrückt, hat zwei unentbehrliche Qualifikationen zur Seite: das Wissen, ein Stellvertreter zu sein, und die Vision. Neben strategischer Klarheit ist die Vision am Ende die einzige Rechtfertigung, auf dem Spitzenplatz eine Weile für alle und mit allen zu handeln.

Aufsteiger müssen den Erfolg für alle sichern

Schon aus dieser Portraitskizze wird deutlich: Selbst die Minimalausstattung des Aufsteigers ist eine Mischung aus Sachkompetenz und ethischen Standards. Schon die Skizze zu Leistungsmerkmalen und Habitus zeigt zweierlei:

Erstens: Wer aufsteigt, muss führen, dies ist unausweichlich. Ob er ein gutes oder ein schlechtes Vorbild abgibt, hängt nicht von der Sachkompetenz, sondern von den ethischen Qualifikationen ab, die unvermeidlich mitlaufen.

Und zweitens: Ein Aufstieg zu weithin sichtbaren Plätzen, zu denen alle hinaufschauen, hat Führungswirkung, gleichviel, ob man missbräuchlich oder verantwortungsvoll mit dieser Wirkung umgeht.

Fazit: Wer weithin sichtbar ist, wirkt. Wir brauchen deshalb eine klare Spielregel, die die ethische Qualität von Aufstiegen mit starker Fernwirkung sichert.

Das Überraschende: Ein akzeptabler Aufstieg, wie in der Portraitskizze beschrieben, lässt eine Trennung der sachlichen von den ethischen Qualifikationen überhaupt nicht zu. Im ›guten Aufstieg‹ verbinden sich beide untrennbar.

Hier der Beweis:

- die Wahrnehmung, **anders als die andern** zu sein, verbindet sich mit der Entschlossenheit, mehr zu leisten.
- **mehr können, mehr wollen** und einen größeren Erfolgsradius erreichen, heißt mehr Verantwortung übernehmen.
- **ein hohes Antriebsniveau** liefert Energie und Tempo auch an andere. Wer mit antriebsstarken Menschen umgeht, entwickelt mehr Selbstvertrauen.

- **offensiver Umgang mit Problemen** bringt mehr Lösungen – und diese in kürzerer Zeit. Angriffslust in der Sache spart Zeit.
- **hohe Frustrationsschwelle:** also höhere ›Frustrationstoleranz‹.

Wo Menschen mit dieser Belastbarkeit arbeiten, herrscht ein Grundoptimismus. Das Gefühl von Vergeblichkeit – eben Frustration – taucht sehr viel später auf als bei den meisten Mitspielern. Alle erkennen plötzlich: Wir können Grenzen überschreiten, vor denen wir früher kapituliert haben. ›Morgen ist ein neuer Tag‹, und morgen gelingt, was heute unerreichbar schien. Eigentlich müssten die Schulen diesen Optimismus wachhalten, den jedes Kind mitbringt.

- **Ausdauer** – ein Begriff, den wir im Sport oft hören. Dranbleiben, den toten Punkt überwinden, nicht nachgeben, wenn es schwierig wird. Auch diese Fähigkeit reißt andere mit. Alle begreifen, dass sie mehr von sich selbst verlangen können. Und dass das Erfolgsglück am Ende größer ist.
- **Vorbild sein** taugt nicht als Aufforderung. Vielmehr ist es die Summe der Sonderqualifikationen, die zur Nachahmung einlädt. Ein Vorbild entwickelt sich aus Vorsprüngen und ansteckenden Fähigkeiten. Das Gefühl ›so möchte ich werden‹ stellt sich bei den Jüngeren ein. Sie eifern dem Überlegenen nur dann nach, wenn sie sich seinem Schutz und seinen Forderungen anvertrauen können.
- **Selbstbeherrschung** ist die Grundlage für jeden Anspruch, Macht auszuüben. Macht über Probleme und Weisungsbefugnis gegenüber Menschen gehören zusammen. Probleme lassen sich besiegen, Menschen muss man gewinnen. Wem die Herrschaft über sich selbst entgleitet, der wird niemals Menschen gewinnen können.
- **Keine Nachsicht mit sich selbst**, aber Nachsicht und Geduld gegenüber anderen: Ohne diese ist eine Machtposition nicht dauerhaft zu halten. Glaubwürdigkeit und Überzeugungskraft binden sich eng an die Prinzipienfestigkeit der Führungspersonen. Das klare Profil, die Berechenbarkeit sind Ergebnisse der Strenge mit sich selbst. Wer sich Lizenzen für Entgleisungen selbst erteilt, verspielt seine Macht.

- **Disziplin** – ein Wort aus der alten Welt? Zucht und Ordnung meint das lateinische *disciplina*. Disziplin im Auftreten und Handeln ist ebenfalls ein Beitrag zur Berechenbarkeit. Ohne Disziplin ist aber auch ein erfolgreicher Aufstieg nicht möglich. Disziplinierte Menschen lassen sich nicht leicht ablenken, sie durchlaufen Durststrecken, ohne Anfällen von Lustlosigkeit nachzugeben. Disziplin verhindert sprunghafte Reaktionen, sie verkürzt die Wege zum Ziel. Für die Mitspieler liefert die Disziplin ihrer Führungskräfte den Ansporn, ebenso diszipliniert mit sich selbst und den Ressourcen des Teams umzugehen.

Disziplin schützt auch vor den Ablenkungen der *business community*, die als Versuchungen auftreten, das Wichtige nicht mehr vom Unwichtigen zu unterscheiden. Was will ich morgen schaffen? ist oft die Schlüsselfrage für die Entscheidung, was ich mit dem Vorabend anfange. Folge ich dem Diktat der *musts* in meiner *community* oder besitze ich das Selbstbewusstsein und die Unabhängigkeit festzustellen, dass ich die banalen Gesprächsfetzen dieses Abends nicht brauche?

Disziplin macht deshalb erfolgreich, weil sie jeden Tag hilft, statt des weniger Wichtigen das Wichtige zu tun; weil sie lehrt, das Bessere als den Feind des Guten zu erkennen und sich auf die Seite des und der Besseren zu schlagen.

- **Diagnosefähigkeit** ist es, die im Zuge eines Aufstiegs wächst. Sie gehört zu den Belohnungen, die Disziplin einfährt. Unterscheiden, *discretio*, wie die Römer sagten, macht diagnosestark. Analytische Kraft entwickelt sich niemals ohne Disziplin im Denken und Beobachten. Sie ist eine Schwester der
- **Verantwortung**: Wer Diagnosen liefert, handelt Verantwortung ein. Wer die Lage analysiert, wird sofort gefragt, was zur Lösung getan werden kann. Wer Antworten gibt, übernimmt Verantwortung, die Sprache lügt nicht. Wer sich im Hintergrund hält, handelt nie Verantwortung ein. Aufsteiger können die Verantwortung nicht abwehren. Da sie ihre Stärken und ihr Können richtig einzuschätzen gelernt haben – ohne dies gelingt kein guter Aufstieg –, trauen sie sich auch zu, Verantwortung zu übernehmen. Sie ist eine ethische Kategorie, die sich mit sachlichen Qualifikationen verbindet.

Wer aufsteigt, ist weithin sichtbar.

Ob er ein gutes oder schlechtes Vorbild abgibt, hängt von den ethischen Qualifikationen ab, die mitlaufen.

Im neuen Aufstiegsethos verbinden sich sachliche und ethische Kompetenz untrennbar.

Wenn Aufstiege ohne ethische Qualifikationen möglich werden, lebt eine Gesellschaft gefährlich.
Was werden die Aufsteiger tun mit ihrer Macht?
Werden sie die Übereinkünfte kündigen, die uns alle vor Regelverletzungen schützen sollen?

Wer oben ankommt, muss Aufstiegshilfen an die andern liefern.

- **Sendungsbewusstsein** – braucht man das wirklich? Im Deutschen haftet dem schönen Wort der Verdacht des Sektiererischen an – ganz anders als im Amerikanischen der *mission*, die ganz selbstverständlich das Sendungsbewusstsein einer Firma und ihrer Führung beschreibt. Im autoritätskritischen Deutschland meldet sich gegenüber dem Sendungsbewusstsein von Personen oder Organisationen sofort der Verdacht, dass hier selbsternannte Prediger, Menschheitsbeglücker oder Priester unterwegs seien.

Und doch geht es nicht ohne Sendungsbewusstsein. Es bezeichnet nämlich die logische Folgerung aus der Erfahrung, mehr zu können und mehr zu wollen als die meisten: Also muss ich auch mehr liefern, sagt sich der Aufsteiger, der verstanden hat, dass Vorzugsplätze kein Geschenk sind, sondern ein Ergebnis von Einsätzen, die ebenfalls das durchschnittliche Maß weit übertreffen.

Die Rückmeldepflicht kann niemand abwerfen, der dank besserer Leistung bessere Plätze erreicht. In diesem Sinne ist auch das Sendungsbewusstsein eine ethische Kategorie. Wer oben ankommt und sich gegen die Stellvertreterrolle wehrt, hat unser gesamtes Wertesystem nicht verstanden. Umgekehrt sollten wir den Katalog unserer Maßstäbe so revidieren, dass niemand mehr nach oben gelangt, der nur für sich und nicht für andere unterwegs ist.

Der kleine Katalog der Aufsteigertugenden, der zum Einstieg in die Welt des neuen Aufstiegsethos führt, zeigt deutlich, wieviel in einer Kultur entgleisen muss, damit sich die sachlichen Fähigkeiten von den ethischen Standards losreißen, um einen puren Egotrip oder einen autistischen Höhenflug überhaupt zu ermöglichen. Wo Menschen leben, verschmelzen Wertvorstellungen und praktische Kompetenzen normalerweise zu einem Ganzen, weil anders verlässliches Zusammenleben nicht möglich ist.

Wenn Aufstieg ohne ethische Implikationen möglich wird, lebt eine Gesellschaft gefährlich. Was werden die Aufsteiger tun mit ihrer Macht, wenn die Übereinkünfte von ihnen gekündigt werden, die uns alle vor Regelverletzungen schützen sollen? Was

Wo Menschen leben, verschmelzen Wertvorstellungen und praktische Kompetenzen zu einem Ganzen, weil anders verlässliches Zusammenleben nicht möglich ist.

Eigentlich wissen wir, dass Machtergreifung ohne die Verpflichtung auf das Wohl aller am Ende für alle tödlich ist – auch für die Machthaber.

Aber das Gesicht der ethisch bindungslosen Aufsteiger wechselt. Während wir uns an den letzten Absturz erinnern, erkennen wir die nächste Gefahr zu spät.

So könnten wir mit neuer Bescheidenheit verwechseln, was die Vorboten der Planwirtschaft sind.
Planwirtschaft braucht nicht viele Aufsteiger.
Sie bedient sich der Erfolgreichen von gestern und legt den Bodennebel der Mutlosigkeit über alle Normalverbraucher.
Hier soll keiner mehr aufsteigen.
Die Spitzenplätze in der Politik sind besetzt, lauter mittlere Talente, keiner wirklich aufstiegsverdächtig, eine reformgebremste Crew.

wird mit unserem geistigen Eigentum, was mit unserer körperlichen und seelischen Unversehrtheit geschehen, wenn Aufsteiger, die das alles nicht achten, die Macht ergreifen können? Was wird aus unserer Menschenwürde, wenn Willkür herrscht?

Eigentlich wissen wir, was solche Machtergreifungen ohne Aufsteigerethos bedeuten. Da aber ihr Gesicht wechselt und wir unserer Erinnerung an den letzten Absturz vertrauen, erkennen wir die nächste Gefahr zu spät.

Sie könnte zum Beispiel auf so leisen Sohlen unter uns Platz greifen, dass wir mit neuer Bescheidenheit verwechseln, was die Vorboten der Planwirtschaft sind. Planwirtschaft braucht nicht viele Aufsteiger. Sie bedient sich der Erfolgreichen von gestern und legt den schweren Bodennebel der Mutlosigkeit über alle Normalverbraucher. Hier soll keiner mehr aufsteigen, auch kein Egomane. Einfach keiner mehr. Die Spitzenplätze in der Politik sind besetzt, lauter mittlere Talente, keiner wirklich aufstiegsverdächtig, eine reformgebremste Crew.

Um unsere Witterung für das, was uns guttut und gegen das, was uns schadet, zu verbessern, ist auch im Katalog der Tugenden für Aufsteiger die Lieferpflicht zentral, die sie vom erreichten Gipfelplatz aus erfüllen müssen:

- **Vision und Strategie** sind die Produkte, die von den Besten an die Gesellschaft geliefert werden müssen. Die Vision, das innere Bild unserer zukünftigen besseren Wirklichkeit, zu dem noch ein paar Puzzlestücke fehlen – sie steht im Mittelpunkt der Aufstiegsbereitschaft der nächsten Generation und im Zentrum der Zukunftsversprechen, die wir von der heutigen Führung fordern müssen. Wie diese Zukunft strategisch herbeigeholt werden soll, das hat die Führung zu zeigen. Wünscht sie Mehrheitsentscheidungen, muss sie sich um Erklärungen bemühen.

Wenn die politische Führung weder Vision noch Strategie liefert, verliert sie die Energie der Mitwirkenden, der Menschen. Noch hat es den Anschein, als wäre politisches Handeln gar nicht von der Zustimmung der Menschen abhängig. Manche Politiker sehen in dieser Gottähnlichkeit, mit der sie sich Bemühungen um die Gunst und das Verständnis ihrer Mandatsgeber ersparen können, ein verdientes Privileg für turbulente Zeiten.

Zum bloßen Publikum degradiert, trauen die Menschen sich immer weniger zu. Ein Aufstiegsklima entsteht so nicht; die Helfer der Mächtigen für Vision und Strategie werden im Dämmerschlaf gehalten. Talente erfahren nichts über ihren Wert, und nur die Stärksten suchen energisch ihren Weg, weil sie spüren: Ich bin anders. Ich will mehr. Geht das in Deutschland nicht, dann suche ich es woanders.

Vision und Strategie sind auf allen Spitzenplätzen, auch in der Wirtschaft und in der Wissenschaft, die für die Erfolgreichsten reservierten Aufgaben der Kultur, in der sie leben. Wer beides nicht liefern kann, hatte schon beim Aufstieg sein Kompetenzenpaket nicht ausgewogen gepackt. Ethos und Sachkompetenz gehören darin zusammen. Solange der Aufstieg von ›Irrläufern‹ möglich ist, stimmt etwas nicht in den Spielregeln unserer Gesellschaft. Aufstiege sind teuer, auch für all jene, die von den Leistungen des Aufsteigers profitieren wollen. Fehler blockieren bessere Bewerber und kosten Zeit. Die Spitzenkräfte sind es ja auch, die die virtuellen Wachttürme der Gesellschaft besetzen und die Erfolge der Gegenwart und der Zukunft sichern sollen. Was tust du da oben, wenn du nicht berichtest, nicht warnst und Rat gibst? Warum überlassen wir dir den Fernblick über unseren Horizont hinaus, wenn du nicht zu unserem Wohl mit deinen Vorsprüngen umgehst? Du schuldest uns Rechenschaft. Du vertrittst uns alle. Du bist unser Gewährsmann, unsere Gewährsfrau und als solche dem Wohl des Ganzen verpflichtet. Macht ist ein geliehenes Privileg, das sich täglich neu legitimieren muss.

So muss der Dauerappell an die Führenden lauten.

Aufstieg als Bandenkrieg, den die Blauäugigen immer verlieren

Seit sich die Abstürze häufen, wetteifern die Magazine mit Anweisungen für Mächtige und solche, die es werden wollen. Wer den *war for talents*, den globalen Krieg um Talente, ausruft, der liefert entsprechende Codices mit Geboten, die eine fatale Mischung von vertretbaren Harmlosigkeiten und unverhüllten Anleitungen zum Machtmissbrauch bieten.

Während die *corporate governance*-Debatte globale Omnipräsenz entwickelt, die Firmen fieberhaft den kurzatmigen Regelverschärfungen in ihren *codes of conduct* nacheifern, überbieten sich die Business-Magazine in flatterhaften Collagen aus Moses und Machiavelli, Konfuzius und Clausewitz.

Ein neues Ethos der Macht gilt offenbar als unverkäuflich. In einer Welt des Misstrauens und der Verliererängste verkauft sich die Erlaubnis zu Tricks und Täuschung, List und Lüge als Lizenz für Mächtige überraschend gut.

Was der Erfolgreiche darf, kann nicht allzu weit von dem entfernt sein, was er während des Aufstiegs tun durfte, um erfolgreich zu werden. Wer die Sieger im ›Karrierekrieg‹ zu Tricks und Täuschungsmanövern ermächtigt, der wird den Weg nach oben nicht anders beschreiben können – zehn oder zwanzig Lektionen für List und Lüge, um fit zu werden für die Macht.

Die martialischen Power-Kataloge der Gazetten ziehen ohne große Wirkung vorüber. Sie erinnern an Videospiele, mit denen *Nobodies* sich die Illusion der Macht holen. Auch dort erscheint die Gewalt als Lösungsgenerator ersten Ranges.

Keiner von den Spielern möchte der Verlierer sein, soviel ist allgemeiner Konsens. Dass man nur als Aggressor der Verliererrolle entkommen kann, ist die falsche Botschaft, die daraus abgeleitet wird. Sie ist verlockend, weil sie keine Zweifel mehr zulässt: Der Stärkere wird siegen. Stark sein, und da setzt sich die falsche Botschaft fort, hieße dann also, alle andern zu entmachten. Stark und rücksichtslos, das ist die Gleichung, die jede Form der Überlegenheit in eine Lizenz zur Gewalt ummünzt. Stark sein heißt zuschlagen, unterdrücken, töten, sagen die Gewalt-Videos. Der Starke, der Schutz gewährt, weil er mächtiger ist als andere, wird zur raren Randfigur. Er regt nicht auf, daher darf er nicht lange mitspielen.

Wer die Gebote für den Umgang mit Macht als eine Liste von Tricks schreibt, macht gutes Marketing: Er spricht jene an, die es nicht geschafft haben – NOCH nicht, wie er ihnen nun klarmacht. Wenn Wirtschaftsmagazine die Zeit für gekommen halten, ihrem Verliererpublikum Hoffnungen zu machen, dass der Blick hinter die Mauern der Kastelle, in denen die Mächtigen sich verschanzen, sie ganz einfach mit dem fehlenden Know-how beliefern werde, das zum Aufstieg noch fehlt, dann aus gemischten Motiven.

Erstens: Während der Abstand zwischen Gewinnern und Verlierern wächst, schwindet die Spannung, die der Glaube an Aufstiegschancen liefert. ›Morgen bin ich auch einer von denen da oben‹ wird immer mehr zum *closed shop*-Wissen. Wer schon dazugehört, durch Herkunft oder Beziehungen, der kann nach oben durchbrechen. Die andern träumen unten weiter – und lesen die Magazine.

Zweitens: Während das Bild der Mächtigen sich von einer Gerichtsverhandlung zur nächsten weltweit eintrübt, droht auch die Restbewunderung für die Großen des Business in Geringschätzung umzuschlagen. Auch das kostet Spannung: Die Pyramide braucht eine Spitze. Also rehabilitiert man das Machtgeschehen da oben durch die Preisgabe von Geheimnissen. Das Allerheiligste, in dem die Hohenpriester des globalen Managements ihre Rituale vollziehen, ist entweiht; also liefern die Business-Magazine seine Geheimnisse an die Auserwählten von morgen. Das benachteiligte Publikum greift zu.

Die Skandale in führenden Unternehmen zeichnen ihre Spur in den Anleitungen für den Machtgebrauch und Machterhalt, die publiziert werden. Eine Ethik für Mächtige ist nicht darunter;

auch diese Reaktion wäre, als Seitenstück zum *corporate governance*-Trend, denkbar. Die Überzeugung, dass man mit ethischen Grundsätzen für die Top-Jobs eher dürftig ausgerüstet sei, scheint immer mehr Anhänger zu finden.

Wenn wir ein neues Aufstiegsethos fordern und nachweisen, dass mit hohem Ethos große Erfolge geholt werden können,[22] deren Belastbarkeit und Ausstrahlung den kaltschnäuzigen Zynismen der Anleitungen in Wirtschaftsjournalen überlegen sind, dann muss das Brevier für Erfolgreiche, für die Gewinner, die es geschafft haben und nun auf dem Prüfstand ganz oben stehen, ebenfalls von hoher ethischer Qualität sein.

Hinter den Gebotstafeln, die sich als Tricklisten und Lehrstücke für Hochstapler lesen lassen, steht wohl die Überzeugung, die es zu widerlegen gilt, dass zu jedem großen Erfolg eine gelungene Mischung von Tugenden und Lastern gehöre. Oder genauer: dass Aufsteigertugenden und Führungsethos zwangsläufig Verlierer seien. Ein bisschen korrupt musst du schon sein, um die Belohnungen des Höhenflugs kassieren zu dürfen; ein wenig Geringschätzung für die andern, die es nicht schaffen, macht dich überlegen; mit ganz sauberen Händen und weißen Westen kämpft sich's schlecht; der Fight um die besten Plätze ist ein Bandenkrieg, den die Blauäugigen immer verlieren.

Stark sein heißt auch vor Gewalt nicht zurückschrecken. Die Welt ist böse. Wer hier bei den Guten sein will, hat schlechte Karten. Diese um weitere hundert schlechte Lehren zu erweiternde Liste spiegelt das Denken, das die Korruption weiter fördern wird, über die man sich zugleich erhebt.

Hier streitet nicht nur die Welt des Alten Testaments gegen die der Bergpredigt. Hier bekämpfen unterkühlte Köpfe, mit allen Wassern gewaschen, die pochenden, heißen Herzen der Gegenmacht, die das hochherzige Menschenbild unserer abendländischen Geschichte nicht preisgeben will.

Schau dir den Prediger der Bergpredigt an, sagen die desillusionierten Streiter für Täuschung und List als Siegertugenden neuer Ordnung. Schau ihn dir an, er war ein *loser*.

---

22 Vgl. S. 105–116.

Seit sich die Abstürze häufen, wetteifern die Magazine mit Anweisungen für Mächtige und solche, die es werden wollen.

Im globalen *war of talents* gilt ein neues Ethos der Macht offenbar als unverkäuflich.
Tricks und Täuschung, List und Lüge als Lizenz für Mächtige verkaufen sich gut.

Vor allem Verlierer sind die Kunden für diese Botschaft: Der Kampf um die besten Plätze ist ein Bandenkrieg, den die Blauäugigen immer verlieren.

Du musst deine Gegner übervorteilen, ehe sie dich übervorteilen. Du musst schneller, wacher und cooler sein als alle andern, dann bleibst du lange oben. Immer auf Angriff setzen, Verteidigung ist das Ende.

Es lohnt sich deshalb sehr, das Brevier für Mächtige zu schreiben, das hier folgt. Versprengt tauchen darin die wenigen Tugenden auf, die auch in den Codices der Business-Magazine Gnade finden – weil sie sich mit den empfohlenen Lastern verbinden lassen.

IV BREVIER FÜR MÄCHTIGE UND SOLCHE, DIE ES WERDEN WOLLEN

Spielplan für den Umgang mit Macht

Endlich angekommen. Am Ziel und wieder unterwegs: Die Macht ist nur von unten gesehen Ankunft und Erfüllung. Kaum ist der Aufstieg geschafft, stehen wieder Wege zur Wahl, und keiner soll abwärts führen.

Wer mit dem neuen Ethos für Aufsteiger unterwegs war, schaut oft zurück. Er wird niemals allein sein, er wird immer wissen, dass seine Entscheidungen im Namen der andern gelingen müssen, die hier nicht sind. Jeder Erfolgreiche spürt die Blicke der andern, die er, wenn er überhaupt etwas verstanden hat, vertritt. Das zu wissen, ist seine Garantie für Bodenhaftung.

Auch der Eitle spürt diese Blicke der Daheimgebliebenen, die auf ihn zählen. Er braucht sie, sie sind sein Publikum. Diese Boulevard-Variante von Verbundenheit kann freilich nicht als Ethos deklariert werden.

Der kluge Aufsteiger spürt nicht nur die Blicke der andern; er spürt ihre Macht. Sie können ihn stürzen oder stärken, seine Macht liegt in ihren Händen. Wer das vergisst, wird die Macht missbrauchen, weil ihm das Maß fehlt. Die Geführten geben das Maß und die Reichweite der Macht. Was sie nicht verstehen, lassen sie auf die Dauer nicht zu. Politiker werden meinen, man könne gut über diese Konditionen hinweggehen; aber man kann es nur eine gewisse Zeit.

Angekommen, aber nicht allein, so betritt der Aufsteiger das Plateau seiner Macht. Von nun an wiegen seine Worte mehr als jemals zuvor. Er weiß das, und er hat sein Urteilsvermögen geschult bei der Beobachtung seiner Vorgänger. Wie ähnlich will er ihnen werden, wie anders möchte er sein? Was will er besser machen? Und ehe er redet, was muss er bedenken?

Natürlich wünscht sich der Erfolgreiche Anerkennung. Sie zu erreichen und zu erhalten, gehört zu den Pflichten einer Führungskraft. Anerkennung und Hochschätzung, auch das weiß er oder sie, ist ein Spiel in Echos:

So hat ihn die Anerkennung schon auf seinem Weg nach oben begleitet und seine Schritte sicherer gemacht. Und den Anstieg begonnen hat er, im neuen Aufstiegsethos unterwegs, aufgrund seiner Achtung und Hochschätzung für die andern, die zögerten. Von seiner Energie und seinem Vorwärtsdrang den andern etwas abzugeben, als Vorausläufer andere anzuspornen, das war sein Rezept gegen die Einsamkeit auf der Strecke. Zugleich ist das Beispiel, das die unbekümmerten Himmelsstürmer den andern geben, eines der stärksten Motive für einen Aufstieg, der gelingt.

Die erste Regel ist zugleich die beste Motivationsquelle: Ich tue es nicht nur für mich, **ich lasse andere teilhaben und ermuntere sie zum Mitspielen**. Wer den Aufstieg gegen die andern unternimmt, verliert bald die Kraftnahrung, die jeder Aufsteiger braucht: Anerkennung, Interesse, Zuwendung. Dass der Preis eines Aufstiegs der Verlust aller Zuwendung sei, ist eine Legende, die von gescheiterten Egomanen am Leben gehalten wird.

Wer Führungspositionen erreicht, muss Wege finden, das Echospiel lebendig zu halten. Beide Seiten brauchen das tägliche Brot von Anerkennung und Achtung. Chefs dürfen auf die Entbehrung von Anerkennung nicht mit derselben Hungerportion antworten. Wer oben steht, muss am verlässlichsten liefern, auch Lob und Hochschätzung, nicht nur Aufträge und Anweisungen. Das ist **die zweite Regel: Der Chef ist zuständig für den Schutz der Ehre und Würde seiner Mitarbeiter**. Sie sind es zugleich, die Macht über seinen Ruf und seine Ehre haben. Hochsensible Echos laufen so, von vielen unterschätzt, in den Firmen und Behörden, aber auch im ganzen Land zwischen Regierung und Bürgern hin und her. Wer sie geringschätzt, wird eines Tages von seiner fehlenden Achtung gegenüber seinen Richtern eingeholt. Zu Richtern werden Untergebene und Abhängige jeder Couleur oft von einer Stunde zur andern. Der Sturz der Mächtigen wird oft durch eine einzige von Medien multiplizierte Angestelltenstimme vorbereitet oder vollendet. Die Macht der ›Abhängigen‹ hält die Mächtigen zur Sorgfalt an.

Die dritte Regel lautet also: **Du bist nichts ohne eine vorzügliche Reputation.** Nichts ist wertvoller, nichts ist verletzlicher als Dein Ruf, Deine Ehre. Dies sollte der erste und an jeder Wegkreuzung erneuerte Satz sein, den ein Aufsteiger sich selbst langsam vorspricht. Für Organisationen gilt dasselbe. Deshalb tut ein Chef, der seine Ehre über alle seine Entscheidungen stellt, weil ihr Verlust sein Absturz ist, immer zugleich etwas Unverzichtbares für die Firma.

Und wieder gilt dies nicht exklusiv für Spitzenleute, sondern für alle Menschen. Wer es zulässt, dass große Verlierergruppen noch größer werden, während die Wirtschaft floriert, ohne diese Menschen wieder in den Stand ihrer Ehre zurückzubringen, verletzt als Spitzenpolitiker eine zentrale Pflicht. Noch formuliert sie keiner, aber das garantiert keinen dauerhaften Schutz für die politisch Verpflichteten.

Die vierte Regel: Auch Abstand verpflichtet. Er ist eine gute Voraussetzung für strategische Planung. Um Verlierern zu helfen, muss man mit ihren Augen zu sehen lernen. Mit den Augen der Macht verzerren sich die Bilder. Anteilnahme braucht die Kontrolle von Intelligenz und Erfahrung. Beide sind aber wirkungslos ohne den Versuch, mit den Augen der andern zu sehen.

Den wachsenden Verliererzahlen zuzuschauen, ist gegen den Auftrag unserer Verfassung. Wer führt, muss sich in der Massengesellschaft täglich gegen die Verhärtung seiner Sinne wehren.

Nimm Anteil; pflege deine emotionale Stärke. Mute dir zu, hilflos zu sein vor den Hilflosen, und hole entschlossen Hilfe. In der Politik sind die Ideen knapp. Zögere nicht, wenn Du Politiker bist, Dich Ideenträgern auszusetzen, die Dich in den Schatten stellen. Du wirst Deine Ehre dadurch mehren, und die Achtung der Menschen wird Dich schützen.

Die Worte des Neuankömmlings auf den Feldern der Macht wiegen von nun an schwerer als jemals zuvor. Seine Worte und, wie wir inzwischen sehen, auch seine Taten.

Die fünfte Regel klingt einfach und ist dennoch schwer zu befolgen: **Sag von nun an weniger, aber stets das Wichtige.** Um es zu sagen, muss man das Wichtige zuerst vom Unwichtigen unterschieden haben. Die Mediengesellschaft beliefert uns 24 Stunden am Tag mit Sprechproben, die von der Auswahl ablenken.

›Was ist wichtig?‹ fragen sich die Medienkunden meist vergeblich. Das Wichtige zu zeigen ist eine Führungsaufgabe, und die gilt überall. Sie gilt für Väter und Mütter, für Lehrer und Schüler – in beiden Richtungen, da so viele Schüler klüger als ihre Lehrer sind –, für Lehrlinge und Meister, für Angestellte und Vorgesetzte, für Bürger und Politiker.

Nähmen sie alle ernst, dass sie in den Echos wechselseitiger Achtung leben sollten, dann müsste jeder sich Mühe geben, das Wichtige vom Unwichtigen zu unterscheiden.

Sei aufrichtig und großzügig, lautet **die sechste Regel** für Mächtige. Gehört das wirklich zusammen? Behalte nicht mehr als vertretbar für Dich, von dem, was Du weißt. So gehören Aufrichtigkeit und Großzügigkeit zusammen. Teile Dein Wissen, auch das aktuelle, die tägliche Information, mit Deinen Leuten. Um ihr Zutrauen wachzuhalten. Um Deine Fürsorge auszudrücken. Informationstransfer als Akt der Fürsorge: Wenn der Bauer, der abends vor die Tür tritt und den Himmel betrachtet, seinem Sohn erläutert, wie morgen das Wetter wird, dann begreifen wir leichter: Information ist Zuwendung, großzügiges Teilen von ›Herrschaftswissen‹, das dem weniger Erfahrenen zeigt: Du interessierst mich; ich will, dass Du lernen und verstehen kannst.

Was schon beim Aufstieg galt, gilt weiter. **Die siebte Regel** sagt: **Du musst nicht überall dabeisein.** Sei sorgfältig mit Deiner Zeit und sparsam mit Deiner Präsenz. Wer überall dabei ist, wird nicht mehr hoch geachtet. Der Reflex ist bedenkenswert, denn das Urteil geht von denen aus, die überall dabei sind. Offenbar ist Seltenheit ein Merkmal der Alphatiere, das die weniger Erfolgreichen beargwöhnen und bewundern.

Es geht bei dieser Erfolgsregel um das, was bei Organisationen ›*uniqueness*‹ heißt, Einzigartigkeit. Wer überall dabei ist, wird verwechselbar. Er enttäuscht die Beschauer, die sich auch gern vorstellen wollen, erfolgreiche Menschen hätten Besseres zu tun als dort zu sein, wo sie, die weniger Erfolgreichen, sich aufhalten. Was uns die siebte Regel zeigt, ist ein wichtiges Gesetz für Aufsteiger: Wenn Du bei andern, die Dich beobachten, die Erwartung weckst, dass Du nicht überall dabeibist, dann schenken sie Dir damit den Abstand, der Achtung und Reputation bringt.

Die Macht ist nur von unten gesehen Ankunft und Erfüllung.

Der kluge Aufsteiger spürt nicht nur die Blicke der andern; er spürt ihre Macht. Sie können ihn stürzen oder stärken, seine Macht liegt in ihren Händen.
Die Geführten geben das Maß und die Reichweite der Macht.
Was sie nicht verstehen, lassen sie auf die Dauer nicht zu.

Führung, so sagen die Soziobiologen, wird immer durch die Geführten legitimiert. Sie entscheiden, wer legitimerweise oben ist. Sie besiegeln den Abstand mit ihrer Erwartung, dass *leading people* einen speziellen Raum bewohnen, der ihnen Zeit für ihre Verantwortung lässt.

Unmittelbar hier schließt **die achte Regel** an. **Es ist Konzentration, nicht Zerstreuung, die Entscheider brauchen**, um ihr Urteil zu schärfen. Wenn Regel fünf dazu anhält, wenig, aber das Wichtige zu sagen, dann kann sich das niemand vornehmen, der nur wenig bedacht und geprüft hat. Die kurzen Sätze, die klare Ergebnisse liefern, sind immer das Fazit aus Überlegungen, die Zeit benötigen. Nur Großmäuler behaupten, sie fällten Schicksalsentscheidungen für ihr Unternehmen oder für ihr Land zwischen Tür und Angel. Nur Scharlatane schreiben ihrer Intuition soviel Treffsicherheit zu, dass sie jede strategische Intelligenz aus dem Feld schlägt. Konzentrieren heißt auswählen, was wir mit jeder Stunde, genauer: jeder Minute anfangen. Wir können nie neu beginnen. Überlegene Führungskräfte überraschen ihre Gesprächspartner durch ihren disziplinierten Umgang mit Zeit. Die kostbarste Ressource, unsere Lebenszeit, bewusst einzusetzen, lehrt die Kinder niemand. Wann sollen sie es lernen und von wem?

Eine der größten Herausforderungen für den Neuankömmling in der *community* der Mächtigen ist **die neunte Regel:** Bleibe mutig, gerade hier, wo alle und alles Dich zum Opportunismus überreden wollen. Du gehörst jetzt dazu, sagen die Älteren schulterklopfend, hier gelten eigene Regeln. Dein Idealismus in Ehren, er hat Dich zu uns geführt. Hier brauchst Du ihn nicht mehr, hier ist das Auge des Spähers, schmal wie die Schießscharten, der verlässliche Warner. Die Blauäugigkeit deines Aufstiegs hilft Dir bei uns nicht weiter.

Wer nicht schon beim Aufstieg Hyäne oder Schakal sein wollte, sondern ein Verbündeter der Nachrücker und ein Abgesandter der Verlierer, der wird auf die dekadenten Herrschaftstheorien seiner neuen Kollegen nur wenig antworten oder sie durch freundliches Schweigen verunsichern. Sein Mut, ein Eckpfeiler im Aufstiegsethos, wird ihm so unentbehrlich erscheinen, dass er ihn nicht opfern kann. Der Mut ist es, der Menschen mit Macht zu jener Gratwanderung bereit macht, die vor dem Laster übler Kompromisse schützt: Tollkühnheit und Feigheit sind die beiden Versuchungen, die jeden Mächtigen begleiten. Glänzen durch unkalkulierbares Risiko oder in Deckung gehen vor der einzig richtigen, der mutigen Entscheidung, das ist die tägliche Probe, der sich die Führung stellen muss. Wer gut führen will, wird ein Gratwanderer bleiben. Und der Ruhm, der den Mutigen belohnt, wird die Feiglinge und Großmäuler nicht auszeichnen.

Ohne Ziele sollte man freilich auch die Gratwanderung nicht antreten. Wer ›kleine Schritte‹ anstelle hoher Ziele propagiert, wird die Menschen nicht gewinnen. Wer sie nicht gewinnt, muss mit ihrer Gegnerschaft rechnen, nicht nur mit einer vielleicht willkommenen Apathie. Auch Ohnmächtige können die Macht ergreifen, wenn sie ihre Solidarität als Waffe begreifen.

Die zehnte Regel lautet deshalb: **Führung,** gleichviel in welchem Bereich der Gesellschaft, **schuldet den Menschen Ziele**. Eltern und Lehrer, Meister und Chefs jeder Etappe dürfen vor allem eines nicht schuldig bleiben: Ziele. *Non scholae, sed vitae discimus*, sagten die Lehrer, als sie noch Schüler hatten, die Latein lernten. Nicht für die Schule, für das Leben lernen wir. Also nicht für den Schulschluss heute, für das nächste Zeugnis, für die Sommerferien, und auch nicht für den Lehrer lernen wir: Das Ziel ist höher gesteckt, als die Schule reicht. Es weist über den Etappensieg hinaus, den die Schule liefern kann. Das zähe Leben dieses schönen Satzes verdankt sich vor allem seiner Wahrheit. Kurz und knapp definiert er, was für Ziele generell gilt: Nicht in diesem Kinderzimmer, in dieser Schulklasse und nicht in dieser Fabrikhalle, diesem Behördenbüro, dieser Parteizentrale sollen Deine Ziele festgezurrt werden. Du sollst weiter und höher hinaus wollen, als es dieser Lebensabschnitt und seine Betreuer Dir vermitteln können. Und die guten Lehrer und Eltern, Meister und Chefs und Parteivorsitzenden lassen Dich genau dies nachdrücklich wissen: Dein Weg geht über uns hinaus. Du kannst wählen. Was Du hier mitnimmst, wird dich stärker machen, als Du vorher für möglich hieltest.

Auf einem hohen Führungsplatz, als Konzernchef oder Staatschef bzw. -chefin, darf niemand, und das sagt die zehnte Regel, die Mitarbeiterschaft oder die Bevölkerung mit Informationen zur Schrittlänge abspeisen. Wer ganz oben steht, sieht, so hoffen die Menschen, etwas weiter über ihren Horizont. Wozu sonst soll der herausgehobene Standort gut sein? Wer oben agiert, hat einen Aufstieg absolviert, im Idealfall mit hohem Ethos. In jedem Fall ist er oder sie nun verpflichtet, Ziele zu zeigen, die nicht die Größe von Gartenzwergen haben. Menschen wollen und verdienen Ziele, die deutlich größer sind als sie selbst. Nur darum dulden sie die kollektive Ordnung, die ihnen der Staat oder der Weltkonzern zumutet. Für ihre Bereitschaft, in der Menge zu verschwinden, erwarten sie die Belohnung – mit Zielversprechen, die ihre Phantasie anregen, ihren Glauben an die Führung und an sich selbst, an ihre Firma oder ihren Staat füttern und stärken.

Wer keine Ziele zeigt, kennt keine. So logisch, so lapidar ist die Folgerung der Beobachter, die zugleich Betroffene von diesem Führungsversagen sind. Niemand von ihnen kommt auf die Idee, das Verschweigen von Zielen für höhere Führungsweisheit der Mächtigen zu halten.

Es könnte aber Gründe geben, Ziele geheimzuhalten – das wäre dann nicht nur Führungsversagen, sondern ein Führungsvergehen. Mit legitimer List, wie die Täter gern glauben machen wollen, hat das nichts zu tun. Natürlich kennen wir Beispiele, in der Wirtschaft wie in der Politik. Die Geringschätzung der Mitarbeiter oder Bürger geht dieser Feigheit oder List voraus. Konzerne fürchten Kritik, die ihren Aktienkurs beschädigt; sie fürchten die Gewerkschaften, deshalb verschweigen sie das Ziel, Tausende oder Hunderte zu entlassen. Ihr Dilemma zu verstehen, heißt nicht, ihr Handeln zu rechtfertigen. Führung muss mehr bieten als Feigheit und Taktik.

In der Politik dieser Jahre gilt, was die Ziele angeht, ein fataler Mix von Nichtwissen und Nichtwollen. Fatalismus richtet sich bei vielen Spitzenpolitikern auf die Ziele selbst; das primäre Ziel für die meisten Regierungsmitglieder lautet Machterhalt. Zur Publikation ist es weniger geeignet, weil es persönliche Vorteile über das Wohl des Ganzen stellt. Es gibt aber auch verschwiegene Ziele, deren Akzeptanz bei den Bürgern gegen Null geht. Die Politiker wissen das. Also steuern sie diese Ziele mit Ablenkungsmanövern an. Die Gesundheitspolitik, die Fami-

Abstand verpflichtet. Ihn zu überbrücken, ist Aufgabe der Führung.
Informationstransfer als Akt der Fürsorge:
Information ist Zuwendung.
Der Mut des Mächtigen ist ständig bedroht.
Die falschen Ratschläge von Routiniers der Macht häufen sich: Idealismus ist eine Kinderkrankheit, sagen die neuen Kollegen.
Wer nicht schon beim Aufstieg Hyäne oder Schakal sein wollte, der wird den dekadenten Herrschaftstheorien auch oben widerstehen.

lienpolitik sind dafür die besten Beispiele. ›Mehr Staat‹ ist das Motto des Handelns, ›mehr Freiheit‹[23] ist das verbale Ablenkungsmanöver.

Wer keine Ziele kennt, ist in der Führung fehl am Platze; wer seine Ziele verschweigen muss, ebenfalls.

Die elfte Regel: Wer die Macht hat, muss alles daran setzen, gerecht zu sein. ›Jedem das Seine geben‹, wie es Thomas von Aquin von den Vordenkern der Antike übernahm, klingt nur in unbefangenen Ohren einfach. Symbole der Gerechtigkeit[24] sind das Schwert und die Waage, der Palmzweig und die Augenbinde. Mächtig und gerecht zu sein, mag zu den Idealen mancher Aufsteiger gehören. Dieser Vorsatz darf im Ethos für Aufstiege auf keinen Fall fehlen. Aber die Gerechtigkeit zeigt uns ein schillerndes Gesicht. Es hat schon seine Gründe, dass auch unsere philosophischen Vorfahren sie nie zu Ende definieren konnten. »Der feste und beständige Wille, jedem das Seine, *ius suum*, jedem sein Recht zu geben«, so Thomas von Aquin, muss die Mächtigen auszeichnen. Gerechtigkeit soll das Gute zum Ziel haben. Nur eine gerechte Gesellschaft kann gut genannt werden, darüber sind sich Philosophen und Staatsrechtler, Gesellschaftstheoretiker und Theologen einig. Schöne alte Welt?

Die ›soziale Gerechtigkeit‹ der modernen Politik ist ein ganz junges Kind der jahrhundertealten Debatte. Aber schon Aristoteles unterscheidet die »ausgleichende« von der »austeilenden« Gerechtigkeit und zeichnet damit bereits das Doppelgesicht der Gerechtigkeitsdebatte unserer Tage: »Ausgleichend«, sagt Aristoteles, muss das Recht auf die naturgegebene Ungleichheit der Menschen reagieren: Ware und Preis, Schaden und Ersatz gelten ohne Ansehen der Person. »Austeilend« muss die Gerechtigkeit überall dort wirken, so der Philosoph weiter, wo es um »verhältnismäßige Gleichheit« unter vielen Personen geht: Rechte und Pflichten sollen unter ihnen nach Maßgabe von Würdigkeit, Fähigkeit und Bedürftigkeit verteilt werden. Eine der schwersten Aufgaben für Mächtige, aber auch eine der wichtigsten.

---

23 Zu Macht und Freiheit siehe S. 197–207.

24 Zu Macht und Gerechtigkeit siehe S. 208–220.

Gerechtigkeit, die auch in den Heilsversprechen der christlichen Religion eine Schlüsselrolle spielt, ist eines der verletzlichsten Güter in unserem Wertegepäck. Weil sie das ist, wird sie täglich missbraucht – im Reden wie im Handeln. Gerechtigkeit und Freiheit sind zentrale Werte, auf die jede Führung verpflichtet werden muss. Sie sind die Schlüssel zum Aufstieg für alle. Ohne sie bleibt Deutschland auf der Verliererseite.[25]

Die zwölfte Regel: Alles hat seine Zeit. Wer die Macht hat, muss jeden Tag entscheiden, was aufgegeben und was erhalten werden soll. Die Griechen nannten die glückliche Stunde, in der das Richtige getan werden muss, den *kairós*.

Führung muss den Menschen zeigen, wann es Zeit ist loszulassen, um das Neue rechtzeitig zu ergreifen. Traditionen wärmen, aber auch sie sind die Innovationen von gestern. Wer Ansehen genießt und mutig ist – immer wieder verstärken sich die Regeln der Macht gegenseitig –, der wird die Menschen mitnehmen können, um Neuland rechtzeitig zu betreten. Nicht weil es neu ist, soll das Neue gewagt werden, sondern nur dann, wenn es besser ist als das, was wir bereits kennen und können.

Die deutsche ›Reform‹-Geschichte dieser Jahre lehrt, dass die Diagnose entscheidend ist, ob eine Idee unsere Lage verbessert – oder ob nur ein weiterer listiger Schachzug geplant ist, der vermeintlichen Zeitgewinn, in Wahrheit aber Zeitverzug, bei dringenden Aufgaben bringt.

Alles hat seine Zeit; auch die Verweildauer der Führungskräfte an der Macht ist begrenzt. Verabschiede Dich auf dem Gipfel, ist der sinnvollste und am seltensten befolgte Rat, den wir einander und uns selbst geben können.

Alles hat seine Zeit ist auch der Satz, der uns an die Vergänglichkeit und Vergeblichkeit so vieler turbulenter Aktionen erinnert. Es ist ein Satz, der uns vor Selbstüberschätzung und Überheblichkeit schützen könnte.

Der Schweizer Dichter Conrad Ferdinand Meyer hat denen eine Stimme gegeben, die vor uns unterwegs waren, um die Welt zu lenken.

---

25 Siehe S. 246–256.

Conrad Ferdinand Meyer

Chor der Toten

Wir Toten, wir Toten sind größere Heere
Als ihr auf der Erde; als ihr auf dem Meere!
Wir pflügten das Feld mit geduldigen Taten,
Ihr schwinget die Sicheln und schneidet die Saaten,
Und was wir vollendet und was wir begonnen,
Das füllt noch dort oben die rauschenden Bronnen,
Und all unser Lieben und Hassen und Hadern
Das klopft noch dort oben in sterblichen Adern,
Und was wir an gültigen Sätzen gefunden,
Dran bleibt aller irdische Wandel gebunden,
Und unsere Töne, Gebilde, Gedichte
Erkämpfen den Lorbeer im strahlenden Lichte,
Wir suchen noch immer die menschlichen Ziele –
Drum ehret und opfert! Denn unser sind viele!

Alles hat seine Zeit.

Das Spiel um die Macht ist immer offen: Wo Lämmer weiden, sind die Wölfe nicht weit

»Wo Geld ist, da ist der Teufel. Aber wo keins ist, da ist er zweimal«, sagt das Sprichwort. Wo Macht ist, da ist auch Geld, und nicht wenige Spitzenmanager organisieren ihr Jobhopping durch die höchsten Etagen der größten Konzerne nach dem Dagobert Duck-Prinzip: goldene Berge anhäufen.

»Geld ist ihm sehr wichtig«, sagt ein Freund des ins Schwanken geratenen Chefs in der Aufsichtsratssitzung entschuldigend. Die goldenen Handschläge oder Fallschirme, wie es seit dem Swissair-Absturz heißt, zeigen immer geschicktere Legierungen aus Cash, Optionen und Aktienpaketen; die sanierten Pensionskassen flankieren den gemischten Deal, der sich nur schwer in Zahlen fassen lässt.

Ohne die Debatte um Mega-Entlohnungen zu wiederholen, lässt sich unschwer erkennen: Wo in wenigen Jahren soviel zu holen ist wie für andere in mehreren Leben, da entsteht, was der Senior der Deutschen Bank, Friedrich Wilhelm Christians, lapidar »eine schwere Belastung für den Charakter« nannte. Er meinte damit aber die Macht selbst, die Herausforderung durch Privilegien, die Versuchung zur Selbstüberschätzung, den Verlust von Bodenhaftung. Helmut Kohl, gebeten, sich zu den Leistungen seiner Nachfolger in der Großen Koalition zu äußern, fand einen ebenso kurzen Satz: »Sie sollen nicht abheben.«

Beide machterfahrenen Männer sprechen nicht als Zuschauer, sondern als ›Betroffene‹: Sie haben mit den Versuchungen und Lastern der Macht über viele Jahre tagtäglich gelebt – als selbstkritische Beobachter und als Verteidiger ihrer Positionen. Wo Lämmer sind, da sind die Wölfe nicht weit, so verteidigt ein Spitzenmanager seine Entscheidung, lieber bei den Wölfen zu leben als mit den harmlosen Lämmern. Lämmer brauchen einen Hirten, der im besten Fall einen Hund besitzt. Wölfe leben nach ihren eigenen Gesetzen im Rudel, und sie sind den Menschen bei der Organisation ihrer Rangordnung überlegen: Regelmäßig, Jahr für Jahr, kämpft der Alphawolf gegen einen Rivalen, der sich die Führung zutraut. In Europa haben die Schweizer Unternehmen diesen Rhythmus übernommen: Hier leben Spitzenmanager mit Verträgen, die nur ein einziges Jahr garantieren. Auch diesem Prinzip mag der 2006 verliehene Preis als ›wettbewerbsfähigstes Land der Welt‹ zu danken sein. Einjahresverträge machen Tempo und fördern die Qualität. Sie halten auch die Aufsteiger wach, weil ihr Erfolgshorizont plötzlich näher rückt. Kurze Vertragslaufzeiten fördern also die Leistungslust der nächsten Reihe.

Wer Macht hat, lebt aber aus ganz anderen Gründen gefährlicher als andere. Und die Karrieremodelle, mit denen Wirtschaft und Politik arbeiten, haben keine Lektion für ›Aufstiegsethos‹ oder die Abwehr machttypischer Laster. Ab und zu flammt die Diskussion auf, ob berufliche Glanzleistungen mit privaten Entgleisungen verrechnet werden dürfen; aber auch das ist ein Ablenkungsmanöver. Dis Macht selbst ist ein Minenfeld; hier bieten sich jeden Tag Entgleisungen als Erfolgsfaktoren an.

Macht ist »Landnahme«, wie Carl Schmitt es ausdrückt, und nicht zufällig greifen die Mächtigen selbst, ganz wie ihre Beobachter, immer wieder zu Begriffen aus der Militärstrategie, wenn sie Handlungsoptionen im Wettbewerb beschreiben wollen. Business ist Krieg, und die Feldherren plazieren weltweit als Eroberer ihre Flaggen. Ihr Kriegsschauplatz ist die globale Polit- und Business-Szene, und wenn sie die Wettbewerbsregeln einhalten, so ein Spitzenmanager, dann ist es ein ›gerechter Krieg‹.

Seit der globale Wettbewerb mit neuen Rivalen um die Spitzenplätze an Tempo und Spannung zunimmt, werden die Zugbrükken hochgezogen und die *fire walls*, die Brandmauern der Gefährlichkeit der neuen Gegner angepasst. Die Spielregeln der älteren *players*, die ihre *corporate governance*-Fibeln eben erst widerwillig gelesen haben, kollidieren mit denen der *youngsters* aus der neuen Neuen Welt, die ihr Entwicklungstempo auch gegen die Spielregeln aus *Old Europe* und *God's own Country* US steigern. Kontinente im Übergang plündern unbefangen die

Werkzeugkästen der Alten Welt – und beleben Versuchungen neu, denen wir eben glaubten, durch unsere Anweisungen für brave Kinder in der harten Schule des Weltbusiness entkommen zu sein. Gleichzeitig häufen sich die Entdeckungen der Verstöße gegen alle Übereinkünfte, die in den Unternehmen und bei ihren Partnern Schutz vor Versuchungen und Kontrolle bieten sollten. Wir scheitern jeden Tag an der Größe und Unübersichtlichkeit – im Jargon: an der Komplexität der globalen Organisationen.

Solange der Erfolgshunger ohne ethisches Korrektiv der akzeptierte Treiber für Topkarrieren bleibt, werden wir die Laster im Dunstkreis der Macht nicht beherrschen können. Ethos stellt sich eben nicht automatisch ein, wenn der Gipfel erreicht ist, sondern die Gier wächst mit. Wer mehr hat, möchte noch mehr haben, und wer auf der Stufe darunter arbeitet, braucht geschäftlichen Erfolg, um höher zu steigen. Der Erfolg kann gekauft werden, wissen die Manager. Also kaufen sie ihn. Ihr Gewissen ist dabei kaum belastet; schließlich holen sie nichts für sich, sondern alles für die Firma.

Fatal wirkt sich also der Leistungsdruck aus, wenn er nicht von einschränkenden Zusagen begleitet wird, die den Geschäftserfolg nicht absolut setzen für den persönlichen Aufstieg. So fördern die Belohnungsgewohnheiten und Bestrafungsrituale, die beide ausschließlich über Zahlen laufen, die Verstöße. Die zunehmende Sensibilität bei der Bewertung von ›Gefälligkeiten‹ steht im Gegensatz zur wachsenden Komplexität der Weltfirmen. Auch die Justiz hat auf die neue Empfindlichkeit reagiert: Was vor wenigen Jahren noch ›Provisionen‹ waren, die steuerlich abgesetzt werden konnten, heißt heute ›Schwarzgeld‹ und ›Bestechung‹, ›Korruption‹.

Kurios ist an der Verfeinerung unserer Werteschutzmaßnahmen nur eines: Der Staat zeichnet sich in diesen Jahren durch eine Kette von Verfassungsbrüchen aus; er zeigt gegenüber seinen Bürgern eine Unberechenbarkeit, die nur eine »zahme, ja apathische Öffentlichkeit« hinnimmt, wie 2007 der französische Korrespondent in Berlin, Patrice Drouin, beobachtet.[26]

---

26 *Financial Times Deutschland*, 23.2.2007, S.27.

Ihr Artikel ist ›Arrogantes Deutschland‹ betitelt; die Autorin meint aber die deutsche Politik. Zutreffend beobachtet sie, dass politische Macht, anders als wirtschaftliche, der Versuchung zur Willkür ausgesetzt ist, weil die Bürger zur Rückmeldung nur alle paar Jahre Gelegenheit haben. Die Duldsamkeit der deutschen Bevölkerung verschärft diese Versuchung für die Regierung. Sie kann sich gegenüber Frankreich, das die Bürgermeinung zur europäischen Verfassung mittels Referendum eingeholt hat, präpotent verhalten, weil sie den deutschen Bürgern diese Chance vorenthalten hat.

Die Gesetzgebung der Jahre seit 2002 zeigt erstaunlich viele Willkürakte, die tief in die Planung, die wirtschaftliche Lage und die berechtigten Erwartungen der Bürger eingreifen. Das Steuerrecht liefert für diesen unbekümmerten Zugriff der Staatsmacht skandalöse Zahlen von Verstößen, die der Machthaber sich gestattet, weil die Regierten sich nicht wehren können. Die deutsche ›Apathie‹ ist dabei hochwillkommen – und nur für Beobachter von außen besorgniserregend.

Ein Ethos der politischen Macht wird also sicher nicht von den Amtsträgern selbst ins Werk gesetzt werden. Nur Bürgermut vor Kanzlerthronen könnte da etwas ausrichten.

Die Versuchungen wachsen mit den Privilegien, so unlogisch das scheinen mag. *Homo sapiens* ist unersättlich, er wird nirgends und niemals satt, wenn er sich nicht selbst kontrolliert durch Regeln und überlegene Ziele, die ihm helfen, Maß zu halten.

Der Machtverlust diktiert die innere Unruhe, die nach Absicherung und Ausweitung der erreichten Spielräume sucht. Gewalt und Ausbeutung sind auch in der Demokratie die gefährlichen Verlockungen, mit denen Topleute versuchen, ihre Macht unangreifbar zu machen. Beides schafft aber erst die Bedrohung, die sie bannen wollen, auch wenn in der zivilisierten Moderne Ausbeutung und Gewalt meist *undercover*, im Tarnkleid daherkommen.

»Wer eine absolute Macht erreichen will«, sagt der Philosoph Byung-Chul Han, »wird nicht von der Gewalt, sondern von der Freiheit des Anderen Gebrauch machen müssen.«[27]

---

27 Byung-Chul Han, *Was ist Macht?* Stuttgart 2005, S. 14.

Wo Lämmer weiden, da sind die Wölfe nicht weit.

Wenn die Führung sich zu den Wölfen rechnet: Wer soll die Lämmer schützen?

Solange der Erfolgshunger ohne ethisches Korrektiv der Treiber für Topkarrieren bleibt, werden wir die Laster im Dunstkreis der Macht nicht beherrschen können.

Was einfach klingt, scheint das Schwerste zu sein, sonst würde es jeder so anfangen. Die ›Freiheit‹ der Abhängigen als Start und Ziel der Macht ist eine Mutprobe, die nur wenige bestehen, die aber alle andern üben müssen, wenn wir den Aufstieg schaffen wollen.[28]

Unterdrückung, Ausbeutung, Gewalt, so verschlüsselt sie heute in unserem Teil der Welt auftreten mögen, gefährden die Macht, statt sie zu stabilisieren. Die Mächtigen aber glauben, eine Garantie auf Machterhalt einzuhandeln, wenn sie Zwang ausüben und Angst verbreiten.

Wo Kommunikation ausbleibt, beginnt bereits die Gewalt.

Wo die Unternehmensführung schweigt, weil sie nur schlechte Nachrichten hat, sieht sie nur die eigene Defensive als eine verzeihliche Notlösung. Die geängstigten Mitarbeiter erleben Gewalt. Der Franzose Michel Foucault versucht, die Entgleisung der Macht in Gewalt zu erklären: »Die Gefahr, andere zu beherrschen und auf sie eine tyrannische Macht auszuüben«, ist die einfache Folge daraus, »dass man sich nicht um sie gekümmert hat und zum Sklaven seiner Begierden geworden ist.«

»Die vollkommene Autorität über sich«, so fährt Foucault fort, ist das »innere Regulationsprinzip« der politischen Macht.[29]

Wo die Vermittlung endet, beginnt die Gewalt. Das sind Maßstäbe, hinter die wir offenbar in den letzten zwanzig Jahren zurückgefallen sind. Aber gibt es heute überhaupt einen ernsthaften ethischen Diskurs über Macht in Wirtschaft und Politik? Wir sind von aktuellen Empörungsschüben in Atem gehalten; so kommen wir nicht zur Klärung grundsätzlicher Positionen.

Oder atmen wir auf bei Nietzsches Plädoyer für die Ausbeutung, weil das Leben im Ganzen doch nichts anderes sei als Ausbeutung? Ausbeutung, so Nietzsche, ist eine »Folge des eigentlichen Willens zur Macht, der eben der Wille des Lebens« sei.[30]

---

28 Siehe S. 197–207.

29 Michel Foucault, *Freiheit und Selbstsorge*. Frankfurt a. M. 1985, S. 16.

30 Friedrich Nietzsche, *Jenseits von Gut und Böse*, in: Sämtliche Werke – Kritische Studienausgabe in 15 Bänden, hg. von Giorgio Colli u. Mazzino Monzinari. München 1999, Bd. 5, S. 207 f.

Gewalt ist in Wahrheit ein Zeichen der Ohnmacht. Nur wenn sie sich mit einer Macht verbinden kann, die auf der Legitimation durch andere beruht, also von Zustimmung getragen wird, kann Gewalt, zum Beispiel in einer Revolution, erfolgreich sein. Hegel macht das in dem knappen Satz deutlich: »(...) obgleich der Staat auch durch Gewalt entstehen kann, so beruht er doch nicht auf ihr.«[31]

Wenn Versuchungen und Laster im Sonderraum der Macht so zahlreich sind, wenn es unerlässlich ist, wozu viele Mächtige am wenigsten Lust haben: nämlich, dass Macht vermitteln muss, um sich selbst zu legitimieren – warum ist die Verlockung, an ihr teilzuhaben, so groß? Warum ist Macht so begehrenswert, obwohl man so gefährdet ist, wenn man sie hat? Gefährdet durch eigene Fehler und eigenen Missbrauch an erster Stelle, gefährdet auch, wie man bald glauben wird, wenn man dazugehört, durch die andern. Und die glauben das alle auch.

Der ungezähmte, nicht an die Leine eines neuen Ethos gelegte Wunsch, mächtig zu werden, beruht zunächst auf einem Widerspruch: Je größer unsere Spielräume geworden sind, miteinander umzugehen, desto verlockender wird der Gedanke, das Verhalten der anderen zu bestimmen.

Es ist aber kein Widerspruch, denn mehr Macht weckt mehr Hunger auf Macht, wie wir schon beobachtet haben. Wir werden nicht satt, weder beim Konsum von Waren noch beim Erobern von Räumen für ›Einfluss und Wirkung‹. Mit diesen beiden Begriffen umreißen die meisten Topmanager den Reiz ihrer Position.

Die Lust an der Macht über andere wird umso größer, je mehr Spielräume und Varianten zur Verfügung stehen, um das Verhalten der anderen zu steuern. Demokratie ist also ein Stimulus für Machthunger. Wo weniger Optionen verfügbar sind, schwindet die Lust auf Macht.

In Deutschland lässt sich dieses Ergebnis am Verhalten der »apathischen, zahmen Öffentlichkeit« überprüfen, die nach

31 Georg Wilhelm Friedrich Hegel, *Sämtliche Werke in 20 Bänden*, hg. von Hermann Glockner. Stuttgart 1968, Bd. 10, S. 221.

neuesten Umfragen (Allensbach, Frühjahr 2007) immer weniger Optionen für eigene Gestaltung sieht und daher ohne Machtappetit zur Kenntnis nimmt, was die Politik ihr auftischt. Für die ganz blauäugigen Zuschauer immerhin ein Warnhinweis.

Die Machtbesitzer zeigen es oft recht unbefangen: Die Macht ist ein faszinierendes Spiel. Die Leidenschaft der Spieler wird wachgehalten, weil es keinen festen Regelkanon gibt. Weder in der Wirtschaft noch in der Politik gibt es die eine verbindliche Rollenbeschreibung für Aufsteiger. Das Spiel ist immer offen, die Spielzüge jedem Spieler überlassen. Lebt er opportunistisch in seiner Kaste, hat er weniger Spielraum; traut er sich Alleingänge und Innovationen zu, wird es mehr.

Wo vieles freigestellt ist, mag tollkühnen Mitspielern alles möglich erscheinen. Die Fähigkeit, Grenzen zu erkennen, wo keiner sie vorgibt, mag mit Begleitschutz beim Aufstieg trainiert werden. Aber die Freiräume für schwere Fehler und unwiderstehliche Verlockungen sind mindestens so groß wie jene für Erfolg. Vielleicht ist das gefährliche Spiel mit der Macht auch wegen der Absturzgefahr so verführerisch. Auf jeden Fall kann jeder, der hier zum listigen Opportunisten wird, versuchen, sich mit den überall lauernden Gefahren für diese bequeme Fluchtrichtung ins ethosfreie Gelände zu entschuldigen.

»Lust auf Macht«, so Nietzsche im Gegensatz zu Foucault, »erklärt sich aus der hundertfältig erfahrenen Unlust der Abhängigkeit, der Ohnmacht. Ist diese Erfahrung nicht da, so fehlt auch die Lust.«[32]

Macht als Revanche für Ohnmachtserfahrungen – das ist ein Programm zur Selbstbefreiung auf Kosten der Abhängigen. Wer mit dem Trauma der Ohnmacht an die Macht kommt, bezieht seine Freiheit daraus, seinen Willen gegen den Willen der andern durchzusetzen. Der aus der Ohnmacht mächtig Gewordene stellt seine Freiheit her, indem er Unfreiheit verbreitet. Seine Macht wird instabil und bedroht bleiben; der Eroberer schafft sich Gegner und versäumt die Vermittlungsleistung, die Macht erst stabil macht.

---

32 Friedrich Nietzsche, *Nachgelassene Fragmente*, in: Kritische Studienausgabe, a. a. O., Bd. 8, S. 425.

Mehr Macht macht mehr Hunger auf Macht.
Die Versuchungen wachsen mit den Privilegien, *homo sapiens* wird niemals satt.
Er muss sich selbst kontrollieren durch Regeln und Ziele, die ihm helfen, Maß zu halten.

Die Macht ist ein faszinierendes Spiel.
Die Leidenschaft der Spieler wächst, solange es keinen Regelkanon gibt.

Die Schwelle zur Gewalt wird unsichtbar:
Gejagte wollen so wieder zu Jägern werden . Gewalt ist in Wahrheit ein Zeichen der Ohnmacht.

Natürlich stehen diesem Beispiel die anderen gegenüber, für die der Südafrikaner Nelson Mandela steht: 28 Jahre ein Gefangener der Machthaber und anschließend selbst mächtiger als diese. Sein Rachebedürfnis wichtigeren Zielen unterzuordnen, das vermag ein Mensch wohl nur mit einem geordneten Ethos seiner Macht. Seine Erfahrungen mit Gewalt und Machtmissbrauch hat Mandela mit fast übermenschlicher Überlegenheit verarbeitet.

Macht muss sich vermitteln, um ihre Mitspieler zusammenzuhalten. Vermitteln heißt kommunizieren, was die Führung plant, warum sie es plant, und wieso es dem gemeinsamen Erfolg dient. Das gilt für jedes Unternehmen und für jeden Staat. Wer die Macht hat, vergisst diese Pflicht zur Vermittlung leicht, und dafür gibt es immer ›gute‹ Gründe.

Zum Beispiel: Noch nicht in diesem Stadium, alles ist noch ungeklärt, die Mitarbeiter/die Bürger werden diese Maßnahme jetzt nicht als klug verstehen.

Wer später kommunizieren will, was heute gesagt werden müsste, wird feststellen: Jetzt ist der Informationsrückstand meiner Leute viel zu groß, sie werden das komplexe Geschehen nicht verstehen. Also vergeht wieder Zeit.

Dann fällt die Entscheidung, die Mitarbeiter oder Bürger überrascht. Sie entziehen der Führung wieder eine Portion Restvertrauen, wie schon bei früheren Gelegenheiten. Wer durchsetzen kann, was kein Bürger einsieht, setzt sich darüber hinweg.

Solange Politiker den Schaden unterschätzen, den sie der Demokratie zufügen, wird die Sorglosigkeit im Politghetto anhalten.

»Vermittlungsarmut«, wie der Philosoph Han es nennt, bewirkt nicht nur Enttäuschung, sie »erzeugt Zwang (...) Die erzwungene Kontinuität ist zerbrechlich«.[33]

In totalitären Systemen ist die »Vermittlungsarmut« Alltag; sie erscheint oft über lange Zeit als systemstabilisierend, weil sie Angst erzeugt. Der Widerstand wird nur von einer mutigen Minderheit geleistet. Der Rechtsstaat kann auf die Zustimmung seiner Bürger rechnen; der Unrechtsstaat wird als etwas Fremdes

---

33 Byung-Chul Han, *Was ist Macht?*, a.a.O., S. 30.

erlebt, dessen Übermacht jede Gegenwehr lebensgefährlich erscheinen lässt.

Jede Demokratie ist von der Tendenz zur »Vermittlungsarmut« täglich bedroht. Die Versuchung für die politische Führung, kommentarlos einschneidende Veränderungen vorzunehmen, die das Leben ihrer Schutzbefohlenen, der Bürger, stark zum Negativen verändern, diese Versuchung wächst in Krisenzeiten. Schlichter kann man die Versuchung auch als Verlockung zur Feigheit beschreiben. Die Furcht vor der Konfrontation mit dem Bürgergroll wird von einem Versäumnis zum andern wachsen.

Wer führt, ohne die Achtung der Geführten noch auf seiner Seite zu haben, ist durch weitere Fehler gefährdet. Trotz stellt sich ein, der als Selbstherrlichkeit in öffentliche Auftritte einfließt. Nun haben beide Seiten dasselbe Problem: einen Mangel an Hochschätzung durch die jeweils andern.

Im Privatleben wäre genau hier die große Chance, Frieden zu schließen und Besserung zu versprechen. Aber die Rituale der Überlegenheit behindern die Mächtigen.

Die Väter der sozialen Marktwirtschaft haben die Gefährdung der demokratischen Führung in voller Schärfe gesehen. Wilhelm Röpke sieht die soziale Marktwirtschaft nicht nur ab und zu, sondern täglich von »Entartung« bedroht. Der Wettbewerb ist immer auch eine Konkurrenz der Mächtigen in Wirtschaft und Politik. Ob es nun Absprachen sind oder Schweigerituale, die größte Gefährdung der Marktwirtschaft sind jene Grenzüberschreitungen und Regelungsgelüste, bei denen sich alle Beteiligten einig sind – weil sie alle glauben, aus dem Verstoß gegen die »reine Lehre« zu profitieren.

Eine »apathische« Öffentlichkeit nimmt die täglichen Entgleisungen ihrer Führungsschicht mit zunehmender Gleichgültigkeit zur Kenntnis. Bürger, die sich schlecht behandelt fühlen, reagieren wie Mitarbeiter eines Unternehmens, die von ihrem Chef zu wenig Achtung erfahren: Sie entziehen der Organisation ihren Respekt. Hier beginnt die größte Gefahr für das Gemeinwesen oder das Unternehmen, weil das Zentrum einer Absprache beschädigt wird, die nicht nur Arbeitsziele, sondern auch Wertvorstellungen und die Einsatzbereitschaft aller, mitzuspielen, schützt. Führungspersonen dulden wir ja eben nicht, weil sie Gewalt androhen, sondern weil sie ein gemeinsam gewolltes Geschehen mit ihrer Energie versorgen, wie wir das auf unseren Plätzen auch tun. Alle investieren, weil alle profitieren.

Führungspersonal macht genaugenommen Etappendienst. Je höher die Position, desto größer sind die berechtigten Erwartungen der Mitspieler auf den nachgeordneten Plätzen.

Immer aber geht es um eine übergeordnete Idee, an die alle glauben: die Idee der Demokratie, des Wettbewerbs, der Humanität, der Gerechtigkeit und der Freiheit.

Jeder, der Macht missbraucht oder nachlässig handhabt, beschädigt in den Köpfen und Herzen der weniger exponierten Mitspieler diesen Ideenschatz. Was der Führung als momentane Ausweichbewegung vor ihren Kritikern erscheinen mag, erscheint in diesem Lichte als ein Angriff auf die Ziele, die über den handelnden Personen stehen und Jahrhunderte gebraucht haben, um uns alle zu überzeugen und zu einigen. Dass sich diese Ideengeschichte kaum beschleunigen lässt, erkennen wir bestürzt und deprimiert auf den Kriegsschauplätzen der Welt.

Es geht immer um viel mehr als ein Presse-Statement oder eine flüchtige Befriedungsaktion unter aufgebrachten Mitarbeitern. Es geht immer um das Ganze, das uns zusammenhält. Mit jedem verfehlten Führungsauftritt gerät das Zutrauen der Menschen zu den Übereinkünften, die uns zusammenhalten und schützen, unter Stress.

Noch einmal die Väter des Grundgesetzes: Es geht ja nicht um Wettbewerbsregeln fürs Kaufen und Verkaufen, um Konsum und Profit allein. Diese alle werden flankiert von einer verlässlichen Justiz und tragfähigen sozialen Sicherungen. Der ganze Aufwand gilt einer zentralen Größe, die im marktwirtschaftlichen Konzept die geheime Mitte bildet: Es ist die unantastbare Würde der Menschen, um die es eigentlich geht. Unantastbar meint: unverkäuflich.

Menschen spüren genau, wenn sie unter ihrem Wert – und besser würden wir sagen: unter ihrer Würde – behandelt werden.

Solange sie das noch spüren, bleiben viele von ihnen ›aufstiegsverdächtig‹. – Wenn bei dieser Nachricht viele von den bereits Aufgestiegenen um ihre Plätze fürchten, sieht es schlecht aus für unser Verhältnis zur Macht durch Spitzenleistung.

Wer Macht hat, lebt nach allem, was wir sehen, nicht wegen der nachdrängenden Rivalen gefährlich. Er lebt gefährlich wegen der inneren Bedrohung, die in der Macht selbst liegt. Schon die Herausforderung, sich selbst Grenzen zu setzen, ist schwer zu bestehen, wenn der Appetit auf Grenzüberschreitungen in den neuen Spielräumen wächst. Immer weniger Mahner sprechen ein offenes Wort, während die Macht der eigenen Worte den Führungsneuling berauscht: Niemand widerspricht! Der leise Schrecken ist schnell verjagt, und die Anfälligkeit für Schmeicheleien nimmt zu.

Wer sagt mir noch die Wahrheit? ist eine Anfängerfrage. Ihr Text wird bald von einer gefährlichen Schlussfolgerung überlagert, die lautet: Da mir niemand mehr die Wahrheit sagt, muss ich meine Kontrollsysteme verschärfen. So schaukelt sich eine Misstrauenskultur hoch, die viele Führungskräfte für normal halten. Der Machterhalt wird zum wichtigsten Ziel, und die verbindenden Ziele mit allen, die man hier vertritt, geraten auf einen nachgeordneten Platz oder verschwinden ganz.

Die meisten Laster im Raum der Macht zeigen ein *business-as-usual*-Gesicht, nicht die Fratze, die zugleich eine Warnung wäre. Machterhalt als zentrales Ziel im politischen Geschäft wird als die abgeklärte Vernunft diskutiert, nicht als ihre Bedrohung. Der Beistand zu solchen schleichenden Formen von Machtmissbrauch kommt auch von neunmalklugen Zaungästen, die sich Freunde in den oberen Etagen machen wollen, indem sie die Gemütslage der Mächtigen opportunistisch legitimieren. Was kann einer anderes wollen als dranbleiben? lautet der Subtext der meisten politischen Diskussionen unter denen, die gern dazugehören möchten.

Wer Macht hat, soll sein Augenmerk wirklich auf anderes richten als auf die Verteidigung des Spitzenplatzes – weil Spitzenleistungen das beste Mittel sind, um diesen Platz zu sichern. Genau daran glaubt aber nur eine Minderheit, drinnen wie draußen, unten wie oben. Die Achtung vor Zielen, die nicht vermittelt werden, verflüchtigt sich. Damit schwindet dann auch die Achtung vor denen, die für diese Ziele stehen sollten. Unterdessen setzt sich eine stillschweigende Übereinkunft durch, wertbeschwerte Ziele für die Politik, für das Land, für die gemeinsame Zukunft seien vielleicht auch eher Schnee von gestern, der in eine ungeordnete Welt mit sinkendem Lebensstandard nicht mehr passt.

Immer ist es die Führung, von der die Geringschätzung für Führung ausgeht. Wer sich selbst eher technokratisch definiert, wird eine Aura[34] nicht mehr entwickeln. Wer statt Leidenschaft bürokratische Zahlenspiele anbietet, wird die Herzen der Menschen nicht erreichen.

Und welcher Politiker will die Herzen der Menschen überhaupt noch erreichen? Die Herzen sind längst privatisiert worden, raus aus dem offiziellen Geschäft. Und Köpfe gibt es nun wirklich genug, im eigenen und im gegnerischen Lager. Dass Kopf und Herz im Bündnis das erfolgreichste Kraftwerk in der Geschichte der Kulturen sind, dass sie sich auch gegen die herrschenden Mächte verbinden und die Ordnung der Herrschenden auf den Kopf stellen können, das wissen heute nach den Theologen und Dichtern endlich auch die Naturwissenschaftler.

Wer die Herzen nicht hat, wird die Köpfe nicht gewinnen.[35]

In Krisenzeiten, so ein Politiker, müsse man ohnehin Politik »über die Köpfe der Menschen hinweg« machen. Hochmut ist eines der gefährlichen Laster in den Zirkeln der Macht.

Newcomer auf Spitzenplätzen staunen anfangs, dass sie von nun an von den Zuschauern auf den niedrigeren Stufen überschätzt werden. So als schenkte ihnen die neue Verfügungsgewalt auch höhere Fähigkeiten. Eben erst auf der obersten Stufe angekommen, wissen sie noch recht gut, dass sie wohl mehr als andere, aber eben doch nicht alles können. Mit der Zeit siegt die Schmeichelei, die in der Überschätzung liegt: Man beginnt, sich selbst zu überschätzen. Schließlich wird man von außen dazu eingeladen, also darf man sich dieses günstige Urteil zu eigen machen.

An einer realistischen Einschätzung der eigenen Möglichkeiten festzuhalten, wäre guter Führungsstil. Auch dieser Hinweis könnte in den Katalog der Aufstiegslektionen eingehen und damit Schutz entwickeln.

---

34 Siehe dazu S. 187–193.

35 Dazu mehr S. 223–232.

Macht muss sich vermitteln, um ihre Mitspieler zusammenzuhalten.
Das gilt für jedes Unternehmen und für jeden Staat.

›Vermittlungsarmut‹ bewirkt nicht nur Enttäuschung, sie erzeugt Zwang.
Aber die erzwungene Ruhe ist zerbrechlich.
Jede Demokratie ist von Vermittlungsarmut täglich bedroht.
In totalitären Staaten ist Vermittlungsarmut Alltag.

Nicht der Aufstieg ist die Zeit der schärfsten Prüfungen, sondern nach der Ankunft beginnt die Kette der Belastungsproben. Wir programmieren die Fehler schon am Anfang: Aufstieg, so unser Erfolgsmodell, ist ein Kampf gegen andere. Meinen Aufstieg kannst du nicht machen, mein Tempo kannst du nicht halten, meinen Platz da oben kannst du niemals erreichen. Er steht auf meinem Programm. Solange das kein Freund-Feind-Monolog ist, stimmt in diesem inneren Dialog alles. Nur das Entscheidende stimmt nicht: Gerade weil jeder einen eigenen Kopf, ein eigenes Temperament, eigene Kompetenzen und Stärken hat, gerade deshalb ist ›Aufstieg für alle‹ das richtige Konzept. Wenn wir die Vorstellung eines Verdrängungswettbewerbs auf die Karrierechancen für Einzelne anwenden, werden wir immer weniger erfolgreiche Lebensläufe in Deutschland erleben. Solange wir Erfolg als ein Ausschlussmodell diskutieren, das nur für Einzelne den Sieg verspricht, den sie deshalb anderen wegnehmen müssen; wird die Mutlosigkeit wachsen. Soweit so schlecht; wo Mut fehlt, sterben Ideen, und die Laster der Mächtigen werden beflügelt.

Wo kaum noch einer nachrückt, muss sich oben keiner mehr bewähren. Auch die Mutlosigkeit der Mehrheit erscheint von dort aus als Vorteil: Ruhe im Lande weitet die Handlungsspielräume. Immer weniger Durchblick für die Normalverbraucher macht es immer leichter, die Einwände von Kennern als interessenverdächtig abzutun.

Die Globalisierung fördert in diesem Sinne den Machterhalt: Keiner blickt durch, und eine Entwurzelung des Denkens und Urteilens bricht sich Bahn. Die Menschen in Europa spüren eine Balancestörung, weil die ›Wildheit der Globalisierung‹ keine Garantien für Gerechtigkeit mehr liefern will oder kann.

Das globale Business, so erleben es die Menschen, kann bereits, was die Politik noch nicht kann: transnational handeln und globale Kompetenz vermitteln. In dieser Übergangslage, die uns noch lange erhalten bleiben wird, gelten eigentlich verschärfte Ansprüche an die Führung. In der Wirtschaft spiegeln *corporate governance*-Debatte und dichter werdende Regelwerke, dass man verstanden hat. Die Politik hingegen schätzt ihre Entfernung vom Bürger noch nicht als gefährlich ein.

V IN DER KRISE WERDEN WUNDER WEIBLICH

Der Aufstieg der Alphafrauen

Die Aufsteiger par excellence sind die Frauen. Ihr Auftritt auf den globalen Bühnen von Business und Politik zeigt einen neuen Stil von ›business as usual‹ ohne schrille Töne.

Niemand inszeniert hier den Sieg des Feminismus, der längst fällig gewesen wäre; kein Triumphgeschrei, keine Kampfbilanz, sondern Leistung und Sachverstand begleiten diesen Siegeslauf. Die Disziplin der weiblichen Alphatiere gilt nicht nur ihrem Aufgabenfeld, sondern auch ihrem Erscheinungsbild. Plötzlich ahnen wir, welche ästhetische Sinnenfreude durch sorgsam gekleidete und im Dialog mit ihrem Spiegelbild optimierte Gestalten in unseren Arbeitsalltag kommt. Die Männer werden den Wettstreit mit ihren schönen Kolleginnen bestehen müssen. Schon wächst die Neigung der Sensiblen unter den Männern, ihre Funktions-Autorität durch ästhetische Brillanz in Kleidung, Haartracht und Bewegungskultur zu flankieren. Gemischte Teams werden durch die Eleganz von Frauen zu Lernshops für Männer, die bisher ihr Privileg auf Achtlosigkeit gegenüber ihrem Äußeren als Ausweis geistiger Überkapazität vorgezeigt haben.

Frauen können beides, stellen die Männer nun fest; unerbittlich argumentieren und frappierend gepflegt am Laptop agieren. Frauen können vieles gleichzeitig, das wissen die Forscher schon lange. Nun häufen sich die praktischen Beweise und verunsichern die Männer. Plötzlich fällt auf, dass die meisten Männer schon länger mitspielen im Wettbewerb um Aufstiegsplätze, Beziehungen und Vorsprünge. Seit ihrer Schulzeit haben die meisten sich mit ihren Freunden über die Gesetze für ein erfolgreiches Leben unterhalten. Die Frauen sind überwiegend *Newcomer*, durch keine Besserwisser-Lobby gebremst oder getrieben, sondern *early birds* mit völlig unverbrauchten Kräften. International beeindrucken sie durch souveräne Kommentare zu ihren Geschäften, durch unkonventionelle Entscheidungen und durch Zähigkeit bei der Verfolgung der Unternehmensziele. Die Intensität, mit der die global sichtbaren Spitzenreiterinnen ihre Plätze ausfüllen, ist Lichtjahre von der Opferpower ihrer neidischen und kritischen Schwestern entfernt.

Der zuverlässigste Feind der Aufsteigerin ist die andere Frau. Die Alphafrauen auf den sichtbaren Plätzen haben auch dieses Wissen ohne Bitterkeit konsumiert. Sie strahlen eine so coole Klarheit aus, dass man meinen möchte, ihr Training für diese Rollen habe mindestens ein halbes Jahrhundert gedauert. Sie sind die Lösung einer Gleichung, an der andere sich jahrzehntelang die Zähne ausgebissen haben.

Die Aufsteigerinnen dieser Jahre sind immerhin neu auf der Szene des Business, das den Regeln des Männerrudels folgt. Seit sie da sind, schön und beherrscht, scheint alles ganz einfach. Sie können, wie die Männer, wählen, von welcher Intrige sie lieber die Finger lassen. Sie setzen sich durch und gewinnen den Respekt ihrer Leute.

Während die Männerwelt sich mit *Loser*gefühlen plagt, sind die Frauen erstmals *winner*. Im Abstiegsszenario legen sie ihren Aufstieg vor, unbeirrt wie die »Trümmerfrauen« nach 1945. Sie räumen auf und um, wie auch ein optimistischer männlicher *Newcomer* es täte. Aber ihr Schwung ist tragfähiger: Es ist der Wind der Erstmaligkeit, der ihren Aufstieg beschleunigt. Nicht wie die vielen andern, die jeder Mann neben, vor und hinter sich spürt, sondern als Unikat ist sie unterwegs, die Ausnahmefrau. Plötzlich und endlich wird es zum umwerfenden Vorteil, was früher immer ein Nachteil war: ihre Seltenheit im Karrierespiel. Endlich, vor allem weil sie selbst, die Alpha-Exemplare der Aufsteigerfrauen, aufgehört haben vom Nachteil durch Seltenheit zu reden, wird die Rarität ›Frau‹ plötzlich zum nicht kopierbaren Vorteil. Wo Frauen in Toppositionen der Wirtschaft ankommen, schweigt die ideologische Debatte, die ja immer von Männern handelte. Und plötzlich ist auch das geklärt: Frauen steuerten diese Debatte, und ihr Verdacht war immer auf die Männer gerichtet. Nun endlich wissen alle, was bisher einige wussten: Frauen waren sehr interessiert an der Verdächtigung der Männer – ein uraltes Modell der Schuldzuweisung, wenn zu eigenen Schritten der Mut fehlt.

Erfolgreiche Frauen glänzen durch Humor und Pragmatismus. Sie schaffen es, in der Abstiegslandschaft mit der phantastischen Chance gleich doppelt zu ermutigen: zum einen die Frauen und zum andern die eingeschüchterten Männer. Horst-Eberhard Richter sieht die Männer in einer Krise, die auf ihrer jahrhundertelangen »Vorherrschaft« beruhe: Während die Frauen sich mit ausgewählten männlichen Stärken »vervollkommnet« haben, psychologisch also »vermännlicht« seien, habe der Mann sein schmales Spektrum männlicher Ideale behalten, ohne vom weiblichen Terrain zu profitieren. »Rationalismus und Härte, Durchsetzungswille und Siegenmüssen«, die Abwehr von Leiden nennt Richter als Handicaps, die den Mann heute der Frau unterlegen erscheinen lassen.[36]

Wichtiger noch, was Richter nicht ausdrücklich sagt: Immer mehr sensible Männer fühlen sich den Frauen unterlegen; sie erleben ihre Unfähigkeit, mit Gefühlen offener umzugehen, Fürsorge und Schutz neben ihren Härte-Idealen zu üben, als ein Verlierer-Programm.

Die Frauen haben ihre Verlierer-Jahrzehnte hinter sich, ihr Vortrupp signalisiert Ankunft in der Siegerrolle, wie sie Frauen inszenieren: mit perfekten Manieren und ebenso perfektem *dress code*, der Abstand sichert und Nähe nicht ausschließt. Die Topfrau, das beunruhigt viele Männer einstweilen, lebt nicht wie sie nur in einer, dieser Welt, wo das Business über Sieg oder Niederlage entscheidet. Ihr Bild schillert, ihr Mienenspiel lässt lesen, dass sie mehr weiß und ein bisschen zu viel beobachtet für diese Sphäre. Alles ist neu, wo Frauen führen, und nur der vom eigenen Selbstzweifel verfolgte Mann erlebt das als Belastung. Eigentlich ist die Präsenz der Frauen ein großes Versprechen und eine übermütige Lizenz: Leute, betretet den Boden, auf dem diese Frauen stehen. Holt Euch von ihrer Energie, lasst Eure eingesperrten Gefühle und Ideen von der Kette.

---

36 Horst-Eberhard Richter, Spiegel-Gespräch in: *Der Spiegel* 40/2006 vom 2.10.2006, S. 130 ff.

Weil wir in Abstiegsgefühlen leben, macht den Männern die Ungleichzeitigkeit zu schaffen, die ihre Krise mit der Aufstiegslust der Frauen parallel schaltet.

Von Frauen lernen? Das klingt ungewohnt. Männer haben ihre Erfolgs- und Misserfolgsgeschichte der letzten Jahrzehnte abgespeichert als eine Kette von Beweisen, dass ihnen weniger glückt, als sie dachten. Gleichzeitig erscheinen immer mehr Frauen auf der Seite der Gewinner. Sie sind neu im Spiel, und die gründlichsten Irrtümer haben sie als Zuschauerinnen erlebt – eine männliche Fehlerbilanz.

Abstieg als Gesamtszenario ist für Männer eine große Kränkung. Frauen können sagen: Ich war nicht dabei, ich fange jetzt erst an. Und ich will auf der Seite der *winner* sein. Aufgestiegen, tauchen sie in Führungsrollen auf und verlieren kein Wort mehr über männliche Fehlerbilanzen.

Frauen sind krisenresistenter als Männer. Ihr Pragmatismus schützt sie vor Analysen, die nach Schuldigen suchen. Nicht rückwärts bewerten, sondern vorwärts denken und handeln, das fällt Frauen leichter. Brauchen wir generell mehr Frauen, um von Abstieg auf Aufstieg umzuschalten ohne Lamento und Konflikte? Was machen die Frauen in der Politik, um die Brandherde von morgen, die heute schon leise qualmen, rechtzeitig zu löschen?

Bei den politischen Topfrauen sehen wir: Das süße Gift der Privilegien wirkt auch bei Frauen. Sie wollen oben bleiben und opfern Glaubensbekenntnisse, wenn's sein muss, tonnenweise für dieses Ziel. Von Abstieg auf Aufstieg umzuschalten, ist eine Aufgabe, die mehr erfordert als Karriere-Interesse.

Die Aufstiegswelle von Frauen in den hochentwickelten und in die Flaute geratenen Ländern, die männlich dominierte Entscheidungssysteme haben, erlaubt auch noch andere Folgerungen: Überlassen die Männer in der Krise ihres Selbstvertrauens mehr Frauen riskante Spitzenpositionen? Machen sie bereitwilliger als früher Platz, weil sie der Zweifel beschlichen hat, ob sie es wirklich am besten können?

Nicht aus Altruismus machen sie den Frauen Platz, sondern weil sie, die Männer, so ungern Verlierer sind. Lieber abwarten, bis die Bedingungen für Siege wieder besser werden.

Die Topmanagerinnen kommen ja nicht plötzlich aus dem

Ihr Auftritt zeichnet sich aus durch edle Plötzlichkeit:
Alphafrauen. Sie strahlen eine so coole Klarheit aus, dass man meinen möchte, ihr Training für diese Rollen habe Jahrhunderte gedauert.
Sie sind die Lösung einer Gleichung, die der Feminismus noch nicht kannte.

Plötzlich und endlich wird es zum umwerfenden Vorteil, was früher immer ein Nachteil war: ihre Seltenheit im Karrierespiel.

Die Rarität ›Frau‹ wird zum nicht kopierbaren Vorteil.
Wo Frauen in Toppositionen ankommen, schweigt die ideologische Debatte.

Busch, und die Zahl der weiblichen Spitzenkandidaten ist nicht plötzlich hochgeschnellt. Es gab diese Anwärterinnen auf höchste Verantwortung schon länger auf der zweiten, dritten Ebene, in Beratungsgesellschaften, in Rechtsanwaltskanzleien. Das Flutlicht der Topscheinwerfer erfasst sie erst, wenn sie die letzte Stufe genommen haben. Dass sie plötzlich so viele sind, muss auch damit zu tun haben, dass die Männer sich nicht mehr um die Top-Positionen reißen.

Zu viele Niederlagen, zu viele Korruptionsfälle, zu viele Finanzinvestoren, die den Spitzenmann wegrationalisieren? Zu viel Unsicherheit – oder genug Millionen gebaggert? Männer machen mehrheitlich nach dem Spitzenjob, was Frauen vorher, in der Warteschleife, getan haben: Sie beraten.

Männer beraten, Frauen machen die operativen Jobs: Das klingt fast nach einer Umkehrung der Rollen. Die ganze Wohlstandsphase hindurch war operatives Management männlich. Auch die Aufseher waren männlich. Frauen durften beraten – privat und professionell. In Zeiten der männlichen Ratlosigkeit machen Frauen die Männerarbeit. Und sie machen bereits mehr davon, als man auf den ersten und zweiten Blick sieht. Frauen in Toppositionen feiern ihren Aufstieg nämlich nicht unbedingt mit der Presse. Sie halten auch nicht öffentlich eine Heerschau ab, um von der Stärke ihrer Truppen auf ihre persönliche Bedeutung schließen zu lassen. Frauen sind in diesem Sinne Aufsteiger mit Vorteilen: Ihr Imponierbedürfnis ist weit geringer als das der Männer; sie brauchen fast gar keine Dominanzrituale; ihre Eitelkeit ist effizienter, sie führt zu ästhetischen Genüssen für ihre Umgebung und für sie selbst, während der eitle Mann immer ein lobendes Publikum braucht.

Frauen leiden nicht darunter, dass Abstiegsklima herrscht, während sie aufsteigen. Sie haben so lange in tieferen Geschossen der gesellschaftlichen Hierarchie gelebt, dass sie auch bei verhüllter Sonne gutgelaunt nach oben steigen können. Sind Frauen in diesem Sinne die Vorboten einer neuen Zeit mit besser balancierter Teilung der Verantwortung und der Macht, oder sind sie, wie so oft in der Geschichte, Krisenpersonal für die Schwächephase des Mannes?

Dieser Schwächeanfall der Männlichkeit geht tiefer, als die

meisten Menschen sehen. Schauen wir auf die Auftritte der Männer in den Zwischensphären, da wo man nicht nur Rollenträger im Business-Zirkus, sondern auch Zeitgeistbote ist.

Der Männertyp der global führenden Modelabels gibt ohne Worte umfassend Auskunft zur Neudefinition des ›erfolgreichen‹ Mannes im Sinne einer Oberschicht, die sich international über ihr Männlichkeitsideal verständigt. Die Männer von PRADA, Ermenegildo Zegna, Bottega Veneta und Hugo Boss lagern zwischen übergroßen, schlanken Frauen, die perfektes *business suit* tragen und über die Köpfe der lasziven Knaben hinweg in die überlegene weibliche Zukunft schauen. Die Gesichter der dekadenten Träumer zeigen ein androgynes Ideal mit Schmollmund und gestyltem Haar; die Hemden sind tief geöffnet wie die Blusen der Frauen, deren Haar naturbelassen locker herabfällt. Sie ist auf der Siegerstraße, er gibt sich zwischen Drinks und Parfums dem Grübeln über die schönste Gürtelschnalle oder die retrogroße Sonnenbrille hin: lieber James Dean als Investmentbanker, mag sein Traumstoff lauten. Die Erfolgreichen sind ja ganz wenige, warum soll man sich anstrengen; die Mädels tragen unsere Nadelstreifenanzüge, dann sollen sie auch unseren Job machen. Wir entdecken gerade unseren schönen Körper und erfahren, dass er glattrasiert am schönsten ist; wir Männer – so die unbestimmten inneren Bilder – haben uns immer überanstrengt, zugleich wurden wir verhöhnt und beneidet. Jetzt machen wir, was die Frauen früher gemacht haben: posieren, Wissen über Mode nachladen, Düfte vergleichen, Textilqualitäten unterscheiden, Uhrenmarken bewerten.

So sehen Aussteiger aus, nicht Aufsteiger. Immerhin durchgeistern diese müden und gleichgültigen Jünglinge die Magazine, und nicht nur die reichen Erben eifern ihnen nach.

Rücken die Männer entmutigt beiseite, wenn Frauen ernst machen mit ihrem Aufstieg? Oder kommt der neue Auftritt der Frauen, ihre triumphale Ankunft in den Männerdomänen gerade rechtzeitig, um den Schwächeanfall der Männer auszugleichen? Ist es eine geheime Absprache, die da läuft: Schöne Frau, bitte übernehmen Sie –?

Der Kampf ist jedenfalls zu Ende. Was auf den hinteren Plätzen noch an Scharmützeln abläuft, sind die Nachhutgefechte des angestaubten Feminismus. Ideologie läuft zwischen Männern und Frauen nicht mehr gut; alle Register sind durchprobiert, das langweilt nun. Ideologisch haben beide gemeinsam neue Spielfelder ihrer Leidenschaft: Die Klimakatastrophe führt gegnerische Lager von einst in neuer Empörungsbereitschaft zusammen.

Trends werden immer von wenigen begründet. Natürlich zieht weiterhin die Spitzengruppe von Kämpfern um den Erdball, schwerbewaffnet mit exquisitem Know-how, das gigantische Entlohnungen generiert. Auch diese Männer kennen die Weltmarken der Mode, auch sie tragen Zegna-Anzüge und Hermès-Krawatten, aber das Wissen um Brioni-Qualitäten und offene Ärmelknopflöcher, wie sie Kiton liefert, dominiert nicht ihren Habitus. Es läuft als subverbale Botschaft an die andern Kenner mit. Ihre Vorfahren trugen das Schwert eines Helden zu ihrer Rüstung; die moderne Kampfkleidung schützt eher vor proletarischen Übergriffen auf die *dress codes* der *highflyer*.

Einige unter den Aufsteigern im transnationalen Wettbewerb liefern an die Daheimgebliebenen aus einem Ethos, das erst entsteht, wenn die Entfernung von den Nächstbesten immer größer und die Einsamkeit spürbar wird. Da von Rufweite für versöhnliche Botschaften nun nicht mehr die Rede sein kann, sind nur noch massive Rückmeldungen so wirksam, wie es sich der einsame Rivale unter den andern Einsamen wünschen muss: Sie wenden das Blatt und bringen den Argwohn der Zuschauerschaft zum Schweigen. Bill Gates ist der unerreichte Meister dieser durchschlagenden Maßnahmen im Kampf um Anerkennung und Bewunderung trotz der unermeßlichen Entfernung der meisten Beschauer.

Aufsteigerethos hat oft diese Quelle: die Zuneigung der *community*, aus der man sich mittels Leistung weggesprengt hat, wiederzugewinnen. Kein Aufstieg stillt dieses Verlangen: geliebt zu werden. Wie Frauen die Entfernung vernichten werden, die der Erfolg zwischen sie und die andern legt, lässt sich noch nicht erkennen.

Ob die Neidkulturen lernen werden, neben den Einsätzen im ganz großen Stil, mit denen sich die entrückten Einzelsieger in die Gemeinschaft zurückkämpfen, auch den Beitrag der hochmotivierten, ideenreichen Ausnahmetalente schon auf der Strecke zu würdigen – wo die Ausnahmetalente ja Arbeitsplätze schaffen, ganze Branchen neu erfinden und den Wohlstand der

Selbstzweifel befallen die Männer.
Die Präsenz der Frauen ist ein großes Versprechen an sie: Leute, betretet den Boden, auf dem diese Frauen stehen. Holt Euch von ihrer Energie.
Lasst Eure eingesperrten Gefühle und Ideen von der Kette.

Von Frauen lernen? Das klingt in Spitzenpositionen ungewohnt.
Den Männern macht die Ungleichzeitigkeit zu schaffen: Während sie mit Abstiegsgefühlen leben, wächst die Aufstiegslust der Frauen.

Gesellschaft mehren –, bleibt so lange unentschieden, wie die Balancestörung anhält, die immer mehr Menschen vom Gesamterfolg ihrer Wirtschaftsräume ausschließt. Wer Ungerechtigkeit spürt, kann nicht großzügig sein.

Aber das Bild mit den weiblichen Durchstartern wird komplizierter, je genauer wir hinsehen. Gab es nicht in der gesamten Nachkriegszeit Aufstiegsprogramme? Aufstieg durch Bildung war das Erfolgsprinzip in Wirtschaftswunderland; heute reden wir davon, gestern war es Realität. Unzählige Kinder starteten durch in die nächsthöhere Schicht. Ihre Eltern sahen nicht nur staunend zu; sie waren Initiatoren dieses Programms. ›Die Kinder sollen es einmal besser haben‹ war das geflügelte Wort der Aufsteigergesellschaft. Es passte auf viel mehr Lebensentwürfe als heute, weil mehr Erwachsene Kinder hatten. Jeder stimmte zu, niemand kam auf die Idee, Erwachsenenkarrieren gegen Kinderaufstiege auszuspielen nach dem Motto: Mami kann keine Karriere machen, weil du bei ihr lebst; oder umgekehrt: Mami macht Karriere, Papi sowieso, und du, Kind, kannst nicht auch noch eine Kinderkarriere haben. Später kannst du dich selbst um deine kümmern. Der aktuelle Text, der damals niemandem einfiel, käme noch knapper daher: Deine Eltern haben Wahlfreiheit, da kannst du nicht auch noch Wahlfreiheit haben.

Massenhaft Aufstiege waren das Ergebnis der solidarischen Entscheidung für den Stellvertretererfolg der Kinder. Durchaus noch nicht das Idealmodell, aber in der traumatisierten Nachkriegsgesellschaft ein Entwurf, der Mehrheiten gewann.

Feminismus und antiautoritäre Revolution sind Ergebnisse des entfalteten Wohlstands. In der sogenannten DDR fand der Feminismus kaum Anhänger, weil weder Männer noch Frauen ein Motiv hatten, ihre Lage gegeneinander auszuspielen: »Der Druck kam von oben, und er traf uns alle«, sagt Freya Klier. Ein separates Frauenproblem zu entwickeln, erschien als Luxus.

Mit dem Feminismus, so lesen es seine Anhänger, kam der Aufstieg der Frauen. Dass er nur gegen die Männer erfolgreich sein könne, war die ideologisch reine Lehre, die über Jahrzehnte die Säle mit Frauen füllte, die ihre Betroffenenkompetenz erweitern wollten. Dass diese als Siegerqualifikation nicht ausreicht, wurde erst zu Beginn des neuen Jahrtausends deutlich.

Längst aber waren ideologieresistente junge Frauen unterwegs zu einem eigenen Aufsteigerleben. Sie haben keine Lust, sich als Spielverderberinnen feiern zu lassen; sie beginnen ihr eigenes Spiel und imponieren den Männern gleichen Alters, die mit diesem Aufbruch nicht gerechnet haben. Ältere Männer, die ihre Chefs werden, entlasten sie durch intelligente Kühle und Perfektion von der gefürchteten Verantwortung, Betreuer eines kaum durchschaubaren Geschöpfes zu werden, dessen erotische List sie fürchten, während die Aufmerksamkeit der Kollegen sich verdreifacht. Starke junge Frauen zerstreuen jede Beschützerangst; sie führen genau jene uralte Frauenrolle in die Wirtschaftswelt zurück, die Männer tief in ihrem Steinzeit-Hirn noch gespeichert haben und erleichtert wiedererkennen: Frauen führen mit pragmatischer Vernunft die Beziehung. Sie haben überhaupt keine Lust auf schillernde Rollen. Die Besten unter ihnen strahlen eine fast betörende Sachlichkeit aus, die den Mann schon deshalb in die Knie zwingt, weil sein Gegenüber so diszipliniert daherkommt, wie er es eigentlich für sich und seinesgleichen reserviert hatte.

In den männlich geprägten Systemen, zu denen die Frauen nun Zugang haben, ist alles auf Einzelkarrieren angelegt. Der Einzelkämpfer Mann lebt zwar im Rudel, aber er kann die Gesetze dieser seiner Welt auch ›draußen‹, zu Hause, geltend machen.

Er ist nicht verfügbar für Familienpflichten, so lautet der Urtext für Topkarrieristen immer noch. Kompromisse im Sinne der Debatten über gemischte Terrains für Männer und Frauen kommen bei den präsenzabhängigen Spitzenjobs überhaupt nicht in Betracht; sie werden verbal gequält bejaht, erscheinen aber praktisch nicht durchsetzbar.

Frauen sind der organisatorischen Herausforderung, mehrere Welten in ihrem Kopf gelten zu lassen und zu befrieden, besser gewachsen als Männer. Der Mann ist auf Konzentration angewiesen; er kann, wie die Kinder übrigens, immer nur eins, alles andere verbucht er als Ablenkung. *Multi task* und *multi view*, wie sie die Frauen beherrschen, überfordern jeden Mann. So hat die Aufsteigerin neben dem Aufsteiger einen natürlichen Vorteil. Die erstklassigen Frauen haben gar nicht erst versucht, dies in einen Vorwurf umzumünzen nach der alten Kulturgewohnheit: Ich muss immer mehr machen, weil ich mehr sehe, was getan werden muss. Im Mittelfeld laufen diese Streitereien aber immer noch. Sie verzögern oder verhindern weibliche Aufstiege.

Als handgreifliche Hindernisse auf dem Weg nach oben erscheinen Kinder ursprünglich nicht, weil Frauen das so sehen wollen, sondern weil die Männerwelt, in der sie jetzt mitspielen, es ohne Schaden für die Männer, um die sich alles drehte, so eingerichtet hatte. Für Aufsteigerinnen, die an den meisten anderen vorbeiziehen, gilt abgewandelt das, was bisher für Männer galt: Ihre Kinderwelt beschickten die Frauen mit ihrer Leistung. Die Kinderwelt der Highflyerinnen beschicken Bedienstete mit ihrer Zuarbeit. Denn das sind die wenig beachteten Fakten: In den obersten Etagen der *business community* gibt es erstaunlich viele Kinder.

Die Mütter sind Aufsteigerinnen, die auf keinen Fall ein Entweder-Oder gelten lassen wollen. Ihr überdurchschnittliches Antriebsniveau bringt eine Kompromisslosigkeit mit sich, die Verzicht bei den schönsten Gütern des Lebens einfach nicht zulässt.

Das Kind als Karrieregegner ist auch kein originäres Mittel- und Unterschichtthema, sondern ein Thema sozialpolitischen Geizes und verfassungspolitischen Versagens.

Die gegenwärtige Debatte legt die Panik offen, die sich inzwischen bei den Politikern breitmacht, und sie enthüllt endlich schonungslos die Motive, die zur flächendeckenden Verfehlung des Themas geführt haben und diese Verfehlung weiterführen.

Fatal ist die Mischung der Motive, die zu der Eilidee führt – von Panik diktiert –, man müsse zwei Fliegen mit einer Klappe schlagen: mehr Frauen in die Erwerbsarbeit bringen und zugleich mehr Kinder für die Zukunft produzieren. Beides verträgt sich immer noch schlecht, und beides ist auch nicht ohne weiteres logisch. Warum wollen wir Millionen Frauen auf Arbeitsplätze schicken, die nicht verfügbar sind? Und warum wollen wir an einer Personalvermehrung arbeiten, die viel zu spät kommt? Warum, und das ist die schwierigste Frage, nehmen wir unsere Kinderverweigerung so wenig ernst, dass wir so tun, als sei sie ein technischer Defekt, der sich leicht beheben ließe? Vielleicht irren wir? Verschossene Milliarden für einen Versuch, der ungefähr unter dem drittbesten zu plazieren wäre?

Aber das Zauberwort ist zur magischen Formel geworden: Krippen für die Kinder, Erwerbsarbeit für die Frauen. Das Ganze

Frauen leiden nicht darunter, dass Abstiegsklima herrscht.
Sie haben so lange in tieferen Geschossen der gesellschaftlichen Hierarchie gelebt, dass sie auch bei verhüllter Sonne gutgelaunt nach oben steigen können.
Sind sie, wieder einmal, Vorboten einer neuen Zeit, oder sind sie, wie so oft in der Geschichte, Krisenpersonal für die Schwächephase des Mannes?
Rücken die Männer entmutigt beiseite, wenn Frauen Ernst machen mit ihrem Aufstieg?
Oder ist es eine geheime Absprache, die da läuft:
›Schöne Frau, bitte übernehmen Sie‹?

soll ein Werbefeldzug sein, der Ungeborene anlockt und Mütter von ihnen weglockt. Klingt sonderbar, wenn man es so beschreibt. Ist auch kein besonders menschenfreundliches Programm, weil es nicht primär um Menschen geht, sondern um Geld. Um Sozialbeiträge, Steuern, Staatseinkünfte. Dafür der ganze Aufwand.

Verkauft wird das Ganze mit etwas anderen Argumenten; aber das haben Werbekampagnen so an sich.

So taucht natürlich der Lockruf auf, Frauen könnten jetzt so ungestört wie Männer Karriere machen. Wie viele von ihnen das wollen, weiß man nicht genau. Muss man auch nicht genau wissen, da es sich um ein Scheinargument handelt. Ein bisschen stören will man die Männerkarrieren schon, weil das zum guten Ton in den Auslaufkapiteln des Feminismus gehört. ›Vätermonate‹ lautet das Stichwort.

Während die Mütter der gedachten künftigen Kinder aufsteigen, ist der Raum für Optimalkarrieren von Kindern freilich enger geworden. Es können nicht alle auf einmal aufsteigen, Mütter mit Kindern im Arm zum Beispiel, das geht nicht.

Darum die Krippen-Idee. Der Retter nicht nur des Abendlandes, sondern der gesamten Menschheit hat schließlich auch in der Krippe angefangen. Abendländisches Erbe, neu verpackt. Der unwichtige Unterschied ist nur einer im Betreuungsmodus. Zwanzig Kinder in Windeln kann man natürlich nicht ganz so romantisch betreuen wie eins oder zwei. Im Dutzendpackage ist das immer noch schwierig, aber die Kleinen, so hört man, lernen in der Gruppe früh, sich nicht offensiv von den andern zu unterscheiden, jedenfalls geben sie es bald auf.

Was zum Hintergrund dieser Ideenwelt zu sagen ist, habe ich in meinem Buch *Jenseits der Gier* abgehandelt.[37]

›Aufstieg für alle‹ sieht anders aus. Als Leitfigur für eine Mehrgenerationen-Gesellschaft würde das Projekt ›Aufstieg für alle‹ mit den gleichen Milliardenbeträgen, die die Politik künftig in die Frustbefriedung der Wähler steckt, die Würde aller, auch der schutzbedürftigen und wehrlosen Kinder, stärken.

---

37 Gertrud Höhler, *Jenseits der Gier. Vom Luxus des Teilens*. Berlin 2005, S. 171–201.

Was als Aufstiegsmodell für Mütter propagiert wird, kommt aus der alten Welt des Entweder-Oder, Du-oder-Ich. Eltern und Kinder werden als Interessengruppen gesehen, deren Interessenlage gegensätzlich ist. Durchsetzen kann sich nur die Seite, die handlungsfähig ist und Macht ausüben kann. So kommt das ›Wahlfreiheits‹-Modell zustande, das nur für diese überlegene Gruppe gilt. Der Preis für dieses Verharren in klassenkämpferischen Denkmustern ist hoch, für beide Seiten. Nur werden die Sieger, die ihre Interessen durchgesetzt haben, es verspätet entdecken. Was jetzt als Vorteil erscheint – dass die Kinder nicht für ihre eigenen Interessen eintreten können –, wird gerade deshalb zu spät als Nachteil für alle erkannt, weil niemand die Interessen der Schwächeren jetzt wahrnimmt.

Schweden verabschiedet sich soeben, im Frühjahr 2007, von seinem Krippenkonzept, das Deutschland eben anfängt nachzuahmen. Die Vorkämpferin für die Revision der Sammelverwahrung ab dem ersten Lebensjahr ist eine Mutter von neun Kindern, Anna Wahlgren. »Schwedische Kinder«, sagt Wahlgren, »sind in den letzten zwanzig Jahren nicht sehr glücklich gewesen ... Ich sage jungen Eltern: Rettet wenigstens die ersten drei Jahre!«

Dass in Schweden mehr Kinder geboren werden als in Deutschland – 1,7 im Durchschnitt pro Frau gegen 1,3 in Deutschland –, beweise nicht die Kinderfreundlichkeit des skandinavischen Landes: »In Schweden ist es nur leichter, sein Kind loszuwerden«, sagt Wahlgren.[38]

Also liegen die deutschen Politiker mit ihrer Nachahmung richtig – solange es auf die Lebensqualität der Kinder nicht ankommt.

›Aufstieg für alle‹ kann die dynamischste Entwicklungsphase aber nicht einfach auslassen: die frühe Kindheit. Die Massenverwahrung kleiner Kinder wird vorerst ohne passend ausgebildetes Personal geplant. Nur in Ausnahmefällen ist sie dem Leben in der wie auch immer variierten ›Familie‹ mit Menschen überlegen, die dem Kind auch in ihren Gefühlen nahestehen.

Das Elternaufstiegsmodell der neuen Politik plant Kinder erst für ein späteres Politikziel ein: als Erwachsene. Dann dürfen sie

38 Vgl. *Frankfurter Allgemeine Zeitung* vom 17.10.2007, Politik.

aufsteigen, so die Idee. Dann werden sie nützlich – nicht als Objekte des gesteigerten Wohlgefallens, sondern des zu rettenden Wohlstandes.

Zwei Denkfehler begleiten dieses Modell: einmal die Illusion vom fortdauernden Wohlstand, und zweitens die leichtfertige Unterstellung, dass Kindheiten mit Liebesentzug besonders leistungsstarke Erwachsene hervorbringen.

Fehler Nummer drei könnte hinzukommen: Auch die Vision, mit Kindern ohne Kinder leben zu können, ist jedoch nicht so verführerisch, dass der erhoffte Geburtenschub einsetzt.

Wer für Aufstiegschancen von Kindern während der Kindheit votiert, wird mit dem Etikett ›konservativ, altmodisch‹ diskriminiert. Dazu muss man vor allem wissen: Kinder sind noch konservativer als ihre Eltern. *Homo sapiens* ist überhaupt in seinen Grundbedürfnissen sehr alt. Er beharrt auf steinzeitlichen Sehnsüchten nach Zuwendung und Geborgenheit. Nur wenn die erfüllt werden, sucht er gestärkt das Abenteuer.

Homo sapiens ist, wie die Evolutionsbiologen – nicht die Dichter und Träumer – melden, ›schicksalempfindlich‹ und störanfällig, vor allem in seinen ersten Lebensjahren.

Babys können nicht massenhaft auf die Straße gehen, um die entzogenen Streicheleinheiten einzuklagen. Totalitäre Staaten wissen, warum sie die kollektive Verwahrung kleiner Kinder erzwingen. Es geht um Gleichschaltung. Da wird niemand mehr ein *highflyer* – außer für die Partei. Pflegeleichte Bürger für einen allmächtigen Staat. Das ist das Ende aller Aufstiege und aller Aufstände, für Jahrzehnte, wie wir wissen.

Wer politisch wirklich den Aufstieg für alle, Junge und Erwachsene, fördern will, müsste freilich den Bürgern mehr Freiheit und mehr Vertrauen schenken.

Wer Bildung zum Aufstiegsziel erklärt, der kann nicht Orte für frühkindliches Leben planen, ohne eine hochkarätige Ausbildung für jene Betreuer, die dort die frühkindliche ›Bildung‹ fördern sollen. Wer entschlossen ist, die Bedeutung der individuellen Zuwendung durch liebende Erwachsene nicht mehr als geistig-psychisches Grundnahrungsmittel gelten zu lassen, der müsste wenigstens die Auffangstationen unter dem selbstgewählten Bildungsmotto unangreifbar machen.

Das Kind als Karrieregegner: ein Krankheitssymptom der Wohlstandsgeschichte.
Sozialpolitischer Geiz und verfassungsrechtliches Versagen schließen ein Bündnis zur Benachteiligung der Wehrlosen.

Die Politik macht Anleihen beim totalitären Staat:
Ungeborene anlocken und Mütter von ihnen weglocken, sobald sie geboren sind.
Während die Mütter aufsteigen, wird es für Kinder enger. Im Zwanzigerpack in nassen Windeln. Babys können nicht massenhaft auf die Straße gehen, um ihre steinzeitlichen Bedürfnisse einzuklagen. Totalitäre Staaten wissen, warum sie die kollektive Verwahrung kleiner Kinder erzwingen. Es geht um Gleichschaltung.
Pflegeleichte Bürger für einen allmächtigen Staat.

Ist vielleicht nur deshalb nicht von der Ausbildungsrevolution für Kleinkindbetreuer die Rede, weil man nicht weiß, ob die elternfreie Zone wirklich eröffnet werden kann?

Es gibt dramatische Verlierergeschichten, die von Kindern handeln. Wahre Geschichten, die jeden Tag neue Schrecken, neue Ängste, neue Verlassenheitserlebnisse liefern.

Die ›gefühlte‹ Dichte verwahrloster Kindheiten nimmt zu. Ob es in der Realität mehr verlorene und gequälte, verlassene und geschundene Kinder, unserer Sprache nicht mächtige kleine Mitbürger gibt, ist nicht entscheidend. Jedes Kind ohne Schutz, jedes Kind, das Gewalt erlebt, jedes Kind, das hilflos zurückbleibt, weil es schon im Kindergarten die Sprache der andern nicht versteht, jedes von diesen schutzbefohlenen Schutzlosen ist eines zuviel. Diese Kinder frühzeitig, schon am Anfang ihres Lebens zu finden, zu begleiten und wirksam zu schützen, ist kein Thema für Etatdebatten, sondern ein Verfassungsthema. Solange wir hier von Versäumnis zu Versäumnis hetzen, von Schwüren zur Besserung begleitet, wirkt der neu eröffnete Versorgungsmarkt für Mittelschichtkinder grotesk.

Wir haben eben keineswegs das Motto ›keines darf verlorengehen‹ für die Kinder in unserer Mitte, sondern ›keine darf verlorengehen‹ ist das Motto, unter dem erwachsene Arbeitskräfte dem Markt zugeliefert werden sollen – als Kinderproduzenten und als Sozialabgabenzahler.

Die Kinderproduzenten liefern für den Arbeitsmarkt der Zukunft, den sie heute, ihre Kinder morgen mit ihren Abgaben beschicken.

Viel Geld, in Jahrzehnten von den Interessengruppen erkämpft und von den Parteien wahlvorbereitend verteilt, läuft rund im großen Spiel um die Gunst der erwerbs- und gebärfähigen Bürger und Bürgerinnen. Das Kind taucht in diesem Roulette um die Zukunft in gegensätzlichen Rollen auf: als Wohlstandsfeind und als Zukunftsgarant.

Solange uns keine andern Leitmotive einfallen, unter denen wir Kinder würdigen, ist die Spontanentscheidung, ohne sie zu leben, auch im Sinne der Ungeborenen ein erstaunlich weiser Schritt.

Endlich gemeinsame Aufstiege: Wie mutige Frauen entmutigte Männer mitnehmen

Das männliche Gesicht der Macht verschwimmt. Seit die Frauen ihre zugewiesenen Plätze als Begleitgestirn verlassen haben, schwankt auch die Selbstwahrnehmung des Mannes. Gibt es einen eindrucksvolleren Beweis für die Macht der Frauen als diesen: Nachdem Eva sich nicht mehr an seine Schulter lehnt, verliert Adam den Boden unter den Füßen.

Wir erleben einen spektakulären Gewinner-Verlierer-Rollenmix, wo eben noch ein homogener Trupp männlicher Rivalen unterwegs war. Nun müssen wir zweimal hinschauen: Mann oder Frau? Frau oder Mann? Nadelstreifen, Rolex-Uhr, ausgreifender Schritt – nur der Kopf mit wallender Haarpracht stellt richtig: Frau. Frau im Männer-Habitus. Seit die nicht mehr allein unterwegs sind auf der Siegerstraße, wird der Männer-Habitus ein wenig verbindlicher; nicht mehr lauter Riesenhirsche, sondern Frauenversteher klettern im gemischten Wettbewerb. Man kann ja nie wissen, ob nicht eine von den *toughen* Ladies übermorgen Deine Chefin ist! Nach den jahrzehntelangen Debatten um ihre *winner*-Manieren und die *loser*-Diktate an Frauen sind viele junge Männer friedfertiger gestimmt als ihre Vorgänger.

Das Weibliche ist wie ein Bazillus; die gesamte Aufsteigerszene wird weiblicher, wo Frauen mitspielen. Die Männer fühlen sich nicht besonders gut, wenn sie mit Frauen wetteifern sollen.

Nun müssen sie fairer sein als mit ihresgleichen, das ist demütigend. Zugleich wandern die Fragen nach innen: Ist das brutale Verzichtsmodell der männlichen Karriere nicht ein kapitaler Irrtum? Während die eleganten Wettbewerberinnen, unverbraucht und erfolgsfroh, mit einem Exoten-Bonus auf guten und besten Plätzen landen, hat er schon wieder alle Hobbys seiner Studentenzeit auf dem Altar des Traums vom Topmanagement geopfert. Sie, die Mitbewerberin, spielt immer noch Tennis, sie hat keinen beginnenden Bierbauch, bewegt sich wie eine Gazelle zwischen Bullen. Sie lebt immer noch auf einer breiteren Skala und schafft es trotzdem. Sie hat hundert Gedanken im Kopf, die nichts mit Business zu tun haben, lauter Verrücktheiten, die er längst verscheucht hat. Und sie packt viel mehr heterogene Takes in so einen Tag, während er nur eins macht: seinen Job. Wie macht sie das?

Die wirtschaftsferne Zuschauerin wird zum Top-Profi. Bedrohungsgefühle melden sich bei ihren männlichen Kollegen. Sie spüren, worum es geht: um die Innovation ihres Job-Verständnisses. Fokussierung wird zum Handicap, wo Frauen mitspielen. Ihnen fällt zuviel ein, was die Männer an die Ränder und aus dem Bild schieben möchten, weil sie die Vereinfachung brauchen, um Erfolgsmodelle zu zeichnen. Frauen liefern Komplexität nach, die in der Wirklichkeit draußen wie ein Feind lauert, der die Sandkastenspiele der Strategen zerstört.

Die Aufsteigerinnen liefern längst fällige Korrekturen für die siegorientierten Weltbilder der Männer. Dass Frauen auf diese Weise siegen helfen, ist erst in wenigen Firmen bekannt und akzeptiert.

Das geheime Thema dieser Jahre ist nicht die kriegerische Machtergreifung der Frauen, sondern der tiefe Selbstzweifel der Männer. Als Topthema bleibt er schon deshalb geheim, weil Männer Sieger sind: Es gibt keine Frau in den Topetagen, die das nicht seit Jahren verstanden hätte. Sonst wäre sie nie hier angekommen.

Wegen der Sieger-Eigenschaft der Männer wird das Thema ›große Verunsicherung‹ *undercover* bearbeitet. Das dauert ein bisschen länger, schützt aber die Beteiligten und lässt den geschmeidigen Wechsel auf neue Positionen zu, Tarnkappen-Innovation sozusagen.

Der Selbstzweifel der Männer wird nicht hauptsächlich von den Frauen ausgelöst; er drängt auf Erledigung, seit die Frauen dabeisind, nicht mehr nur ›draußen‹.

Die männlichen Aufsteiger, das ist die hoffnungsvolle Nachricht, haben mit einer Revision ihres Rollenbildes begonnen. Im-

Seit die Frauen ihre zugewiesenen Plätze als Begleitgestirn des Mannes verlassen haben, schwankt auch die Selbstwahrnehmung des Mannes.
Nachdem Eva sich nicht mehr an seine Schulter lehnt, verliert Adam den Boden unter den Füßen.

Das geheime Thema dieser Jahre ist nicht die kriegerische Machtergreifung der Frauen, sondern der tiefe Selbstzweifel der Männer.
Der Auftritt der Frauen gibt den Raum frei für die Revision der gnadenlosen Weltbilder von Männern.
Was da abläuft, öffnet dem neuen Ethos für Aufsteiger die Türen.

mer mehr von ihnen wollen dem Druck entkommen, stark und wortkarg *power* abzustrahlen. Sie wehren sich gegen die simplifizierenden Bilder von Männlichkeit; sie wollen den Käfig sprengen, und am häufigsten möchten sie das in Richtung Weiblichkeit. Immer heftiger werden die Reaktionen sensibler Männer gegen die weibliche Gewohnheit, für sich, für die Frauen, alles zu reklamieren, was ›zwischen den Zeilen steht‹, die Mischprodukte aus Denken und Fühlen, die intuitiven Entscheidungen, ja auch den Schmerz, der sich nicht als Wut tarnt, die Anteilnahme, die Zuwendung.

Diese Auseinandersetzung spielt unter Aufsteigern, nicht unter Verlierern. Die Anreicherung des männlichen Spektrums findet also nicht in irgendwelchen Ghettos von Randgruppen statt, sondern unter den Führungspersonen von morgen.

Deren Vorläufer, klassisch trainiert, lächeln spöttisch: Wartet nur, was Ihr oben alles vergessen werdet! – Aber ihr Lächeln wirkt auch müde; der Zweifel ist auch bei ihnen angekommen.

Der Aufbruch der Frauen ist es, der den Männern den Halt geraubt hat. Merkwürdig genug, da es doch immer so aussah, als suchten die Frauen Halt bei den Männern. Eigentlich konnten wir wissen, dass auch der Schutzsuchende, der sich an unsere Schulter lehnt, einen Krafttransfer in Gang setzt, in beiden Richtungen. Kulturinnovationen werden immer von Nischenbewohnern initiiert. Die Frau war jahrhundertelang ein Nischenbewohner, sie wartete im Versteck. Jetzt gibt sie Raum frei für die Revision der gnadenlosen Weltbilder von Männern, in denen auch diesen keine Gnade widerfuhr.

Was da abläuft, das öffnet dem neuen Ethos für Aufsteiger die Türen.

Beim neu gemischten Selbstbild von Männern spielen die Wünsche von Frauen eine geheime und überraschende Rolle: Frauen lieben ›gemischte Männergesichter‹,[39] genau jene also, die bei PRADA und BOSS und Zegna erscheinen. Einzig Davidoff zeigt ihn noch, den ›männlichen Mann‹, unrasiert, mit schmalen

39 Ian Penton-Voak und David Perrett von der St. Andrews-Universität in Schottland haben das nachgewiesen.

Die neue Konkurrenz von Männern und Frauen ist komplizierter und profitabler zugleich, weil die besten Frauen komplexfrei unterwegs sind.

In dieser neuen Nähe von Männern und Frauen entwickelt sich ein gemischtes Aufsteigerethos, das den Männern Eintritt in weibliches Gelände und den Frauen eine Kombination ihrer Vorteile mit männlichen Erfolgsstrategien schenkt.
Beide profitieren dabei mehr, als die ideologisch beherrschte Kampfzeit des Feminismus ahnen ließ.

Späher-Augen, in denen nichts glänzt; gleich wird er das eigene Flugzeug besteigen, dessen Propeller hinter ihm surrt. Aber auch er gehört zur gemischten neuen Spezies Mann: Das Produkt ist ein Duftwasser namens ›SILVER SHADOW‹. Silver shadow war ein Rolls-Royce, könnte aber auch ein Lidschatten für Frauen heißen. Das Vorgängerprodukt hieß ›cool water‹ – immerhin.

Der neue Mann ist auch unter Aufsteigern schon häufig anzutreffen. Er ist ein gemeinschaftlicher Entwurf aus männlichen und weiblichen Ideen, wie man heute als Mann auftreten sollte: Seine Unsicherheit und ihr neues Selbstbewusstsein gehen eine produktive Liaison ein. Er möchte in das weibliche Terrain nachrücken, wenigstens einen Fuß hineinsetzen, weil man dort offenbar kompletter existiert, auf einer breiteren Skala. Dass Karrieren sich damit vertragen, beweisen die Frauen soeben. Vielleicht hat er doch auf zu vieles verzichtet. Und er muss etwas dafür tun, dass sie ihn wieder braucht, wie früher. Das geht offenkundig nur, indem er ihr, nicht mehr sie ihm entgegenkommt.

Was wir da heute erleben, hat sich über mindestens zwanzig Jahre entwickelt. 1985 wurde das Jahr der Zärtlichkeit ausgerufen, und es meinte vor allem den Mann. Die Entmutigung der Männer in ihrem Übersoll aus *winner*-Rollen und Härte gegen sich selbst schlich heran aus den unruhigen Jugendgenerationen der siegreichen, wohlstandssatten achtziger Jahre.

›Am Fluss liegen und die Wolken ziehen sehen‹ wurde ein legitimer Traum, den die zornigen Jungen vorgeträumt hatten, auch aufstiegsverdächtig und erfolgsverpflichtet. Aber sie stellten neue Bedingungen. Der Unterstrom von Phantasien und Visionen, die schmal geschnittene Männerrolle wieder anzureichern mit allem, was die Frauen ganz selbstverständlich haben, kommt heute wie ein frisches Wildwasser an die Oberfläche. Jetzt können Männer sich auch im Aufsteigertrupp mit Frauen unterhalten, wieviel man opfern darf, was man behalten muss und wie man ›*multitask*-tauglich‹ wird, während die Chefs weiter Schmalspur fahren.

In dieser Annäherung von Männern und Frauen entwickelt sich ein gemischtes Aufsteigerethos, das den Männern Eintritt in weibliches Gelände und den Frauen eine Kombination ihrer Vorteile mit männlichen Erfolgsstrategien schenkt. Beide profitieren dabei mehr, als die ideologisch beherrschte Kampfzeit des Feminismus ahnen ließ.

Die neue Konkurrenz zwischen Männern und Frauen ist komplizierter und profitabler zugleich, weil die besten Frauen, mit denen die männlichen Aufsteiger jetzt zusammentreffen, komplexfrei unterwegs sind. Sie kennen überhaupt keine polemischen, defensiven Sprüche mehr über Männer; oder sie sind zu klug, sie zu speichern. Frauen mit guten Manieren sind *leading people* für gute Manieren – ein uralter Fund aus der Kulturgeschichte wird wieder aktuell. Männliches Wettbewerbsverhalten wird subkutan kontrolliert von den neuen Frauen, die das Rudel komplettieren.

Unauffällig verändert sich der Verhaltenskodex unter Aufsteigern, weil die Zahl der Frauen zunimmt. Das Aufstiegsethos ist damit nicht eine Schreibtischtat, sondern ein Kommunikationsprodukt. Wo männliche und weibliche Anwärter auf Spitzenplätze voneinander profitieren, verdrängt sportliche Fairness das Ressentiment, mit dem beide sich früher an der Achtung vor dem anderen vorbeigemogelt haben. Die weiblichen Aufsteiger kennen ihre Macht. Sie sind die Kundschafterinnen in einer gerechteren Welt der gegenseitigen Hochschätzung. Ihre Macht offensiv einzusetzen, um die Männer in die Knie zu zwingen, fällt ihnen schon deshalb nicht ein, weil sie die männlichen Mitspieler für gemeinsame Siege brauchen. Macht, das erkennen Frauen schneller als Männer, ist ein zerbrechliches Privileg. Keine mächtige Frau sieht einen Vorteil darin, die Krise der Männlichkeit zu verschärfen.

So profitieren Männer, die nicht mehr mit lebenspraktischer Ignoranz für ihren Platz unter den Siegern bezahlen wollen, von der Präsenz der Frauen, die gar nicht auf die Idee kommen, diesen Preis zu zahlen.

›Was die Gewinner den Verlierern schulden‹, steht im Untertitel dieses Buches. Das erste Kapitel der gemeinsamen Geschichte von Männern und Frauen im neuen Jahrhundert zeigt, wie unerwartet Gewinner mit Verlierern die Plätze tauschen können. In der gesamten Industriegeschichte wurde der Mann als Gewinner wahrgenommen. Er selbst sah das genauso. Alle Erfolgssysteme trugen seine Handschrift und waren auf ihn zugeschnitten. Sein Vergnügen und seine Verzichtsbereitschaft entwickelten den Maschinenrhythmus zum Taktgeber für alle Lebensfunktionen. Was sich diesem Taktgeber nicht fügte, musste draußen bleiben – Mütter und ihre Kinder zum Beispiel. Der erfolgsorientierte Vereinfacher Mann schloss damit aber auch sich selbst aus den Lebenszusammenhängen ›draußen‹ aus – lange Zeit ohne zu begreifen, dass dieses ›Draußen‹ eigentlich das ›Drinnen‹ im Leben ist, wo Liebe und Geborgenheit die Kräfte für draußen regenerieren.

Frauen erschienen über viele Jahrzehnte als die geborenen Verlierer in diesem Szenario. Lange ahnten sie nicht einmal, wie naiv die Machtergreifung der Männer verlief: ein Spiel mit neuen Bausteinen, das ihr Ego Schlag auf Schlag mit Erfolgsglück belohnte.

Der ideologische Racheakt der Frauen im Feminismus beruhte auf einem Missverständnis; die Männer waren gefesselt von ihrem Technikrausch und unfähig, wie Kinder auf dem Jahrmarkt, andere Stimmen überhaupt noch wahrzunehmen.

Die große Keule der Frauen, das Feindbild Mann, trug daher eher zur Verblüffung als zur Aufklärung der Männer bei. Dass sie die halbe Welt über ihrem faszinierenden Spiel vergessen hatten, empörte die Frauen moralisch; die Männer selbst fanden und finden es höchst verzeihlich.

So verging viel Zeit, bis die nachsichtige und überlegene Frau von heute als Siegerin die Szene betreten konnte. Sie interessiert sich nicht für die Siege von gestern und auch nicht für Rachegelüste letzter versprengter Feministinnen. Sie will arbeiten, sie will Erfolg haben – und sie will leben. Und sie ist dabei, vor allem das Letztere den Siegern von gestern beizubringen.

Lange Zeit war sie die Verliererin, und endlich wendet sich das Blatt: Die Frau bemerkt mit Vergnügen, wieviel von ihrem ureigenen Gelände die Männer nun mit Neugier inspizieren: Wie kann man Business und Zuhause, Büro und Kinder immerfort zugleich im Kopf haben? Das haben die meisten Männer schon lange angestrebt. Jetzt lernen sie es. Und weiter: Wie wird man so geduldig in chaotischen Lagen, dass man nicht mit Kurzschluss-Entscheidungen reagiert? Wie wird man toleranter gegenüber unbändigen Talenten unter den Mitarbeitern? Wie kann

Das erste Kapitel der gemeinsamen Geschichte von Männern und Frauen im neuen Jahrhundert zeigt, wie unerwartet Gewinner mit Verlierern die Plätze tauschen können. In der ganzen Industriegeschichte wurde der Mann als Gewinner wahrgenommen. Er selbst sah das genauso.
Alle Erfolgssysteme trugen seine Handschrift und waren auf ihn zugeschnitten.
So verging viel Zeit, bis die nachsichtige und überlegene Frau von heute als Siegerin die Bühne betreten konnte. Sie interessiert sich nicht für die Siege von gestern und auch nicht für die Rachegelüste versprengter Feministinnen.

man seine Sinne schärfen, um aufmerksamer in die Gesichter der Leute zu schauen? Wie kommuniziert man nicht nur strategisch überlegen, sondern auch erfolgreich? Wo gibt es das rare Produkt ›Empathie‹ zu kaufen? Wie oft lässt man künftig den Satz an sich heran, dass wir nicht ewig leben? Und wie lernen wir, diesen Satz mit seinem Zwilling zu verbinden: dass wir jeden Tag unsere Sache so gut machen müssen, als lebten wir ewig.

So steht es im neuen Ethos für Aufsteiger. Seit Männer und Frauen die Chance haben, miteinander aufzusteigen statt gegeneinander, wird jene Energie produktiv, die vorher in Feindbilder investiert wurde.

VI RETTUNG FÜR NEGATIVE HELDEN

erkennbare Positionsmeldungen. Ziele zeigen, Wege markieren und umfassend informieren, auch das stärkt die Reputation, den Ruf.

Unterschätzen die Führungskräfte in der globalen Deutschland AG die Gefahr, die für ihre Verweildauer in der luftigen Höhe entsteht, wenn sie sich auf den großen Abstand verlassen, der die Verlierer von den Gewinnern trennt?

Wenn Mitarbeiter dann konkret zu Verlierern werden, weil die Führung mit guten, aber verzögert kommunizierten Gründen die Strukturen der Firma verändert, dann ist es entscheidend, ob in guten Tagen eine hohe Glaubwürdigkeit von der Führung erarbeitet wurde.

Wer auf die eigene Machtvollkommenheit aus guten Tagen setzt, kann von einer Stunde zur andern das scharfe Schwert der Kommunikationsmacht in den Händen der gestern noch Ohnmächtigen blitzen sehen. Dann ist auch all das gefährdet, was in den Jahren zuvor erreicht wurde. Der Fehler, die eigene Verlässlichkeit nicht deutlich unter Beweis gestellt zu haben, schwemmt dann auch die guten Managementleistungen über Bord. In der Krise schlägt die Stunde der Ohnmächtigen. Auch wenn die Führung über sie hinweggeht: Der Schaden für die Reputation von Führung wuchert. Er erfasst auch andere Unternehmen, die Verallgemeinerung beginnt, weil es die Solidarität der Verlierer gibt. Auf die Dauer entsteht so ein Schaden für die Leistungshaltungen einer Gesellschaft, der nicht durch die Solidarität der Gewinner ausgeglichen werden kann.

Es gehört zu den Lieferpflichten der Chefs, den Abstand zu vermindern, der sie von den andern unterhalb der Chef-Ebene trennt. Wer den Abstand als Siegermerkmal verbucht, lebt gefährlich: Zu wenig Nachrichten von der Führung provozieren viele Legenden über die Führung. Dass der Stoff dieser Legenden überwiegend negative Heldenbilder liefert, will manchem *Newcomer* im Spitzenteam gar nicht in den Kopf: Er glüht vor Gestaltungsdrang, ist durchdrungen von seiner hohen Kompetenz, und er hat ein äußerst positives Verhältnis zu sich selbst – sonst wäre er nicht hier oben angekommen. Dass die Zuschauer ihm fast automatisch misstrauen, wenn die Nachrichtendichte zu wünschen übriglässt, muss er regelrecht lernen. Mit genügend

Empathie hätte er das freilich schon unterwegs begreifen müssen: Wer zurückbleibt, bedarf der Zuwendung; wer vorbeizieht, handelt Lieferpflichten ein.

Wer aufsteigt, sollte regelmäßig zurückblicken, um nicht zu vergessen, wie man sich weiter unten fühlt. Und wer oben angekommen ist, kann sich nicht mit dem Misstrauen der Presse entschuldigen, wenn er ausweicht. Nur der Stärkere kann Ressentiments abbauen. Viele Manager meinen, die Presse sei stärker, weil sie im Handstreich Mehrheiten gegen die Berufsgruppe der Manager einnehmen kann. »Attacken auf einen von uns reichen; schon stehen wir wieder alle am Pranger«, sagt ein Topmanager resigniert. Zusammenhänge erklären? Proaktiv, prophylaktisch Gespräche führen, um im Problemfall vertrauensvolle Zuhörer zu haben? »Dann wird uns ›Kumpanei mit Journalisten‹ vorgeworfen«, sagt ein anderer.

»Der Wind wird eisiger«, konstatiert Helmut Maucher, vormals Nestlé-Chef mit erstklassigem Ruf.[40]

Die Netzwerke bieten so etwas wie Schutz; sie entschädigen für Anfeindungen, obwohl der unterschwellige Machtkampf unter nur scheinbar Gleichen hier weitergeht: Ruhe ist nirgends, nur die Quellen der Unruhe wechseln. Beim Aufstieg kam der Druck von oben: Rivalen auf den besten Plätzen mussten erst noch kapitulieren. Kaum ist man oben, kommt der Druck von unten und von allen Seiten. Eigentlich wusste man das; am Druck gegen die da oben hat man ja vorher selbst mitgewirkt. Jetzt ist die Zeit der Gipfelkonkurrenzen.

Und dieses Pensum liefert genug Gründe, um *leadership* für Jüngere, Bessere, Schnellere, um soziale Verantwortung für Ohnmächtige und Verlierer erst einmal aufzuschieben. Die Hauptaufgaben aufschieben: Das ist das einmütige Konzept vieler Führungskräfte, die sich von der Selbstverteidigung so okkupiert sehen, dass sie nichts und niemanden außen oder unten mehr wahrnehmen. Machterhalt heißt das Programm. Aber so haben wir nicht gewettet. Vorzugsplätze sind teuer, Qualifikationsprozesse werden von der Gesellschaft gesponsert, in der einer lebt

---

40 *Die Welt*, 9. 3. 2007, S. 16.

und Erfolg hat. Die Rückmeldung ist fester Bestandteil der Wette: Kommst Du nach oben, so bist Du dort auch für uns, für alle, die unten die Normalität in Gang halten, damit Höhenflüge überhaupt möglich sind.

Alltagskomfort und Gipfelstürme sind immer auch eine Gemeinschaftsleistung, die den Sieger verpflichtet. Er bleibt sozialpflichtig mit dem, was er kann und was er mit seinem Können ins Werk setzt. Schlechte Noten bekommen Manager vor allem dann, wenn die Beobachter nicht mehr erkennen können, dass die zu Helden mutierten ehemaligen ›Mitmenschen‹ sich nicht mehr erinnern. Sobald ich mich erinnere, fällt mir ein, was ich den andern schulde. Wer sich davon abkoppelt, wird mit Vertrauensentzug bestraft. So einfach sind die Regeln. Sie gelten überall, wo Menschen leben.

Die Chronisten der Helden in der *business community* pflegen den Mythos, der vom unbewältigten Abstand lebt. Ihre Texte spiegeln den Zwiespalt: ›bewundern oder verachten?‹ lautet die Alternative, die von Artikel zu Artikel, von Absatz zu Absatz, ja von Satz zu Satz oszillierend unentschieden mitflattert.

Wer journalistisch berichtet und kommentiert, weiß sich einem mächtigen Trend verpflichtet, der kritische Distanz zur Pflicht macht. Die Lesermehrheit, so meinen die Schreiber, wünscht eher Entlarvung als Anerkennung, wenn es um die da oben geht. Wer wohlwollend kommentiert, paktiert vielleicht mit dem Objekt des Kommentars? Vielleicht ist sogar Bestechung im Spiel? Die Leitmotive der Wirtschaftskrimis dieser Jahre verschonen natürlich auch die Enthüller nicht.

Das Schwanken zwischen Bewunderung und Dämonisierung macht die meisten ›Hintergrundberichte‹ über das Topmanagement zu einer schwierigen Lektüre. Deutlicher als die Texte spiegeln oft die Bilder die Spaltung des Beobachters angesichts einer Spezialwirklichkeit wider, die der Lebensraum ›der anderen‹ ist. Da werden leere Sitzungszimmer fotografiert, Bleistift und weißes Papier an jedem Platz, aber die Menschen fehlen. Das Bild bedient Voyeursgelüste nur unvollkommen, es transportiert auch keine Information über das Leben der Unnahbaren. Das Bild setzt auf die mitlaufenden Vorurteile: verbotenes Terrain, nur leer zu besichtigen. Wenn hier die Leitwölfe auftauchen, sind bereits die Treppenhäuser und Aufzugschächte für Normalsterbliche gesperrt. Das Foto könnte ebensogut einen Seminarraum der Firma X oder Y zeigen; die Dämonisierung lebt von Unterstellungen, die freilich nur ›von oben‹ zu entkräften wären.

Andere Fotos in den zwiespältigen Texten zeigen Flugnummern und Flugziele auf Anzeigetafeln, wie sie in jedem Airport hängen. Jeder kennt sie, jeder liest die Fernziele, und Millionen Deutsche fliegen zu diesen Zielen – genau wie die Manager.

Nein, eben nicht, sagt der Berichterstatter. Der Manager fliegt First Class, wo nur seinesgleichen sitzen, er entert mit dem Flugzeug sein Netzwerk – Bekannte überall –, und er kommt schon morgen zurück. Er ordert die Quick-Version des Dinners und schläft strategisch ein paar Stunden, um am Zielort gleich in die Konferenz gefahren zu werden. Nichts Spektakuläres, nur Effizienz, die ihre unheimlichen Züge erst im Auge des Beschauers erhält. Beschreibt er hier Vorteile oder Nachteile? Einsätze für die Allgemeinheit oder Egotrips? Meist schwankt der Kommentator. Hauptquelle seiner nicht einzuschläfernden Ressentiments sind die auskunftslosen Zonen, die Schweigerituale, mit denen sich die meisten Topmanager von ihren Beobachtern abgrenzen. Auch das, sagen viele Höchstleister, hat mit Effizienz zu tun. Der strategische Tiefschlaf beim Transatlantikflug lässt kein Journalistengespräch zu. Und natürlich glaubt das potentielle ›Opfer‹ diese Fragesteller immer auf der Lauer, jedenfalls eher im feindlichen Lager als wohlgesonnen. Nur wenige Topmanager sehen ihr größtes Talent in der Kommunikation über ihr Tun.

Unbefangenheit kommt deshalb nicht auf. Sie wäre für die Dämonisierungs-Experten der Super-GAU – und auf den zweiten Blick viel ergiebiger als die Legendenjagd: Der unbefangene Manager erzählt plötzlich aus seiner Kindheit – wie Josef Ackermann nach dem Ende des Mannesmann-Prozesses in einer Begegnung mit dem Erfinder von ›Wetten dass?‹, Frank Elstner. Der dämonisierte Manager befreit sich vom Image des negativen Helden und vernichtet die Tabuzonen, in denen die Legendenerzähler sich jahrelang getummelt haben. Ein Erlöster kehrt in die Normalität zurück.

Beispiele von dieser Qualität sind selten, aber sie beweisen: Nur der Gipfelstürmer selbst kann die Befangenheit seiner Be-

Öffentlich sichtbare Entgleisungen von Topmanagern fördern den Trend, Aufsteiger der Wirtschaft als negative Helden zu diskutieren. Wer in die oberen Etagen der Macht vorstößt, gehört zu einer Spezies, die Verdacht auslöst.
Auf das Bild der Leistungsstarken fällt ein Schatten, der aus Vorbildern Feindbilder macht.
›Aufstieg für alle‹ kann kein Motto für eine Kulturgemeinschaft sein, wenn die Aufgestiegenen keine Hochschätzung mehr genießen – oder schlimmer: sie nicht mehr verdienen.

Aufsteiger müssen wissen: Aufstieg verpflichtet. Wer sich nicht mehr umschaut auf dem Weg nach oben, erfährt bald die Macht der Zurückgebliebenen.

obachter durchschlagen, indem er seine eigene Befangenheit aufbricht.

Das Ressentiment der Kommentatoren und Zuschauer wird von Managern immer wieder zum Anlass genommen, sich die Bemühung um das Vertrauen aller, die sie nur aus großer Entfernung wahrnehmen, zu ersparen. Was unter Schulkindern noch zulässig sein mag – die Trotzreaktion: ›Die mögen mich nicht, also bemühe ich mich auch nicht um ihre Zustimmung‹ – ist auf den besten Plätzen, die die Gesellschaft zu vergeben hat, absolut unzulässig.

Sich mit dem Image des negativen Helden einzurichten, ist auch dann keine Heldentat, wenn es gesprächsweise so dargestellt wird. Es geht nicht um den Verzicht auf Beifall, sondern um das tägliche Pensum an überzeugenden Argumenten für die Mitarbeiter, an glaubwürdigen Auskünften für die Öffentlichkeit und an zielführenden Entscheidungen für das Unternehmen. Politiker haben keine andere, sondern die entsprechende Agenda. Sie sind den Aufgaben verpflichtet, die der Verbesserung des Lebens im Gemeinwesen dienen; sie haben Rechenschaft über Gelingen und Scheitern abzulegen, und ihre Glaubwürdigkeit zerfällt, wenn sie ihre Versprechen nicht halten.

Es gibt viele Entschuldigungen für das Versäumnis, das Gelingen eines Aufstiegs mit einem ethischen Generalgebot zu verbinden. Die ›wilde Globalisierung‹ wird gern angeführt, aber globales Wachstum von Unternehmen, hohe Komplexität, ins Unvermessliche wachsende Abstände zwischen den Managern mit der höchsten Verantwortung und den Tausenden von Mitarbeitern mit Teilverantwortungen gibt es seit Jahrzehnten, und Konzerne wie Siemens haben allein in China schon eine mehr als hundertjährige Geschichte.

Dass Spitzenmanager als Kaste der Geringschätzung und Verdächtigung, ja einem Generalverdacht ausgesetzt sind, spiegelt auch ein Anpassungsproblem wider: Beide Seiten – die Gewinner wie die Verlierer – kämpfen mit alten Begriffen von personaler Macht gegen die globalisierten, ›ortlosen‹ Machtgebilde, die zu steuern eigentlich kein Manager mehr von sich behaupten kann. Die machtlosen Bürger brauchen aber Einzelfiguren, um Verantwortung irgendwo einklagen zu können. Sie brauchen die

Personifizierung von Macht auch, um ihre Angst vor anonymen Prozessen zu bändigen, denen sie wehrlos ausgeliefert sind. Beide Seiten geben sich überrascht von dem Verlust der gewohnten Kategorien der Machtzuschreibung. »Die Wildheit der Globalisierung«, sagt der Philosoph Byung-Chul Han, »rührt daher, dass sie nicht genug global, nicht *weltvermittelt* ist, dass sie dadurch stark asymmetrische Strukturen, ungerechte Verteilung von Chancen und Ressourcen hervorbringt, dass sie von keiner übergreifenden Macht- und Vermittlungsinstanz umspannt ist (...) Die Globalisierung hat also einen *dialektischen Bildungsprozess* zu durchlaufen.« Und Han kommt zur Frage nach der Führungsaufgabe der Manager: »Hegel würde sagen, dass die Globalisierung noch *ohne Begriff* ist. Begriff bedeutet Vermittlung. In diesem Zusammenhang kann *auch* die transnationale Struktur der weltweit agierenden Wirtschaftsunternehmen diesen Vermittlungsprozess vorantreiben.«[41]

Der Diskurs über die Ursachen der dramatischen Verständigungskrise zwischen Oben und Unten, Gewinnern und Verlierern, Mächtigen und Ohnmächtigen findet bei uns nicht statt. In der Pflicht sind, wie stets, die Gewinner. Wer die Fluktuationsströme in und aus der deutschen Gesellschaft beobachtet, der weiß obendrein: Die *winner* gehen, die *loser* kommen. Die ›gefühlte Ungerechtigkeit‹ entspricht also mehr und mehr einer realen Balancestörung zwischen der Zahl derer, die sich im Wildwasser des Wandels bemühen müssten, das Kanu zu steuern, und jenen, die sich frühzeitig als Verlierer im Globalisierungsprozess definiert haben oder in die Verlierergruppe gestoßen wurden und sich keine konstruktive Mitwirkung mehr vorstellen können.

Der Vertrauensabsturz der Führungen in Wirtschaft und Politik fiel auch deshalb so gründlich aus, weil viele von uns, auf allen Ebenen, die wilde Zeit der Globalisierung als Lizenz verstanden, aus den ›alten‹ Wertekodices endgültig auszusteigen. Die neue Rationalität ortloser Weltumflieger sollte den Stress des heimwehkranken Bürgertums wegblasen und kurze Wege für erfolgsdienliche Entscheidungen öffnen: Wer weiß, wie lange diese

41 Vgl. Han, a. a. O., S. 31 f.

Phase der Welteroberung läuft, so pocht es in den Köpfen; wer weiß, ob es nicht überhaupt die Eroberung unserer Welt durch die andern wird. Also zählt jetzt, auf diesen wenigen Metern bis zur nächsten *Baisse*, nur meine Karriere. Der Neue Markt ist als Trauma allgegenwärtig. Wie lange spielt das alte Europa noch mit? Und schon breitet sich, unter dem Motto der Klimakatastrophe, ein Gutmenschentum aus, das Abstiege zu begleiten pflegt. Dekadenz kostümiert sich mit guten Absichten.

Wir finden täglich neue Gründe, uns zu wenig umeinander zu kümmern. Altmodische Formeln wie diese passen einfach nicht in das virtuelle Schlachtengemälde einer wild globalisierten Welt. Nur die Sehnsüchte der Menschen dauern fort, und ihre Schicksalsempfindlichkeit bekommt reichlich Futter. Die Niederlagen in unserer, der deutschen Gesellschaft, mehren sich, während die Politiker ihr Herz für die künftige Menschheit entdecken. Was wird derweil aus den Lebenden? Was wird aus den Verlierern, die alle ebenfalls nur ein einziges Leben haben?

Wer Führungspositionen erreicht hat, muss schneller verstehen. Auch wenn das Wertegepäck der meisten wegen Marscherleichterung dezimiert sein mag, für die Kernaufgaben reicht die Lerngeschichte der heutigen Führung noch aus. Der Wille, die negative Heldenrolle zu durchbrechen und für die Glaubwürdigkeit der eigenen Taten zu kämpfen, fehlt bei vielen Managern an der Spitze. Wer vergessen hat, dass wir mit Menschen für Menschen wirtschaften, ist praktisch aus dem Bündnis der sozialen Marktwirtschaft ausgetreten. Wie alle Konzepte, so ist auch dieses Nachkriegsmodell verbesserungsfähig. Überholt ist es nicht, solange wir nicht die ersten Artikel unserer Verfassung auf die Verlustliste schreiben wollen: Die menschliche Würde ist unantastbar – das ist in Wahrheit ein Leitsatz, der die Grenzen des Wettbewerbs markiert.

Der Artikel ist auch eine Zusage an uns alle. Auch die wildeste Globalisierung kann keinen Vorwand liefern, ihn zu relativieren.

Für Manager der Wirtschaft ist die Frage nach ihrer Reputation so lange nicht interessant, wie sie sich nicht isoliert meldet. Isoliert meldet sie sich, wenn etwas schiefgeht. Plötzlich ist die Zustimmung zu den großen Erfolgen, mit der ein Spitzenteam gelebt hat, kein Argument mehr. Der Liebesentzug kommt von einer Stunde zur andern, brutal, wie die Betroffenen finden. Keine Nachsicht, keine zweite Chance. Und im Team zeigen sich sofort die Sollbruchstellen. Wer wird morgen auf dem Chefsitz Platz nehmen? Fast über Nacht ist der Chef ganz allein. Hätte er jetzt überzeugte Partner bei seinen Kunden, loyale Bewunderer unter seinen Mitarbeitern, er bekäme seine Gnadenfrist.

Die Unbarmherzigkeit, mit der die Business-Stars dem Absturz überlassen werden, empört die Manager, solange sie nicht begreifen, dass man ihnen nur das vorenthält, was sie nie gepflegt haben: Ansehen, Vertrauen. Da gerät eine Firma in schweres Wetter, und Mitleid wird Mangelware. Die Freunde aus guten Tagen zerstreuen sich. Bald schüttelt keiner mehr dem designierten Verlierer die Hand. Niemand will in seiner Nähe gesehen werden, schon gar nicht fotografiert werden. Verlierer sein ist wie Aussatz: Die Angst vor Ansteckung treibt alle in die Distanz. So verwerflich sich das anhört, in den meisten Fällen ist es nicht Fortuna, die willkürlich ihre Hand von einem Kind des Glücks abzieht, ihr Füllhorn woanders ausleert.

Fortuna ist mit den Tüchtigen, und wenn sie jemanden verlässt, so ist es die Fehlerbilanz – die vielleicht gutgemeintes Teamwork war –, die aus dem *winner* einen *loser* macht. Wer viele Jahre Aufstiege und Abstürze von Unternehmen beobachtet, kommt zu diesem Fazit: Es sind die Managementfehler, die ein Unternehmen scheitern lassen. Nicht die Rahmenbedingungen, nicht die Aggressoren von draußen, nicht die Währungsverluste, die Wettbewerber, die Unterbewertung an der Börse. Management hat ja die Aufgabe, alle diese Faktoren zu beachten und zu beherrschen.

Schwierige Zeiten schreiben andere Gesetze? Im Sinne der zahllosen Fehlerquellen sind auch gute Jahre schwierige Jahre: Das Unverwundbarkeitssyndrom beschleicht die Mannschaft. Das Erfolgsabonnement scheint an keine Bedingungen mehr gebunden.

Die Wachsamkeit lässt nach. Die Risikolust auch. Die Sonne des Erfolgs schläfert die Visionen ein. Jetzt kann der Crash kommen, in welcher Gestalt auch immer. Die Firma ist wehrlos glücklich.

Wer die Leistungen des Managements nicht auf Platz eins der Erfolgsfaktoren setzen möchte, der frage einen der erfahrenen Manager, zum Beispiel den ehemaligen Nestlé-CEO Helmut Maucher, wie Unternehmenserfolg entsteht.

»Ich habe die Erfahrung gemacht«, sagt Maucher, »dass es letztlich die Qualität des Managements ist, der Charakter, der Mut, die Verlässlichkeit und Standfestigkeit der handelnden Personen. *Corporate governance* oder das Berichtswesen mögen ihre Bedeutung haben – aber mit den genannten Voraussetzungen und gesundem Menschenverstand kann man nach meiner Erfahrung 98 Prozent aller Managementprobleme lösen.« – »Es wurde wohl selten so viel von Werten in der Wirtschaft geredet wie heute«, fügt Maucher hinzu. »Der Versuchung, weniger dem langfristigen Interesse des Unternehmens zu dienen als dem kurzfristigen schönen Ergebnis oder dem eigenen Geldbeutel, sind leider immer mehr Manager erlegen. Das ist auch eine Charakterfrage.«[42]

Die wichtigsten Eigenschaften für Managementerfolg, so beharrt Maucher, seien »Verläßlichkeit, Standfestigkeit, Glaubwürdigkeit, Mut«.

Das sind nicht jene ›*skills*‹, die jungen Bewerbern vor ihrem Master of Business Administration-Intermezzo versprochen werden. Nicht eine einzige dieser Tugenden kehrt als Qualifikationsziel in den Angeboten der Elitehochschulen wieder.

Nur auf der Verlustliste in Krisen und im Chaos nach Abstürzen kehren genau diese Faktoren des verpassten Erfolgs als Fahndungsziele wieder: Verlässlichkeit – verspielt. Standfestigkeit – nicht vorrätig. Glaubwürdigkeit – nicht lieferbar. Mut – von tollkühnen Ideen und feigen Kompromissen mattgesetzt.

Im neuen Ethos für Aufsteiger sollten die Erfolgshungrigen auf diese Quadriga der Erfolgsgaranten stoßen. Nicht nur als Notiz im Poesiealbum für Aufsteiger, sondern als Trainingseinheit:

Versprechen halten, Opportunismus abwehren, konsistent argumentieren und balancieren lernen: auf dem schmalen Grat, der Mut genannt wird. Feige fliehen und tollkühn übers Ziel hinausschießen – beide Versuchungen wechseln sich ab.

42 a.a.O.

Der Diskurs über die dramatische Verständigungskrise zwischen Oben und Unten, Gewinnern und Verlierern, Mächtigen und Ohnmächtigen findet in Deutschland nicht statt.
Der Vertrauensabsturz der Führungen in Wirtschaft und Politik fiel auch deshalb so gründlich aus, weil viele von uns die wilde Zeit der Globalisierung als Lizenz verstanden, aus den ›alten‹ Wertekodices nun wirklich und endgültig auszusteigen.

Wir finden täglich neue Gründe, uns zu wenig umeinander zu kümmern. Nur die Sehnsüchte der Menschen dauern fort, und ihre Schicksalsempfindlichkeit bekommt reichlich Futter.
Die Niederlagen in unserer Gesellschaft mehren sich, während die Politiker ihr Herz für die künftige Menschheit entdecken.

Auch im Umgang mit Versuchungen besser sein als andere: Das ist eine der Rechtfertigungen für einen Platz an der Spitze. Inzwischen haben wir den Eindruck: die wichtigste.

Die Zeit der negativen Helden ist erst der Einstieg in ein neues Ethos für Gewinner. Solange die Tendenz zur Entkoppelung von *winner-* und *loser-*Karrieren andauert, sind wir im Stadium der Massenflucht aus politischen Systemen, die Verlierer produzieren, ohne die Sieger für sich zu gewinnen. Nur dann könnten Wirtschaft und Politik gemeinsam das Wachstum der Verlierergruppen stoppen und eine Aufstiegsbewegung einleiten. Wer als Gewinner zum negativen Helden wird, hat kein Motiv, sich den Verlierern zu verpflichten.

Wenn die deutsche Konjunktur ein Strohfeuer wäre, woher soll dann der neue Aufschwung kommen? Der Nobelpreisträger des Jahres 2006, Edmund Phelps, äußert die Vermutung, dass die Aufwärtsbewegung in den nächsten Jahren stockt. Er erinnert daran, dass »Reformen über einen Zeitraum von ein bis zwei Jahrzehnten« nötig sind, »wenn Deutschland eine wahrhaft dynamische Volkswirtschaft werden will«.

Schon Anfang 2008 wird das Ziel, eine wahrhaft dynamische Volkswirtschaft zuzulassen, bei den Politikern hinter Wahlkampfkonzepten zurückstehen müssen.

Phelps sieht die politischen Eingriffe in den globalen Wettbewerb schon heute illusionslos: Ob die Politiker versuchen werden, die Märkte abzuschotten, wurde er in Davos 2007 gefragt. Seine lapidare Antwort: »Das ist wie die Zähmung des Tigers, der längst im Käfig sitzt.«

Die Explosion der Managergehälter, die den negativen Helden zu einer Hauptfigur im öffentlichen Echo gemacht hat, wäre kaum durchsetzbar gewesen, »wenn die Unternehmen disziplinierter geführt und kontrolliert würden«.

Phelps hat sich als Kritiker der sozialen Marktwirtschaft einen Namen gemacht: »Dieses Wechselspiel zwischen Unternehmen, Gewerkschaften und Politik (...) zerstört unternehmerische Initiative. Und leider brauchen Länder sehr lange, bis sie verstehen, dass es für sie bessere Systeme gibt.«

Auch Phelps empfiehlt die Rückkehr zu jenen Werten, die das Abendland stark gemacht haben. Dass Europa seinen traditionellen Platz unter den globalen Siegern verspielen könnte, hält auch er für möglich. »Ich fände es fantastisch«, sagt er, nach einer Therapie gefragt, »wenn die neue Generation politischer Führungskräfte in Europa versuchen würde, das Wahlvolk von den antiken philosophischen Wahrheiten zu überzeugen, mit denen Menschen auf dem Kontinent einst aufwuchsen – von Aristoteles bis hin zu den Denkern des 19. Jahrhunderts. Ich meine eine Lebensführung des Suchens und Entdeckens – gerade auch nach Fähigkeiten, von denen man zunächst nichts ahnte. Die Europäer müssen sich auf ihre Wurzeln besinnen.«[43]

43 Gespräch beim World Economic Forum in Davos, 2007.

Gemeinsam im Macht-Raum: Weniger gefährlich leben

Führungsbeziehungen leben vom Machtgefälle, das ihnen ihren Sinn gibt. Sinn kann sich mit Macht, niemals aber mit Gewalt verbinden. Wo Machtbeziehungen zwischen Führung und Mitarbeitern entgleisen, entflieht der Sinn. Die ersten, die das bemerken, sind die Abhängigen, die sich hilflos in der Gewalt ihrer Führungskraft wiederfinden. Die ›nackte‹ Gewalt, von der ich schon gesprochen habe[44], kommuniziert nicht mehr; ihr Ziel ist es, die Freiheit und Würde des anderen auszulöschen.

Nackte Gewalt gibt es nicht nur in Hinterhöfen und dunklen Straßen der Metropolen; sie maskiert sich etwas aufwendiger in der vermittelten Welt der Bürotürme, wo gerade das Tabu sie schützt, Gewalt gehöre ins proletarische Milieu. Machtbeziehungen zwischen Führung und Mitarbeitern müssten eigentlich dem Qualitätsmanagement der Firmenleitung anvertraut sein. *Corporate governance*, die panische Reaktion auf kollektive Normverletzungen in Unternehmen, meint ja unmittelbar die Beziehungen im Unternehmen, die jeden Tag durch Komplizenschaft und Komplotte bedroht sind. Sobald sich Achsen bilden, in denen zwei oder drei oder mehr Personen gefangen sind, entsteht eine Bandenmentalität, aus der so schnell keiner auszubrechen wagt – weil auch der Ausbrecher Sanktionen fürchten muss.

Der Macht-Raum in den künstlichen Organismen der Unternehmen und der Politik ist also generell eine gefährdete und gefährdende Zone. Eigentlich müssten die Aufsteiger mehrere Lektionen in – mit Helmut Maucher gesprochen: – Standfestigkeit

---

44 Siehe S. 122 ff.

lernen, flankiert von einigen Kapiteln aus der uralten Schule der Kardinaltugenden: Dann wüssten sie, dass allein die Vernunft, ganz ohne moralisches Pathos, dazu rät, sich von den Regelverletzern fernzuhalten. Mut, ein anspruchsvolleres Übungsprogramm, das die Zivilcourage vor den Mächtigen stärkt, gehört in dieses antike Lehrbuch, und die tägliche Bemühung um Gerechtigkeit, jedem das Seine *(suum cuique)* zu geben, die Meinungsfreiheit – auch die der Presse! – zu schützen, ist ihr Ziel. Maß halten! ist der krönende Befehl, der die Leidenschaften, auch die zum Guten, zähmen und die Gier an die Kette legen soll. Ein schöner kleiner Kanon von Forderungen, der keinem Aspiranten auf Spitzenplätze erspart werden sollte – aber den meisten nie und nirgendwo begegnet.

Kardinaltugenden sind etwas für Philosophen, sagt der Ökonom. Und fühlt sich sicher in seinem Turm, den wir der Spaltungstradition der Wissenschaften ebenso verdanken wie die Zitadelle des Philosophen, aus der nur wenig nach außen dringt, seit Ökonomen die Leittiere der Epoche sind.

Unterdessen spüren wir, dass ein paar Stichworte aus der Philosophie, aus der Ethik zumal, im neuen Codex der Spielregeln für die Spielräume der Macht sehr hilfreich sein könnten.

Viele Mitarbeiter bewegen sich im Macht-Raum unter ihren Vorgesetzten wie die Fische im Wasser. Sie schwimmen durch die Gänge und grüßen untertänig oder frohgemut, je nach Naturell des Gegenübers, sie sitzen stumm wie die Fische oder plaudernd wie die Wasserfälle in den Meetings, je nach *mindcode* des *team leader*, dessen Psychogramm sie jahrelang studiert haben.

Macht sammelt und konzentriert alle Kräfte, im Idealfall auf gemeinsam verstandene Ziele hin. Soll das gelingen, muss virtuos kommuniziert werden, und zwar unter Führung der Chefs. Die ›Zielvereinbarung‹ ist für das, was den gemeinsamen Erfolg erst möglich macht, eine schwache Vokabel. Niemals werden Mitarbeiter sich für ›Vereinbarungen‹ einsetzen, deren Sinn und Ziel sie nicht verstehen. Führung muss mehr tun als informieren, sie muss, wie Nietzsche sagt, »sich mitteilen«, statt nur »etwas mitzuteilen«. Nietzsche meint, »sich mitteilen« stabilisiere die Macht der Führung. Einfacher gesagt: Wer in der Machtposition zuerst gibt, ›verdient sich‹ die Gegenleistung. Die ›Zeichensprache des Stärkeren‹ hat viele vergessene Vokabeln, die wir wieder lernen müssen, um an der Spitze mehr Glaubwürdigkeit zu erreichen.

Macht muss sammeln, um ihren Sinn zu rechtfertigen: Das Ziel heißt Kooperation. Wer Macht hat, muss andere einbeziehen und sich vermitteln. Die Neigung, sich zu isolieren, um die Kontrolle zu behalten, entspricht einem Denkfehler. Wer die Kontrolle behalten will, muss sich einlassen, statt sich abzugrenzen. Die Abgrenzung ist ohnehin gegeben: Die Untergebenen wissen, wer die Macht hat. Ob sie sich für ihn einsetzen, das hängt von seiner Kraft ab, sie zu sammeln und sich mitzuteilen. Ziele zu vermitteln gelingt erst, wenn die Mitarbeiter sicher sind: ›Es lohnt sich, dabeizusein. Meine Ziele sind auch dabei.‹ Auch dieser Hinweis fehlt in den meisten Managementfibeln.

Wenn Führungskräfte für kein Projekt zu gewinnen sind, das sie nicht persönlich weiterbringt, wieso sollen Mitarbeiter anders reagieren? Unsere besten Kraftreserven geben wir alle nur für Ziele, die auch für uns selbst erstrebenswert erscheinen.

Das Ziel von Macht heißt Kooperation: Alle frühen Kulturen haben ihren Erfolg so organisiert. Nur so kann man auch die Verlierer mitnehmen: Jeder gibt, weil jeder profitiert. Wer profitiert, ohne zu geben, lernt eine Regel, die am Ende nicht nur sein eigenes Unglück, sondern, wenn sie Schule macht – wie im deutschen Sozialstaat –, auch das Scheitern des gesamten Leistungssystems nach sich zieht.

Machtbeziehungen profitieren von Zeichensystemen, die für alle lesbar sind und im besten Falle die Zustimmung aller Beteiligten finden. Im Normalfall sind die Zeichen und Rituale, die in einer Firma Verbundenheit schaffen, ein Führungsprodukt; im Idealfall sind sie ein Mischprodukt: Das Zeichensystem der Führung wird angereichert durch Mitarbeiter-Echos, die von der Führung übernommen werden.

Über mehrere Jahrzehnte sind die Zeichensysteme von Unternehmen in den Sonderraum der ›Unternehmenskultur‹ verschoben worden. In Wahrheit sind aber die Gewohnheiten und Legenden, die informellen Treffs zwischen Morgen und Nachmittag, die Kleiderordnungen und der Redestil, die Anekdoten und Jokes, die Spiele der Nachahmung, die zwischen Mitarbei-

7

Die Zeit der negativen Helden ist erst der Einstieg in ein neues Ethos für Gewinner.
Solange die Entkoppelung von *winner*- und *loser*-Karrieren andauert, hält die Massenflucht aus einem politischen System an, das Verlierer produziert, ohne die Sieger für sich zu gewinnen.

Nur wenn das gelänge, könnten Wirtschaft und Politik gemeinsam das Wachstum der Verlierergruppen stoppen und eine Aufstiegsbewegung einleiten.

Macht muss sammeln, um ihren Sinn zu rechtfertigen. Das Ziel heißt Kooperation. Nur so kann man auch die Verlierer mitnehmen: Jeder gibt, weil jeder profitiert.

tern und Chefs laufen, die Stilentscheidungen, die Verbundenheit ausdrücken, der Stoff, aus dem die geglückte Übereinkunft zwischen Führung und Mitarbeitern gemacht wird: Wir wollen kooperieren. Dem Chef gelingt es, unsere Interessen und unser Vergnügen auch in den Nischen und Fugen unserer gemeinsamen Zeit für seine Ziele zu gewinnen. Und der Chef lernt von uns *undercover*, wie wir ihn erleben mit seinen ›Chefmanieren‹, der retardierten Gebärdensprache und den gelegentlichen Ausbrüchen aus dieser stählernen Haut.

Hauchdünn ist die Wand, die diese Welt der wechselseitigen Vergewisserung von jener gegensätzlichen trennt, die auf den ersten Blick täuschend ähnlich daherkommt: lauter Leute, die funktionieren. Kein Konflikt, kein Reibungsverlust, kein lautes Wort. Lauter eingeschüchterte Knechte. Der Sklaven-Habitus verrät ein System von Zwang und Gewalt. So funktionieren auch totalitäre Großunternehmen wie Staaten: eine Art *amor fati* entwickelt sich, eine Zustimmung zur Knechtschaft, als sei sie Freiheit und selbst gewählt. Der Habitus der Systemsklaven, ihre Unterwürfigkeit reproduziert nun den Machtmissbrauch und stabilisiert so das Unrechtsregime. Statt die Führung zu stürzen, stärkt eine schweigende Mehrheit ihre Zwangsherrschaft.

So steht ein Kontinuum der Gewalt dem Kontinuum der kommunizierenden Macht gegenüber, die auf Zustimmung aufbaut und Kooperation zum Ziel hat.

Das gewaltbetonte Machtsystem sichert sein Fortbestehen auch durch die äußere Unauffälligkeit des Auftritts: Die unterworfenen Opfer klirren nicht mit ihren Ketten. Das Beuteschema bleibt verborgen, weil die Beutetiere sich wie Jäger bewegen. Ein bedrohliches Maskenspiel.

Der Macht-Raum, in dem sich das Kontinuum gemeinsamer Ziele entfaltet, ist auch eine Zone für Mutproben und Macht-Worte. Das ›Machtwort‹ ist dann am richtigen Platz, wenn die Erwartungen der Mitspieler danach verlangen. Selten werden Machtworte geliefert, ohne dass der kollektive Ruf danach den Zeitpunkt markiert hätte. So sehr das Wort des Mächtigen herbeigerufen wird, so bereitwillig nehmen alle es als ein gültiges Urteil entgegen, das die Macht der Führung bestätigt. Machtworte befreien vom Debattenstress; sie kommen dem erwünsch-

Das gewaltbetonte Machtsystem sichert sein Fortbestehen durch äußere Unauffälligkeit: Die unterworfenen Opfer klirren nicht mit ihren Ketten. Das Beuteschema bleibt verborgen, weil die Beutetiere sich wie Jäger bewegen. Ein bedrohliches Maskenspiel:
Lauter Leute, die funktionieren. Lauter eingeschüchterte Knechte. Der Habitus der Systemsklaven stabilisiert das Unrechtsregime. Statt die Führung zu stürzen, stärkt eine schweigende Mehrheit ihre Zwangsherrschaft.

ten Verbot gleich, den Streit fortzusetzen. Machtworte gehören zum stillschweigend vereinbarten Konsens über die Aufgaben der Führung. Bleiben sie aus, sinkt das Vertrauen in die Führung. Wenn Machtworte rar werden, während Mitarbeiter weiterhin die Zeitpunkte erkennen und Bürger unbeirrt nach ihnen verlangen, dann ist das eher ein Zeichen von Unentschiedenheit als von Bescheidenheit der Führung.

Wer führt und sich dem wiederkehrenden Ruf nach Machtworten nicht stellt, belegt damit seine Geringschätzung der Mitarbeiter oder Bürger – ein Führungsfehler, der nicht vergeben wird.

Auch die Götter lieben Aufsteiger: Sie schenken Charisma

Die Beziehungen im Macht-Raum leben auch von Energiequellen, die sich dem rationalen Zugriff entziehen. Was macht die Führungsbeziehung zu einem Bündnis in Loyalität? Und mehr: Was verleiht diesem Bündnis jenen Glanz, der Führung nicht mehr als ein Handwerk und Gefolgschaft nicht als zweckgerichteten Gehorsam erscheinen lässt?

Wenn Führung sammelt, wenn sie bindet ohne Zwang, wenn von beiden Seiten Bewunderung und Anerkennung ins Spiel kommen, so ist es nicht ein Bündel gelernter Lektionen, was die Beziehung verlässlich macht. Auch die gemeinsamen Gewohnheiten und Rituale reichen als Erklärung nicht aus. Wer die Abhängigkeit der Mitarbeiter als Ursache für Loyalität beschreibt, der wird wissen: Gelebte Unfreiheit entwickelt nicht den Glanz, von dem ich spreche.

Überall, wo Führung glückt, bleibt ein unerklärter Rest, der sich keiner Gleichung über gute Führung fügen will. Das ›Geheimnis‹ der erfolgreichen Mächtigen dennoch zu ergründen, um es vielleicht sogar lernbar zu machen, beschäftigt jede Generation von neuem.

Die ›Ausstrahlung‹ von Menschen entscheidet letztlich über die dauerhafte Zustimmung, die ihre Führungsleistung findet. Ihr ›Charisma‹ ist es, das den Neid zum Schweigen bringt. Schon die griechische Antike kapitulierte vor dieser irrationalen Zutat, die das Macht-Know-how erst wirklich mächtig macht: Charisma, das ist die Gabe der Götter an ihre Lieblinge. Eine ›Aura‹ umgibt die Erwählten; sie transportiert, was jede triviale Nachfrage nach Ausbildung und Können überflüssig macht: Glaubwürdigkeit.

Es geht um Wirkung, die sich nicht als Lernstoff aufbereiten oder per ›Coaching‹ in den Habitus eines ausstrahlungsfreien Aufstiegsinteressierten einschleusen lässt. Der Code für das, was wir Aura, Charisma oder Ausstrahlung nennen, bleibt strittig. Aber der Furor, das Geheimnis doch noch zu entschlüsseln, ist ungebrochen. Der Grund: Charisma multipliziert alle andern Faktoren, die wir planen und einüben können; es bringt die mitgebrachten Gaben wie Intelligenz, Temperament und Willenskraft mit den erworbenen Kompetenzen nicht einfach in ein dominantes *package*, das andere distanziert, sondern die Strahlkraft potenziert alles, was einer kann und ist, und produziert genau das, was vielen Aufsteigern fehlt: die Magie der Anziehung. Charisma schafft Nähe, ohne das Gefälle zu planieren, das den Starken mit seiner Aura von den Schwächeren trennt. Charisma befriedet den Neid und verschluckt den eisigen Hauch, der so viele Mächtige von den andern isoliert. Oben zu sein ohne Ausstrahlung, kostet Wirkung, weil die Störfeuer nicht gelöscht werden können, die die Unterlegenen anzünden.

Die Aura der Alphatiere mit Leuchtkraft verzehrt auch den Argwohn, der zum ständigen Begleiter der Mächtigen geworden ist. Sie leben im Klima des Misstrauens und sollen Vertrauen schaffen; das können nur die Unbekümmerten, die sich nie von den Visionen ihrer Kinderzeit getrennt haben. Was den Abstand überwindet, der die Überflieger von den Fußgängern trennt, ist auch dies: die Leuchtquelle kindlicher Träume, die gemeinhin den Schritt ins Erwachsenenleben nicht überleben. Menschen mit Aura sind deshalb den andern näher als ›Nur-Aufsteiger‹, weil sie das gesamte Traumgepäck ihrer Kindheit bei sich tragen. Was sie ausstrahlen, ist die Bereitschaft, Wunder für möglich zu halten und gemeinsam Abenteuer zu bestehen. Die Ausstrahlung dieser Menschen, die Sigmund Freud in die Nähe der Künstler rückt und ›Tagträumer‹ nennt, stößt Türen auf, die schon Halbwüchsige resigniert verschlossen haben mit dem wehmütigen Gedanken, niemals wieder zurückkehren zu können in die magische Welt ihrer Kinderzeit, in der alles möglich schien.

Charisma ist für alle Mitspieler eine Botschaft, die wirklich von einem andern Stern zu kommen scheint, wie die Griechen es andeuten mit der ›Göttergabe‹: Es ist die Botschaft, dass Kompromisse eigentlich nicht nötig sind.

Im Jargon nennen wir dieses Element der charismatischen Ausstrahlung gern ›Authentizität‹.

Gemeint ist: Einer ist ganz bei sich selbst und nicht ablenkbar. Damit beschreiben wir eine unerlässliche Voraussetzung für das Gelingen von Machtbeziehungen: Wer Macht hat, kann nur wirken, wenn er ganz bei sich selbst ist. Andere auf Ziele zubewegen, ihre Leidenschaft entzünden, das gelingt nur, wenn die eigene Leidenschaft unverhüllt aufleuchtet. Dieses Leuchten der freimütig gezeigten, nicht versteckten Leidenschaft ist es, was Wirkung sichert und als Charisma erlebt wird.

Vorsprünge und Überlegenheit, die den Aufsteiger von den andern unterscheiden, leisten nie das, was die Aura ihm zuführt: die Stärkung des Glaubens an sich selbst, die sich nun auf Mitarbeiter und Zuhörer überträgt. Die irrationalen Anteile seiner Wirkung, die er selbst nur halb versteht, sichern dem charismatischen Menschen die Leidenschaftsreserven seiner Leute.

Was uns berührt wie Kindheitserinnerungen, wenn wir mit einem charismatischen Menschen umgehen, das hält uns fest in seiner Nähe: Wir profitieren von seiner Furchtlosigkeit vor Normen, denen wir uns längst gebeugt haben. Was der Mensch mit Aura den andern bringt, ist unmittelbar mit diesem kindlichen Potential verbunden: Es ist die Erlösung von Routine. Routine im Führungsverhältnis ist die große, alltägliche Kränkung, die Mitarbeiter von ihren Führungskräften lautlos entfernt. Routine verletzt, weil die Menschen ihrer Einzigartigkeit beraubt werden.

Charismatische Menschen bieten geballte Präsenz zwischen den grauen Schatten jener, die aufgegeben haben. Charisma reißt die Verlierer aus ihrer Lethargie, weil es *spes contra spem* verkörpert, die Hoffnung wider alle offiziellen Hoffnungslügen. Die Ausstrahlung der mit Charisma beschenkten Menschen lässt sich zum Glück nie und nirgends abschalten. Wo immer sie auftreten, wirkt der Glanz ihrer Unbefangenheit, diese Leuchtkraft des ›ersten Tages‹, mit dem alle ›Begnadeten‹ unterwegs sind. Als wären sie heute geboren worden, routinefrei und immun gegen Zynismus, uninteressiert an den ›*musts*‹ und Amüsierzwängen ihrer Umgebung, liefern sie unbekümmert Überfluss: die Verlockung, sich viel mehr zuzutrauen, die Lust, in unbekanntes Gelände vorzustoßen, wo doch noch Abenteuer möglich – und sogar erlaubt – sind. Charismatiker ermutigen die angepasste Mehrheit, nur noch in Gesellschaft der Besten leben zu wollen – eine Ermutigung, die beinahe täglich erneuert werden muss.

Im Macht-Raum der Aura wächst Leistungsbereitschaft. ›Motivation‹ ist kaum anders als so zu erreichen: über die Nähe der sichtlich ›Ausgezeichneten‹, die einladen, statt auszusperren. Menschen mit Charisma erfahren von den andern, dass sie Macht ausüben, die lockt, statt zu bezwingen. Charisma wird nie im Leben zu einer Gabe, die man einsetzt, weil auch der, der sie besitzt, sie nicht steuern kann und kaum versteht.

Das ist ein guter Schutz gegen Missbrauch: Eine Aura vorzutäuschen gelingt nur mit Partnern, die getäuscht werden wollen und die Zeichen verwechseln: Reichtum und hohe Ämter liefern nicht die Aura mit, die mancher Betrachter ihnen zum eigenen Vorteil zuschreibt.

Dass wir die Gleichung, die uns das Charisma zu managen erlaubt, nicht finden, mindert die Faszination nicht. Der Stoff, aus dem die Wunder gemacht werden, bleibt ein begehrtes Gut, dessen Knappheit die Sucher eher beharrlicher werden lässt. Eine Umfrage der *Wirtschaftswoche* im Sommer 2006 unter Personalberatern belegt die Unbeirrbarkeit, mit der die *business community* ihren Bedarf an Chefs mit besonderer Aura meldet.

Bei der Auswahl von Führungskräften, so meinen 64 Prozent der Befragten, habe Charisma eine hohe, 18 Prozent sagen sogar eine ›sehr hohe‹ Bedeutung. Nur 18 Prozent meinen, Charisma sei eher von geringer Bedeutung. Wie es denn in der Zukunft aussehe mit dieser Zusatzqualifikation für Chefs, die keine Hochschule lehrt und kein MBA liefert, wurde anschließend gefragt. In Zukunft sei Charisma noch wichtiger als heute, meinten 64 Prozent. Nicht wichtiger, sagten 36 Prozent.

Was man sich von dieser schwer fassbaren Qualifikation verspricht, bleibt meist genauso unklar wie die Gabe selbst, deren Kostbarkeit erkannt ist. Dass Kostbarkeit mit Nutzbarkeit zusammenfällt, ist mittlerweile erkannt und Ursache für die Attraktivität der Charismatiker. Was Berater und Mitarbeiter meinen, wenn sie von der Aura eines Chefs sprechen, das schillert genauso wie die Bilder in den Köpfen. Nicht ›einer von uns‹, wie die Lieblingsformel der neunziger Jahre hieß, wenn Verbrüde-

Überall, wo Führung glückt, bleibt ein unerklärter Rest, der sich keiner Gleichung für gute Führung fügen will.

Das ›Geheimnis‹ der erfolgreichen Mächtigen dennoch zu ergründen, beschäftigt jede Generation von neuem.

Charisma, das ist die Gabe der Götter an ihre Lieblinge. Eine ›Aura‹ umgibt die Erwählten. Sie produziert ein begehrtes knappes Gut: Glaubwürdigkeit.
Charisma schafft Nähe, ohne den Abstand, Spielraum für Bewunderung, zu vernichten.
Charisma verschluckt den Neid und beflügelt die Bewunderer, ihre Grenzen zu sprengen.
Der ›visionäre Überschuss‹ ist die Gabe der ›Begnadeten‹ an die Kulturgemeinschaft, in der sie leben.

rung als Patentrezept beschrieben wurde, sondern ›keiner von uns, und deshalb unentbehrlich‹. ›Keiner von uns, aber einer für uns‹, das ist die Formel, die kluge Mitarbeiter in der Fabrikhalle heute akzeptieren. Damit durchschlägt das Charisma als erlebte Sonderqualifikation alle ideologischen Scheingefechte um ›Gerechtigkeit‹ und Mitarbeiterbeteiligung. Die beste Beteiligung und die verlässlichste Gerechtigkeit, so die Facharbeiter in den großen Werken, erreichen wir mit einem, der für uns, aber nicht von uns kommt. Das Gefälle lieben, wenn der charismatische *leader* Chef ist, heißt nichts anderes, als die Garantie für die bessere statt nur die gute Lösung wählen. Mitarbeiter wissen und wollen das. Chefs mit Aura bringen die Gegensätze zusammen: Wie *Newcomer*, staunend und begeisterungsfähig, gehen sie durch die Werkshallen. Ein neuer Tag! sagt ihre Gebärdensprache. Sie strahlen Vitalität und Angriffslust aus, als kämen sie zum erstenmal in die Firma. Zugleich ist jeder Satz ein Sprung über die Smalltalk-Rituale hinweg in die Mitte der Projekte. Tempo entsteht, das andere mitreißt. Nicht das mühsame Einerlei drängt in die Gespräche, sondern der Rahmen, in dem sich jeder Handgriff, jeder Maschinentakt auf Ziele zubewegt, die alle verbinden.

Das Große mit dem Kleinen, das Nahe mit dem Fernen zu verbinden, das ist die Virtuosität der Menschen mit Charisma. Die Spur der Begegnungen, die jeder von den Mitarbeitern mit solchen Chefs hat, ist eine leuchtende Spur, auf der man beflügelt weitergeht.

Es ist der visionäre Überschuss, der charismatische Menschen zwingt, ihren Überfluss an Kraft und Ideen mit den andern zu teilen. Allen Betrachtern bleibt es ein Rätsel, wie größte, eben ›kindliche‹ Unbefangenheit und Spielfreude sich verbinden kann mit der Fähigkeit, erwachsener als alle Erwachsenen zu sein, was die Einsichten, den ›Durchblick‹ angeht. In mancher Hinsicht freilich haben auch wirkliche Kinder mehr Durchblick als ihre erwachsenen Betreuer. Auch Kinder übertreiben, damit man ihnen zuhört. Erwachsene mit Charisma greifen zur ›sozialen Dramatisierung‹, um den Zusammenhängen farbige Konturen zu geben.

Das Verlangen nach Führungspersönlichkeiten, die sich nicht konsumieren lassen von unübersichtlichen Faktenbergen, wird wachsen. Zur Aura der ›begnadeten‹ Chefs gehören auch die Energie des Weglassens und die Kraft, das Wichtige vom Unwichtigen zu unterscheiden. »Dass dir etwas auffällt, ist wichtig«, sagt ein charismatischer Chef zu seinem jugendlichen Assistenten. »Aber noch wichtiger ist, dass dir zu dem, was dir auffällt, dann auch etwas einfällt.«

VII AUFSTIEGSMANAGEMENT – DIE POLITIK MUSS LIEFERN

Stop für den Freiheitskonsum der Politik

»Die Freiheit ist ein so hoher und absoluter Wert, dass sich ein Volk selbst preisgibt, wenn es auf sie verzichtet.«
Ludwig Erhard, 1963[45]

Krisen kosten Freiheit – sagen die Politiker, während sie Freiheit kassieren, Zug um Zug.

Das Tauschprodukt heißt Sicherheit. Gib Freiheit ab, Du bekommst Sicherheit dafür, so wirbt der politische Führungszirkel für seinen Freiheitskonsum. Konsumrausch neu: Nach den käuflichen nun die nicht käuflichen Güter mit Verfassungsrang – Freiheit und, unter ihren Fittichen, die Würde stehen zum Verkauf.

Wer Macht hat, kann Freiheit einkassieren wie eine virtuelle Steuer. Wer Macht hat, kann Zwang und Gewalt üben. Auch der Konsum von Bürgerfreiheiten durch die Mächtigen ist Machtmissbrauch. Keine Krise rechtfertigt diesen Angriff auf die Bürgerrechte und die Entfaltungszusage des Grundgesetzes.

Im neuen Ethos für Aufsteiger hat die Freiheit einen starken Auftritt: als Freiheit für Aufstieg und als ihre Verpflichtung gegenüber denen, die nicht an der Macht sind, sondern ihr anvertraut. Was die Mächtigen den andern schulden, ist Freiheit. Zum Beispiel die Freiheit der noch nicht Erfolgreichen, ihr Glück zu machen. Die Freiheit, zu scheitern. Die Freiheit, viel oder wenig zu wagen. Wo die Chance fehlt, alles zu gewinnen oder zu verlieren, da fehlt ein Menschenrecht.

45 In seiner Regierungserklärung als Bundeskanzler, 18. Oktober 1963.

Der Freiheitsverlust entspreche einem allgemeinen Wunsch der Menschen in Deutschland, sagen die Politiker – und geben sich verwundert. Viel Freiheit, so meinen inzwischen 60 Prozent der Deutschen, bedeute viel Ungleichheit. Sie wollen aber möglichst wenig Ungleichheit. Dass Menschen ›Ungleichheit‹ denken, wenn jemand ›Freiheit‹ sagt, ist schon erstaunlich genug. Dass sie nach dieser ideologischen Volte ohne Bedenken bereit sind, Freiheit für Sicherheit abzuliefern, überrascht dann kaum noch. Das Gespenst der Verschiedenheit, genannt ›Ungleichheit‹, tritt als Zerrbild auf, wo es um produktive Unterschiede zwischen Menschen, eine Naturgegebenheit, geht. Wer verspricht, alle Unterschiede zu vernichten, der sagt die Planierung aller Kreativitätsreserven zu. Die Freiheit, anders zu sein als die andern, und zwar anders als ALLE andern, braucht eigentlich niemand einzuklagen, sie ist ein Faktum. Möglichst wenig anders zu sein als die andern, wird niemand freiwillig versprechen, weil es Geringschätzung für seine Individualität bedeutet. Bis es gelingt, Menschen zu dem Wunsch zu bewegen, sie möchten möglichst gleich und möglichst unfrei sein, muss die führende Klasse gründlich verschleiert haben, was Freiheit bedeutet. Bis Freiheit als Bedrohung auftritt und Sicherheit ohne Freiheit nicht mehr als ein Gefängnis erkannt wird, müssen sich Führungsfehler und Übergriffe der Führung auf die Rechte der Bürger so gehäuft haben, dass der Appetit auf ein eigenes Leben gelähmt ist durch Absturzängste.

Was die Gewinner den Verlierern schulden, ist bestimmt nicht eine solche Umwertung der Werte. Sie stärkt die Machtposition der Führenden nur scheinbar und kurzfristig. Sie kostet Innovation und Leistungsbereitschaft, sie blockiert damit den Fortschritt. Und sie begünstigt Abstiege, statt Aufstiege zu fördern.

Machthaber, die den Freiheitshunger ihrer Untergebenen einschläfern, missbrauchen oder missverstehen das Machtverhältnis im Zentrum. Nur solange die Mitspieler im Machtverhältnis frei bleiben, sagt Michel Foucault, besteht das Machtverhältnis weiter.

»Macht und Freiheit stehen sich also nicht in einem Ausschließungsverhältnis gegenüber, sondern innerhalb eines sehr viel

Im neuen Ethos für Aufsteiger hat die Freiheit einen starken Auftritt: als Freiheit für Aufstiege und als Verpflichtung aller Mächtigen gegenüber denen, die nicht an der Macht sind, sondern ihr anvertraut.

Was die Mächtigen den andern schulden, ist Freiheit.
Die Freiheit, ihr Glück zu machen. Die Freiheit zu scheitern.
Die Freiheit, viel oder wenig zu wagen.
Machthaber, die den Freiheitshunger ihrer Untergebenen einschläfern, missbrauchen das Machtverhältnis.
›Macht und Freiheit stehen sich also nicht in einem Ausschließungsverhältnis gegenüber, sondern innerhalb eines sehr viel komplexeren Spiels: In diesem Spiel erscheint die Freiheit … als die Existenzbedingung von Macht‹ *(Michel Foucault)*.

komplexeren Spiels: In diesem Spiel erscheint die Freiheit sehr wohl als die Existenzbedingung von Macht ...«[46]

Das klingt nun wirklich herausfordernd. Freiheit als die Bedingung von Macht – was ja folgern lässt: Macht muss Freiheit spenden und schützen, um sich selbst zu erhalten. Kann das tatsächlich bewiesen werden?

Wenn Macht ohne die Freiheit ihrer Mandatsgeber bedroht ist, dann mutet das Spiel um den Tausch Sicherheit gegen Freiheit, das wir seit Jahren spielen, ziemlich leichtfertig an.

Sind die freien Mandatsgeber die Machtgaranten *par excellence*, dann müsste der dreiste Konsum von Bürgerfreiheiten durch Machtpolitiker sofort aufhören. Und beide, die freien Wähler und die von ihnen beauftragten Politiker, wären in einer Weise aufeinander angewiesen, die Raubzüge in den Spielfeldern der Mandatsgeber ab sofort als ungeeignet zum Machterhalt erscheinen lässt.

Wenn die Regierungschefin der Bundesrepublik die Freiheit als ein Wagnis bezeichnet – wobei offen bleibt, ob sie den Handlungsmut ihrer Politkollegen meint oder die Gestaltungsfreiheit der Bürger –, dann unterstellt sie, dass Freiheit nur für die Mutigen erreichbar ist. Mut, die Freiheit zu wagen, brauchen nur Gefangene. Wer in Freiheit lebt, genießt die Vorzüge der Freiheit: selbst entscheiden, vieles ausprobieren, Träume verfolgen, seine Grenzen erkennen und vielleicht überspringen. Wer in Freiheit lebt, wird die Vorzüge der Freiheit mit anderen teilen wollen. Ein Wechselspiel von Investments und Profiten ergibt sich, das allen mehr Selbstvertrauen schenkt. Freiheit stimuliert die Phantasie, Freiheit macht Lust auf Leistung.

Was ist passiert in Deutschland, dass die Freiheit so niedrig im Kurs steht? Wo Freiheit nichts mehr wert ist, hat die Führung Fehler begangen oder zugelassen. Beides wiegt gleich schwer. Wir sollten nicht abwarten, bis sich niemand mehr erinnert, wie süß sie schmeckt, die Freiheit. Die Planwirtschaft der Gefühle und Gedanken verzeichnet bereits Erfolge; das Abstiegsmanagement frisst Freiheit, leise, aber stetig.

---

46 Michel Foucault, *Das Subjekt und die Macht*. Weinheim 1994, S. 255 f.

Wo die Freiheit von denen zum Wagnis erklärt wird, die Macht haben, Freiheit zu geben oder zu nehmen, da ist das Verhältnis der Führenden zur Freiheit gestört. Fürchten sie die Freiheit ihrer Bürger? Wenn ja, dann wäre diese Furcht ein Eingeständnis ihrer Schuld. Wer die Freiheit des anderen fürchten muss, rechnet mit Revanche oder Rache – wofür? Für den Entzug der Freiheit vielleicht?

Wir wissen aber, dass in einer vertrauensgesicherten Machtbeziehung nicht die Zahl der Alternativen zählt, die freie Mitarbeiter oder freie Bürger haben. Vielmehr reicht die wechselseitige Zustimmung und Anerkennung von Führung und Geführten aus, um ein freiwilliges Ja zu den Maßnahmen der Führung zu erreichen.

»Macht steigt mit Freiheit auf *beiden* Seiten«, sagt Niklas Luhmann. »Das Gefühl der Freiheit auf seiten des Machtunterworfenen hängt nicht von der Anzahl von Alternativen ab, über die er verfügt (...) Die Emphase des ›Ja‹, die ein Gefühl der Freiheit generiert, ist unabhängig von der Menge der Handlungsmöglichkeiten.«[47]

Macht als ›Wagnis‹ kommt nur in destabilisierten Machtbeziehungen vor.

Wir erinnern uns an Hannah Arendts Satz: »Der Sinn von Politik ist Freiheit.« Der Sinn, nicht das Wagnis.

Macht ist eine Herausforderung für die, die sie haben, und die größte Versuchung beruht auf einem Irrtum: als müsse man, um den eigenen Handlungsspielraum zu erweitern, die Spielräume der Abhängigen verkleinern. Das eigentliche Ziel der Machtverwalter muss aber sein, ihre Einsichten und Absichten so gewissenhaft mit den anvertrauten Menschen zu teilen, dass Einigkeit entsteht: Ja, die Richtung stimmt. Die Mächtigen holen sich die Zustimmung der Geführten, und beide handeln frei.

Der Wille der Führung wird deckungsgleich mit dem zustimmenden Willen der Geführten. Nur so entsteht auch Zustimmung zu einer gemeinsamen Verantwortung. War die Entscheidung ein Fehler, so wird dies ein gemeinsamer Fehler beider

---

47 Niklas Luhmann, *Macht*. Stuttgart 1975, S. 91.

Seiten sein; die Mächtigen werden nicht mit dem Vorwurf rechnen müssen, sie hätten über die Köpfe der Menschen hinweg ein Stück Zukunft verspielt. Der Irrtum in den führenden Köpfen ist aber schwer zu revidieren; sie verstehen immer noch Freiheitsgewinne für die Abhängigen als eine Bedrohung ihrer eigenen Macht.

Die Geringschätzung der ›unten‹ Lebenden durch die ›oben‹ Regierenden bedroht die Freiheit beider Partner. Dass die heute Schwachen morgen stärker sein können als die Wenigen an der Macht, halten diese Wenigen nicht für möglich, weil sie nicht mehr kennen, was die ›schwache‹ Mehrheit stark macht: Einigkeit durch Zorn. Wo viele sind, wird die Einigkeit zur schärfsten Waffe – auch wenn sie nur von der Einstimmigkeit der Ohnmachtserfahrungen genährt wird. Verlierer lassen sich nicht zuverlässig verwalten, nur weil sie benachteiligt sind. Wer heute unter den Gewinnern ist und seine Ziele nicht mehr mit den Verlierern abstimmt, könnte morgen bei den Verlierern sein.

»Auch die ganz Schwachen können ihre Ohnmacht in Macht umschlagen lassen, indem sie geschickt von den kulturellen Normen Gebrauch machen«, sagt der Philosoph Byung-Chul Han. »Je mehr Macht ein Machthaber hat, desto mehr ist er etwa auf die Beratung und Mitarbeit der Untergebenen angewiesen. Er kann zwar viel befehlen. Aber aufgrund der wachsenden Komplexität geht die faktische Macht auf seine Berater über, die ihm sagen, was er befehlen soll. Die vielfachen Abhängigkeiten des Machthabers werden für die Untergebenen zu Machtquellen.« Das Fazit: »Wer eine absolute Macht erreichen will, wird nicht von der Gewalt, sondern von der Freiheit des anderen Gebrauch machen müssen.«[48]

Wer möglichst lange an der Macht bleiben will, so kann man ergänzen, sollte sich unbedingt um die Freiheit der ihm anvertrauten Mitarbeiter oder Bürger kümmern.

Das Spontanverhalten von Machtbesitzern auf Zeit wählt in aller Regel das Gegenteil: Machterhalt durch perfekte Kontrolle. Eine falsche Wahl, wie alle Analytiker versichern. Auch die Be-

48 Byung-Chul Han, a. a. O., S. 14 f.

Was ist passiert in Deutschland, dass die Freiheit so niedrig im Kurs steht? Wo Freiheit nichts mehr wert ist, hat die Führung Fehler begangen.
Wir sollten nicht abwarten, bis niemand mehr weiß, wie süß sie schmeckt, die Freiheit.
Die Planwirtschaft der Gefühle und Gedanken verzeichnet bereits Erfolge: das Abstiegsmanagement frisst Freiheit, leise aber stetig.
Wo die Freiheit von denen zum Wagnis erklärt wird, die Macht haben, Freiheit zu geben oder zu nehmen, da ist das Verhältnis der Führenden zur Freiheit gestört.
›Macht steigt mit Freiheit auf beiden Seiten.‹ *(Niklas Luhmann)*
›Der Sinn von Politik ist Freiheit.‹ *(Hannah Arendt)*

rater, von deren Macht wir eben gesprochen haben, werden dann diesem Irrtum geopfert, wenn sie für die Freiheit der Abhängigen plädieren. Nur in Freiheit werden sich Bürger und Mitarbeiter mit den Machthabern verbünden. Nur aus ihrem eigenen Erlebnis von Freiheit werden sie sich entschließen, die Ziele derjenigen zu unterstützen, die mächtiger, aber nicht freier sind als sie selbst.

Gewalt und Freiheit sind die beiden Extrempunkte auf einer Skala der Macht. Gewalt, auch wenn sie stark maskiert auftritt wie in unserer Gegenwart, macht passiv; die Machthaber lesen darin nur das Ausbleiben von Widerstand, auf Bündnisse mit den Schwächeren glauben oder sehen sie sich nicht angewiesen. Unfreiheit macht passiv.

Die Abhängigen kündigen ihre Mitwirkung gar nicht erst auf, weil ja umgekehrt IHNEN gekündigt wurde. Eine passive Bevölkerung, so wie sie sich in Deutschland entwickelt hat, macht die Regierung scheinbar immer unabhängiger. Unberechenbarkeit des Gesetzgebers, Willkür der Behörden bleibt ohne Echo. Der Bürger ist gezähmt, er ist ein bequemes Zootier geworden.

Machtverlust, so sagen uns die gestürzten Mächtigen, wird ›als eine Art Tod erlebt‹. Nur daraus erklärt es sich, dass die Menschen mit Macht die Entmachtung ihrer Schutzbefohlenen für eine unvermeidliche Begleiterscheinung halten – die dem größten anzunehmenden Unglück, dem eigenen Tod durch Machtverlust, untergeordnet werden muss.

Als ›Kommunikationsmedium‹, wie Luhmann und andere sie sehen, taugt die so entartete Machtpraxis dann sicher nicht mehr.

Der Konflikt zwischen Macht und Freiheit existiert also nur in der Interessenlage der Mächtigen. Der Machthaber muss frei sein, um seine Ziele mit anderen teilen und durchsetzen zu können; die Mitarbeiter müssen die Freiheit der Zustimmung zu diesen Zielen haben. Können die Mitarbeiter – oder die Bürger – nicht überzeugt werden, sollte die Macht innehalten und prüfen, warum die Partner der Entscheidung ihr Wohl in dem gewählten Ziel nicht erkennen können.

Hier lauert das nächste Missverständnis von seiten der Führung: Die Bürger, so sagen die Krisenpolitiker, müssen übergangen werden, weil sich tatsächlich in unseren Maßnahmen kein

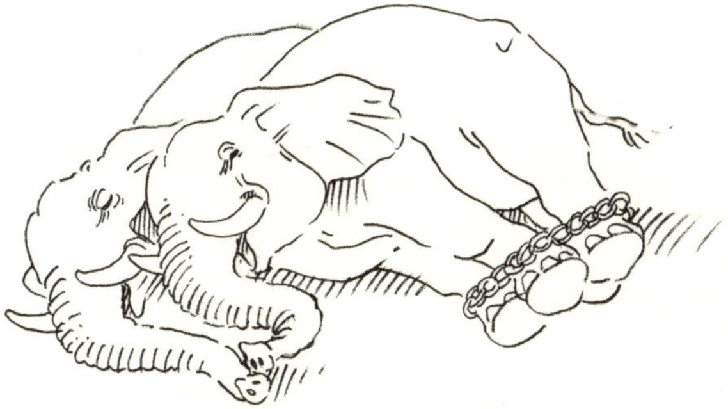

Wer absolute Macht erreichen will, wird nicht von der Gewalt, sondern von der Freiheit des andern Gebrauch machen müssen, sagt der koreanische Philosoph Byung-Chul Han.

Wer lange an der Macht bleiben will, sollte sich unbedingt um die Freiheit der ihm anvertrauten Mitarbeiter oder Bürger kümmern.

Machterhalt durch Kontrolle ist ein gefährlicher Irrtum.

Unfreiheit macht passiv. Eine passive Bevölkerung, wie sie sich in Deutschland entwickelt hat, macht die Regierung scheinbar immer unabhängiger.

Wer den Schutzbefohlenen Freiheit nimmt, verliert selbst Freiheit So stehen sich bald Unfreie gegenüber, die nichts mehr bewegen können.

Bürgerwohl erkennen lässt. Die Mitarbeiter, sagt die kurzsichtige Unternehmensführung in ähnlicher Lage, würden schon deshalb nicht zustimmen, weil es vielen von ihnen an den Kragen geht, wenn wir unsere Entscheidung durchsetzen. Also entscheiden wir ohne sie.

In beiden Fällen ist Feigheit der Ratgeber. Und in beiden Fällen wird der Konflikt nur aufgeschoben. Auf der Strecke bleibt die Glaubwürdigkeit der Führung. Wer seine Glaubwürdigkeit verliert, opfert ein Stück Handlungsfreiheit. Wer den Schutzbefohlenen Freiheit nimmt, verliert selbst Freiheit. So stehen sich bald Unfreie gegenüber, die nichts mehr bewegen können.

Niklas Luhmann hat beobachtet, dass sich die Macht der Chefs und die Macht der Mitarbeiter steigert, je intensiver die Beziehung der beiden Seiten zueinander ist. Die Konsequenz ist ein Qualitätsgewinn in der täglichen Arbeit. »Die Leiter von sehr produktiven Abteilungen haben ein anderes, besseres Führungssystem als diejenigen von wenig produktiven Abteilungen«, schreibt Rensis Likert. »Dieses bessere System«, fährt er fort, »sichert dem Chef mehr Einfluss, indem es auch den Untergebenen mehr Möglichkeiten zur Einflussnahme bietet.«[49]

Freiheit liefert Freiheit, heißt das. Und: Mehr Freiheit bringt mehr Qualität. Beide Seiten profitieren.

Wer die Qualität der Ergebnisse hingegen durch Drohungen steigern will, erfährt die Zerbrechlichkeit der Macht. Vertrauen und Anerkennung sind die zuverlässigen Kräfte, wenn man Mitarbeiter bewegen will, eine Entscheidung mitzutragen. Wer Sanktionen androht, beweist seinen Machtverlust für jedermann sichtbar.

Im politischen Raum gelten dieselben Gesetze. Die Zustimmung der Bürger zu den Normen des Zusammenlebens liefert der politischen Führung eine solide Grundlage zur Bewährung. Die Rechtsordnung, die zugleich fordert und schützt, wird von den Bürgern so lange nicht als Einschränkung ihrer Freiheit erlebt, wie sie verlässlich wiedererkennbare Spielregeln liefert. Än-

49 Rensis Likert, *Neue Ansätze der Unternehmensführung*. Bern/Stuttgart 1972, S. 63.

dern sich diese Spielregeln häufig und unvermittelt, so erleben die Bürger das als Willkürakt – und als eine Bedrohung ihrer Freiheit. Das ›Gefühl der Freiheit‹ nährt sich aus dem allgemeinen Konsens. Dieser Konsens beruht auf Verhaltenserwartungen, die auf gemeinsame Erfahrungen zurückgehen.

Die Lizenz, diesen Konsens beliebig oft zu verletzen, nimmt sich die politische Führung nur dann, wenn sie die Durchsetzbarkeit via Staatsgewalt dem Bürgervertrauen überordnet. Wer durchsetzen kann, braucht kein Vertrauen, lautet der Subtext dieser leichtfertigen Taten. Ein Ethos der Macht ist da nicht im Spiel. Und das Ethos für Aufsteiger betritt eben erst die Bühne der Zeitgeschichte. Auf Schritt und Tritt erkennen wir aber, wieviel erfolgreicher die Führungsgruppen sein könnten, wenn sie die Objekte ihrer Selbstüberschätzung als Subjekte einer schlummernden Mehrheitsmacht erkennen würden, die eines unerwarteten Tages nach ihrer Macht greifen werden.

Radikale Lektion für die Mächtigen: Gerechtigkeit liefern für Starke und Schwache

Sie ist die einzige Kardinaltugend, die sich als politische Wettbewerbswaffe in die Gegenwart durchgeschlagen hat: die Gerechtigkeit. Was der »Mutter aller Tugenden«, wie Thomas von Aquin die Klugheit nennt, nicht gelungen ist, noch weniger dem Mut, und nur in polarisierender Maskerade als Spielball von Schwärmern und Geschäftemachern dem Maß – der Gerechtigkeit ist ein Aktualitätsschub geglückt, der sich einem scheinbar harmlosen Zusatz verdankt: »sozial« müsse sie sein, die Gerechtigkeit. Eine Retterin der Schwachen, Richterin im Dienste der Entrechteten, die Rächerin in den Privilegiengärten der Reichen und Mächtigen.

»Soziale Gerechtigkeit« ist der Kampfruf der Sozialdemokraten. Dass es gerecht sei, »jedem das Seine« zu geben, wie die Philosophen der Antike meinten, weckt heute den Argwohn von Sozialpolitikern, die den Warm- und Weichspüler »sozial« als einen raffinierten Einspruch gegen die »nackte« Gerechtigkeit einführen. Der Einspruch richtet sich aber gegen etwas anderes: Er gilt der Ungleichheit von Lebenslagen. Prangert man diese an mit dem Vorwurf der Ungerechtigkeit, so ist damit ein moralischer Appell verbunden, der die Führenden einschüchtern soll. Mit dem Appell, alle gleichzustellen, wäre der anklagende Charakter des Einspruchs nie zu erreichen. Ungerechtigkeit ist ein Vorwurf, der zunächst einmal wirkt – auch wenn er ungerecht ist.

Gerechtigkeit ist ein hochsensibles Gut, weil sie die Beziehungen der Menschen zueinander ordnen soll – möglichst so, dass alle Ansprüche und Pflichten, auch die konkurrierenden Interessen, zur Zufriedenheit aller zu einem Ausgleich gebracht werden.

»Gerechtigkeit«, sagt Thomas von Aquin, »entsteht aus dem Verlangen, Recht zu erfahren und der Bereitschaft, Recht walten zu lassen.« Was nicht gerecht ist, kann niemals gut sein; nur eine gerechte Gesellschaft ist eine gute Gesellschaft.

Wo über Gerechtigkeit gestritten wird, da wird im Grunde um das Gute gekämpft. Gerechte Taten sind gute Taten. Immer geht es in diesem Kampf um das Gute, von dem alle profitieren sollen, um einen Dreischritt:

Die Gerechtigkeit ordnet unser Verhältnis zu uns selbst; sie bestimmt unsere Beziehung zu Freunden und Partnern, und sie regelt das Geflecht der Beziehungen aller Menschen untereinander in Staat und Gesellschaft.

Wie konzentrische Kreise gehören diese drei Dimensionen zusammen. Sie zeigen die Gerechtigkeit als bewegende Kraft, die das Einzelwohl dem Gruppenwohl und das Gruppenwohl dem Gemeinwohl verpflichtet.

In den modernen Demokratien wirken die allgemein anerkannten Rechte auf »Selbstverwirklichung« und Status, auf materiellen Komfort und staatliche Fürsorge unter dem Motto der »sozialen« Gerechtigkeit als einer Forderung im Range eines Menschenrechts zusammen. Wer sich als Politiker dieser abgewandelten Spielart von Gerechtigkeitsverlangen mit Gerechtigkeitsversprechen verfügbar halten will, betritt gefährliches Gelände.

Dass immer mehr Politiker sich in dieser Begriffswelt aufhalten, hängt mit einer Verwechslung von Angebot und Nachfrage zusammen, von der die Politik ebenso häufig profitiert wie sie dort in Sackgassen läuft. Politiker glauben, hier Wählermehrheiten unterwegs zu sehen, mit denen sie in engen Kontakt treten wollen. Sie verstärken nun ein Motiv bei denen, die sich auf der Verliererseite sehen, das mit Gerechtigkeitsverlangen nur bei wenigen und eher zufällig zu tun hat:

Es ist der Groll gegen »Bessergestellte«, das Ressentiment gegen Leute, die mehr erreicht haben – wobei die Leistung als Zugang zum »Mehr« konsequent ignoriert wird. Politiker geben nun der Versuchung nach, die Sympathie der Unzufriedenen dadurch zu gewinnen, dass sie ihnen erklären: Du siehst nicht nur ungleiche Lebensbedingungen, sondern, und das wird unsere

Waffe, Du klagst Ungerechtigkeit an. Was Deine Lage ändern würde, nennen wir ab jetzt »soziale Gerechtigkeit«.

Die Attitüde des moralischen Anklägers adelt jede Wut und maskiert verspielte Chancen. Die *winner* stehen am Pranger, gleichviel, ob sie Freunde und Verfechter der Gerechtigkeit sind. Gerecht sein, so heißt die verdeckte Botschaft unserer Tage, ist völlig wertlos, wenn es Dir nicht gelingt, »sozial« Gerechtigkeit herzustellen.

In der Idee der »sozialen« Gerechtigkeit ist durchaus enthalten, dass sie richtet und straft, wie das die traditionelle Symbolik der Justitia zuspricht. Aber Justitia in der Denkwelt der »sozialen« Gerechtigkeit ist parteiisch. Sie nimmt den Erfolgreichen und gibt den Erfolglosen. Waage und Augenbinde, die sie unbestechlich und im Sinne der Gerechtigkeit entscheiden lassen, werden überflüssig, wenn »soziale« Befangenheit ein Ehrentitel wird. Den sozialen Frieden, den Justitia mit dem Palmzweig zu ihrem Ziel erklärt, legt die »soziale« Justitia einseitig aus: Sie beseitigt eine Balancestörung, indem sie Verlierer auf die Gewinnerseite schiebt. Dass die Gewinner das nicht »gerecht« finden, stört niemanden. Damit ist aber der Kern dessen, was Gerechtigkeit erreichen muss, um ihren Namen »zu Recht« zu tragen, beschädigt.

Die politischen Führungsgruppen, die die »soziale Gerechtigkeit« im Banner tragen, könnten sich auf ehrwürdige Vordenker in der Philosophie berufen, und sie könnten der Verlockung, Gerechtigkeit immer nur durch Umverteilung herstellen zu wollen, leichter widerstehen, wenn sie sich auf diese Gewährsleute einließen, um die Schlagkraft der eigenen Argumente zu verbessern. Unter dem Motto der Gerechtigkeit lässt sich zuverlässig ermitteln, was die Gewinner den Verlierern schulden, und darüber hinaus, was beide, Gewinner und Verlierer, einander schulden, wenn das Ziel, unter dem Schutz der Gerechtigkeit miteinander zu leben, erreicht werden soll.

Wenn Gerechtigkeit von unten erstritten werden muss, hat die Führung versagt. Macht ohne den Willen zur Gerechtigkeit ist auf dem Weg in die Zwangsherrschaft. Machthaber, die sich an die Unterlegenen in ihrem Machtbereich mit einem tendenziös verzerrten Bild von Verteilungsgerechtigkeit heranschleichen,

Gerechtigkeit ist ein hochsensibles Gut, weil sie die Beziehungen der Menschen zueinander ordnen soll
›Gerechtigkeit entsteht aus dem Verlangen, Recht zu erfahren und der Bereitschaft, Recht walten zu lassen.‹ *(Thomas von Aquin)*
Wo über Gerechtigkeit gestritten wird, da wird um das Gute gekämpft: gerechte Taten sind gute Taten.

Die Gerechtigkeit ordnet unser Verhältnis zu uns selbst; sie bestimmt unsere Beziehung zu Freunden und Partnern, und sie regelt das Geflecht der Beziehungen aller Menschen untereinander in Staat und Gesellschaft.

Gerechtigkeit ist die bewegende Kraft, die das Einzelwohl dem Gruppenwohl und das Gruppenwohl dem Gemeinwohl verpflichtet.

um die potentiellen Aufrührer an sich zu binden, verraten ihren Auftrag im Zentrum.

Die Gewährsleute aus Antike und christlichem Abendland haben den Begleitumständen, unter denen Gerechtigkeit gesucht und gepflegt wird, große Beachtung geschenkt. Die Gerechtigkeit soll uns gegen Willkür schützen, darin sind sich die Philosophen über die Jahrhunderte einig. Dass allen Menschen gleiche Rechte zustehen, ohne Ansehen ihrer Person, Rechte, die ihnen das Naturrecht zusprach, ist auch für Platon Grundlage aller Bemühungen, ohne Willkür Recht zu sprechen.

»Ich denke, dass wir nicht nach dem Gesetz, sondern nach der Natur verwandt, zusammengehörig und Mitbürger sind«, sagt er. Die Natur stattet die Menschen aber verschieden aus, so bemerkt Platon. Verschiedene Ränge in der Gesellschaft seien das Spiegelbild dieser Unterschiede.

Aristoteles findet eine überzeugende Lösung, wie der Wille zur Gerechtigkeit mit den unterschiedlichen Startchancen umgehen solle. Wenn allen Menschen im Kern gleiche Rechte zustehen, dann muss es, so Aristoteles, eine zweigeteilte Gerechtigkeit geben:[50] Einmal die ausgleichende Gerechtigkeit *(iustitia commutativa)*, die den von Natur aus Ungleichen gleiche Ränge vor dem Gesetz schenkt. Leistung und Gegenleistung, Ware und Preis, Schaden und Ersatz sind absolut gleich zu bewerten, ohne Ansehen der handelnden Personen. Ihr tritt die austeilende Gerechtigkeit zur Seite *(iustitia distributiva)*, die Rechte und Pflichten so verteilt, dass sie zu den Fähigkeiten, dem Status und der Bedürftigkeit der Menschen passen.

Und Aristoteles fügt in seiner *Nikomachischen Ethik* an: Die austeilende Gerechtigkeit ist die Urform der Gerechtigkeit. Ausgleich wird erst ein Thema, wenn Rechte und Pflichten gerecht, nach der persönlichen Lage des Einzelnen, verteilt sind. Für Aristoteles sind dies nicht Fragen der Sozialpolitik, sondern Gebote der Ethik. Thomas von Aquin, der wie Augustinus zu den »Täufern« der antiken Denk- und Wertetraditionen gehört, hebt die Verpflichtung der Einzelnen gegenüber dem Ganzen hervor:

---

50 Siehe S. 114.

Wahlpflicht, Gerichtspflicht – und die Sozialpflichtigkeit des Eigentums möchte er in einer *iustitia legalis*, in der Gesetzesgerechtigkeit, verankert wissen.

Wer heute von »sozialer« Gerechtigkeit redet, der findet bei diesen Vorfahren unserer Demokratie genug Zuspruch, um das eigene Konzept noch einmal zu prüfen: Hält es dem Gleichheitssatz stand? Benachteiligt es nicht doch heimlich die Aufsteiger, die wir eher mit Thomas von Aquin zum sozialen Gebrauch ihrer – auch geistigen – Eigentümer verpflichten wollen? Niemals wird der Staat dauerhaft von den Erfolgreichen für die Erfolglosen Leistungsergebnisse absaugen können, ohne dass die Energie der Gewinner nachlässt, ihre Vorsprünge für die Verlierer und die Nachrücker produktiv zu machen.

Austeilende und ausgleichende Gerechtigkeit durchdringen einander in der Lebenswirklichkeit. Erst im Zusammenspiel machen sie gerechte Entscheidungen möglich. Beide Dimensionen der Gerechtigkeit, wie sie Aristoteles zeigt, haben »soziale« Elemente und beseitigen Ungerechtigkeiten, die wegen unterschiedlicher Grundausstattungen der Menschen, unterschiedlicher Umweltbedingungen, Lernsituationen, Betreuungsqualität und aller möglichen Zwischenfälle und Störfeuer im Leben entstehen.

Niemand wird unter dem Motto »gleiches Recht für alle« die ausgleichende Gerechtigkeit zur Lehrmeisterin einer Urteilspraxis machen wollen, die jeden Mörder gleich bestraft, unabhängig von allen Begleitumständen, weil das Ergebnis der Tat nun einmal gleich sei. Auch wird niemand von uns im Sinne der austeilenden Gerechtigkeit dazu aufrufen, die eigenen Rechte exzessiv wahrzunehmen und die Pflichten zu vernachlässigen.

Aber genau diese Missbräuche sind Alltag, sagen die Anwälte der »sozialen Gerechtigkeit«. Ihr Blick ist dabei auf die »Begünstigten« im Spiel um Chancen gerichtet, auf die *climber* im Aufsteigerfight. Aber der Missbrauch der austeilenden Gerechtigkeit hat Täter auf allen Ebenen.

Warum brauchen wir den ausschnitthaften Kampfplatz um »soziale Gerechtigkeit«? Weil Gerechtigkeit generell nicht sozial ist? Weil unser Sozialstaat Schlagseite hat?

Wer Macht hat, muss Gerechtigkeit üben. Weil das Ziel der Gerechtigkeit nicht einfach gerechte, sondern umfassend gute

Lebensbedingungen sind, gehört die Gerechtigkeit zu den Königsdisziplinen jeder Führung. Wem die Gerechtigkeit aus dem Ruder läuft, der kann die zentralen Rechte der Bürger auch bei intakt arbeitender Justiz nicht mehr garantieren. Immerhin ist es die Gerechtigkeit, die Glaubens- und Meinungsfreiheit sichert, die Gewissens- und Entfaltungsfreiheit liefern muss.

Wo keine Gerechtigkeit herrscht, gibt es bald weder Wahrhaftigkeit noch Loyalität.

Das Ziel, gerecht zu herrschen, korrigiert immer wieder die Selbstbezogenheit der Mächtigen. Wer sich Gerechtigkeit, unter dem Vorwand, dies sei der Ausnahmefall, auch nur einziges Mal glaubt nicht leisten zu können, hat schon verloren. Gerechtigkeit ist, schon für Kinder als Richter ihrer Eltern und Lehrer, das entscheidende Kriterium für Glaubwürdigkeit und Verlässlichkeit. Wer Ungerechtigkeit riskiert oder toleriert, verliert das Vertrauen aller, die dabei zuschauen, nicht nur der Abhängigen.

Gerechtigkeit ist in Wahrheit unteilbar. Sie kann niemals »unsozial« sein. Wer den Zusatz »sozial« für unverzichtbar erklärt, der liefert das Eingeständnis eigener Versäumnisse und versucht zugleich, das Vertrauen der Menschen zurückzugewinnen, die längst bemerkt haben, dass es um die Gerechtigkeit schlecht bestellt ist – ob sie nun »sozial« oder pur auftritt. Gerechtigkeit, das fühlen auch die, die es nicht wissen, ist nicht teilbar. Wer sie den einen verspricht und den andern verweigert, zerstört die Gerechtigkeit. Politiker, die sich für ein Konstrukt »soziale Gerechtigkeit« einsetzen, unterstellen, dass es sozusagen eilbedürftige Sektoren der Gerechtigkeit gebe, während andere Parzellen warten könnten. Diese Führungskräfte setzen also voraus, dass es Gruppen gibt, die mehr, und solche, die weniger Gerechtigkeit verdienen oder benötigen. »Sozial« gedacht heißt das: Mehr Gerechtigkeit für die Schwachen, weniger Gerechtigkeit für die Starken. Gerechtigkeit soll verteilt werden nach Bedürftigkeit, wie die Gelder aus den Sozialkassen.

Gerechtigkeit wird damit in das Belieben von Gruppen und ihrem ideologischen Gesellschaftsentwurf gestellt. Der Vorwand für diesen Übergriff lautet »Reformpolitik«; das Ziel ist gewollt oder ungewollt die Gegenwelt der Gerechtigkeit: Willkür und Zwang.

Die Gerechtigkeit gehört allen, den Starken und den Schwa-

Justitia in der Denkwelt der ›sozialen‹ Gerechtigkeit ist parteiisch. Sie nimmt den Erfolgreichen und gibt den Erfolglosen. Waage und Augenbinde, die sie unbestechlich im Sinne der Gerechtigkeit entscheiden lassen, werden überflüssig, wenn ›soziale‹ Befangenheit ein Ehrentitel wird.
Den sozialen Frieden, den Justitia mit dem Palmzweig zu ihrem Ziel erklärt, legt die ›soziale‹ Justitia einseitig aus: Sie beseitigt eine Balancestörung, indem sie Verlierer auf die Gewinnerseite schiebt.

Gerechtigkeit ist in Wahrheit unteilbar.
Wer sie teilbar machen will, produziert nicht ›weniger‹ Gerechtigkeit, sondern Ungerechtigkeit.

chen. Sie ist eines der Grundversprechen unserer Verfassung an alle Mitglieder unseres Gemeinwesens. Wer aufsteigt und Macht gewinnt, muss Gerechtigkeit üben und verteidigen, nicht nur für einzelne Gruppen, die als bedürftiger definiert werden, sondern für alle. Wenn politische Führungskräfte sich als Moderatoren eines Interessenausgleichs zwischen Siegern und Verlierern vorstellen, dann häufig, um vom Misslingen dieser wichtigen Aufgabe abzulenken: Da sind Sozialgesetze verabschiedet worden, die Ungerechtigkeit produzieren statt mehr Gerechtigkeit. Eine Seite profitiert immer davon, und oft sind die Anwälte einer neuen Reform in Richtung »sozialer« Gerechtigkeit die Täter aus der vorigen Etappe.

»Soziale Gerechtigkeit« wird für gegensätzliche Interessengruppen zur scharfen Debattenwaffe. Unter ihrem moralischen Pathos suchen Besitzstandswahrer ebenso Schutz wie die Kläger für eine bis dahin unbekannte »Bedürfnisgerechtigkeit«. Die Anwälte für Chancengerechtigkeit klagen unter dem »sozialen« Label ganz pauschal den Abbau von Benachteiligungen und die Überwindung von Diskriminierungen aller Art ein.

Leise mischt sich die Stimme einer anderen Lobby ein, die nicht für die Rehabilitation der Verlierer, sondern für Gerechtigkeit gegenüber den Aufsteigern und Gewinnern eintritt. Leistungsgerechtigkeit zu fordern, bringt wenig Beifall im Deutschland der Abstiegsmanager. Abstiegsmanager in der Politik glauben, gute Gründe zu haben, eher Verlierer zu prämieren als Gewinner. Und immer mehr Gewinner wenden sich ab.

Gerechtigkeit ist unteilbar. Immer wird eine Führung, die sie bestimmten Gruppen verweigert, diese Gruppen verlieren. Es gibt überhaupt keine soziale Situation, in der Menschen sich bereitfinden, auf Gerechtigkeit zu verzichten. Es gibt nämlich nicht einen neutralen Warteraum, den sich Politiker offenbar vorstellen, wo die Privilegienbesitzer eine Durststrecke in Sachen Gerechtigkeit zu absolvieren bereit sind. Keine Gerechtigkeit zu erfahren, heißt Ungerechtigkeit zu erfahren. Zwischen beiden gibt es keine friedliche Zone des Entzugs. »Soziale Gerechtigkeit« für die einen wird so zum Gerechtigkeitsentzug für die andern.

Zwei Richtungen stehen sich unversöhnlich gegenüber, wenn es um das Gelingen oder Scheitern von Gerechtigkeit in der

Marktwirtschaft geht. Jeder hat gleiche Rechte, Freiheiten und Chancen, sagt das Grundkonzept der Leistungsgesellschaft. Der Sozialstaat entdeckt »Gerechtigkeitslücken« bei den Ergebnissen, die die Wettbewerber auf den Märkten einfahren. Er wird zum Umverteiler im Namen einer austeilenden Gerechtigkeit: Wer mehr erreicht, muss mehr abliefern. Alles wäre in Ordnung, wenn wir hier fortfahren könnten: Und denen, die mehr erwirtschaften und mehr abliefern, ist der Dank der Politiker und der gesamten *community* der Empfänger gewiss.

Auch das Ausbleiben von Anerkennung für die, die mehr leisten, beschädigt die Gerechtigkeit.

Werden die Höchstleister einerseits zu Komfortlieferanten für eine Mischung von leistungsschwachen und leistungsunwilligen Adressaten gemacht und andererseits mit Geringschätzung und Ressentiment bestraft, so nimmt die allen zustehende Gerechtigkeit weiter Schaden. Wenn dann »soziale« Gerechtigkeit als Engagement für die Verlierer verkauft wird, während Leistungsgerechtigkeit aus dem Denken und Handeln der politischen Führung verschwindet, dann nehmen wiederum nicht irgendwelche Gruppen Schaden, die man vom Gerechtigkeitsbemühen ausschließt, sondern die Gerechtigkeit selbst.

Das Gerechtigkeitsdefizit, das die Bürger in Deutschland beklagen, gilt nicht, wie die neueste Fluchtformel aus der Führungsverantwortung lautet, »gefühlten« Gerechtigkeitsverlusten, sondern konkreten Erfahrungen in der Abstiegsgesellschaft.

Obwohl viele von uns wissen, wie fehleranfällig komplexe Reformprojekte sind – vor allem, wenn sie nur verstümmelt aus dem Machtkampf der regierenden Parteien auf die Strecke gehen: Die Verlusterlebnisse häufen sich und kosten alle Toleranz, die Bürger ihren Politikern gewähren könnten –, wären da nicht die Verluste an Freiheit, der Schwund von Sicherheiten, von Gerechtigkeit und, dramatischer als alle, der ganz konkrete Verlust von Zukunft.

Es ist der Zukunftsverlust, ob gefühlt oder real ist heute unerheblich, der Zukunftsraub, der die Solidarität der Menschen in zwei Richtungen zerstört, die bisher Halt gaben: zu den Führenden in Wirtschaft und Politik und mit den Menschen, die unseren Alltag teilen.

Zukunftsraub ist der Super-GAU, weil er das vertrauensvernichtende Erlebnis bringt, dass alle zentralen Versprechen der Führung zugleich gebrochen werden.

Damit werden Freiheit, Sicherheit und Gerechtigkeit mit einem Schlag gegenstandlos. Die gebrochenen Staatsversprechen betreffen die selbstverständlichen Absprachen über Leistung und Gegenleistung im Sozialstaat, auf die sich Millionen von Bürgern verlassen haben, weil die Regierungen das Versprechen über Jahrzehnte erneuert und bekräftigt haben. Es geht nicht um eine »Gerechtigkeitslücke«, wie der verniedlichende Begriff sagt, sondern um den Totalentzug von Gerechtigkeit, Planungsfreiheit, Altershoffnung, Zuversicht und Sicherheit.

Politiker wissen doch sonst immer so genau, dass es nicht auf objektive, sondern auf subjektive Wahrheiten ankommt: Sie müssten also wissen, wie wirkungslos ihre Traktate über den Spezialcharakter von Rentenversicherungen und Einzahlungsdauer sind. Einige Jahre früher, als sie dieses Wissen planvoll für sich behalten und dem Bürger vorenthalten haben, wäre die Weitergabe hilfreich gewesen – für die Bürger.

Mit Gerechtigkeit haben die panischen Maßnahmen der Reformer in der politischen Führung nichts zu tun. Wie folgenreich die Vernachlässigung dieser Qualität aller Entscheidungen ist – ob sie gerecht sind, erst das macht sie zulässig –, wird die politische Führung verspätet erfahren. »Soziale« Gerechtigkeit zu diskutieren, ist ein untauglicher Spaltungsversuch an einem unteilbaren Gut.

Gerechtigkeit ist kein Verliererthema, sondern eine Forderung an alle, die Macht haben. Sie müssen für Starke und Schwache, Fleißige und Faule, Schnelle und Langsame Gerechtigkeit schaffen. In hochkomplexen Systemen wie den modernen Sozialstaaten, die der täglichen Entgleisungstendenz des nackten Wettbewerbs entgegenwirken sollen, der Gerechtigkeit immer wieder zum Sieg zu verhelfen, ist die schwerste aller Führungsaufgaben.

Sie wäre leicht, wenn es nur um die Schwachen, und ebenfalls leicht, wenn es nur um die Starken ginge. Schwer wird die Gerechtigkeit, weil alle einander beobachten von verschiedenen Plätzen aus. Gerecht regieren, das heißt Leistungsgerechtigkeit für die Erfolgreichen mit Ermunterung für die Schwachen und

Politiker, die sich für ein Konstrukt ›soziale Gerechtigkeit‹ einsetzen, unterstellen, dass es Gruppen gibt, die mehr, und solche, die weniger Gerechtigkeit verdienen oder benötigen.
›Sozial‹ gedacht heißt das: mehr Gerechtigkeit für die Schwachen, weniger Gerechtigkeit für die Starken.
Gerechtigkeit soll verteilt werden nach Bedürftigkeit, wie die Gelder aus den Sozialkassen.
Gerechtigkeit wird damit in das Belieben von Gruppen und ihres ideologischen Gesellschaftsentwurfs gestellt.
In Wahrheit aber gehört die Grechtigkeit allen, den Starken und den Schwachen. Sie ist ein Grundversprechen unserer Verfassung an alle Mitglieder unseres Gemeinwesens.

Mahnungen an die Verweigerer zu verbinden. Ermunterung und Ermahnung drückt der Post-Wohlfahrtsstaat immer noch eher ökonomisch als ethisch aus. Zuwendung für die Verlierer, Sanktionen für Störenfriede und Verweigerer, für Ausbeuter staatlicher Gratifikationen, erscheinen einstweilen als Utopie. Und doch hängt die Glaubwürdigkeit staatlicher Gerechtigkeit daran, dass beides bald besser gelingt: nicht nur die Strafen, sondern auch die fordernde Anerkennung und die Hochschätzung.

Ohne Preis kein Fleiß. Gerechtigkeit motiviert, weil sie »gerechten Lohn« nicht nur im materiellen Sinne verspricht. Sie schafft Vertrauen und fördert Anstrengungsbereitschaft auch bei denen, die sich ohne sie wenig zutrauen.

Wer gerecht regiert, regiert länger: Genau das bezweifeln die Regierenden in der Abstiegsgesellschaft. Gerechtigkeit verkauft sich nicht von selbst; sie ist, wie jede Tugend, auf Flankenschutz angewiesen. Sie soll ja nicht nur bequem betten, sondern sie soll bessern – die Regierenden und ihre Bürger.

Besserung ist Arbeit, und besser regieren schafft Zuverlässigkeit auf beiden Seiten: Im gerechten Gemeinwesen kann man sich aufeinander verlassen. Zugleich wachsen die Spielräume: Meinungs- und Pressefreiheit sind Kinder der Gerechtigkeit, nicht einfach der Liberalität.

Der Weg zu mehr Gerechtigkeit ist weit, das wissen die politischen Führungszirkel. Deshalb weichen sie aus auf Surrogate wie die »soziale« Gerechtigkeit. Besser wäre es, wenn die Politiker ihr Gerechtigkeitsdefizit mit den Bürgern besprechen würden: Das ist unser Ziel, könnten sie sagen. Wir möchten gerecht regieren in einer Zeit, die Euer Gerechtigkeitsgefühl täglich kränkt, weil Ihr schwere Verluste macht: Anrechte schmelzen hin, Gewissheiten brechen weg, Zukunft wird weggesprengt. Und wir, müssten die Politiker nun sagen, wir sind die Täter. Unsere Vorgänger bei den Versprechen, wir heute beim Bruch dieser Versprechen. Wir sind die Sprengmeister Eurer erlernten Hilflosigkeit, und neue Sicherheitsversprechen können wir noch nicht liefern.

Das wäre ein Auftritt, der allen Erwartungen und Erfahrungen der Bürger widerspräche, – eine Innovation in der Führungskultur der Republik.

VIII TURNAROUND FÜR ABSTIEGSMANAGER: AUFSTIEG FÜR ALLE

Streber unterwegs: Vom bösen Buben zum Weltretter

Freiheit, Sicherheit, Gerechtigkeit: Sie alle sind Mischprodukte aus Ratio und Emotion. Die Freiheit sicherer machen, Gerechtigkeit üben: Das geht nur mit der Leidenschaft zum Guten, flankiert von einem gut trainierten Verstand.

Unsere Lage: Keiner will, dass es so bleibt, wie es ist. Jeder weiß, dass es nicht so bleibt, wie es ist. Nur die Richtung stimmt nicht. Sie heißt Abstieg für viele, Aufstieg für wenige.

Nur wir können das ändern. Vorbei an den Verharmlosungsbotschaften der Politiker.

Wenn die Gewinner von heute den Verlierern nicht geben, was sie ihnen schulden, dann müssen wir, die Gewinner von morgen, uns holen, was sie uns schulden, und den Verlierern geben, was die Gewinner von heute ihnen verweigern.

Es kreist so viel Geld um die Welt wie nie zuvor.

In allen Führungsgruppen, auch in der Politik, sind zahllose Krisenaufsteiger unterwegs. Nie mehr abstürzen, ist ihre Devise. Und ihre falsche Folgerung: Abstiegsmanagement für die andern. Begleitet wird sie von Ablenkungsmanövern durch Nachrichten über Mega-Szenarien, globale Trends und Siegergeschichten von Großorganisationen, deren Wohlergehen für Lohnempfänger entweder tödlich oder folgenlos ist.

Politiker spielen seit kurzem ganz oben mit. Sie mutieren zur Gewinner-Clique, die ihre Pflicht im täglichen Einmaleins der Lohnempfänger und Angestellten versäumt. Machterhalt rangiert vor Sanierung. Die ist aber durch die geschenkte Konjunktur nicht überflüssig geworden. Auf Du und Du mit den Mächtigen des globalen Business, darf man auch schon mal Sanierungserfolge ausleihen, finden die Politaufsteiger.

Die meisten von ihnen werden im Amt immer selbstgefälliger, während Millionen Deutsche immer ärmer werden. Die Siegerclique in der hohen Politik übernimmt immer mehr von den Manieren jener Topmanager, die eher von als mit den Mitarbeitern reden, die selektiv informieren und einsam entscheiden. Nicht nur die europäische Währung wurde den Bürgern ohne Rückfrage ins Portemonnaie geworfen, sogar die europäische Verfassung wird an ihnen vorbei beschlossen. Der Bürger, ein Zaungast.

Der Kopf-Herz-Kontrakt, mit dem die Nachkriegspolitik ihre größten Erfolge geholt hat, scheint außer Kraft gesetzt. Die Politiker dealen mit ihresgleichen und mit den Medien als Managern der Macht. Klar gibt es Verlierer in Zonen, wo früher die Gewinner lebten, wenn Milliarden von *Losern* auf die Gewinnerstraße drängen. An so gewaltigen Zusammenhängen beteiligt zu sein, diplomatische Scheinerfolge anzuhäufen wie Wimbledon-Siege, das katapultiert das gesamte politische »Geschäft«, wie die dort Tätigen gern sagen, ein paar Etagen höher.

Auf Du und Du mit denen, die Firmen wachsen lassen und mit ihren Einnahmen ins Surreale vorstoßen, hat man als Versöhnungsmanager zwischen den unerfahrenen Staatenlenkern dieser Erde schon ein ganz anderes *standing* als die Kanzler und Minister, die nur ein paar Alliierte zur Seite und die vorglobale halbierte Bundesrepublik zu managen hatten. Wohlstand für alle war da kein Kunststück.

Während sich die Erdkugel aufheizt im neuen Getümmel von Siegern und solchen, die es werden wollen, kühlt die seelische Temperatur in Old Germany merklich ab. Das Politmanagement setzt auf Ratio; die Herztöne der Bürger werden leiser. Herzfrei werden Reformen verkauft, die immer noch den Namen eines Delinquenten auf Bewährung tragen – was ja zum revisionsbedürftigen Zuschnitt dieser Entwürfe passt.

Die Behauptung, Reformvernunft sei nur per Dekret und Verordnung in das Leben der Bürger zu bringen; es müsse ihnen genügen, dem Schattenboxen der Funktionäre zuzusehen, und bezahlen müssten sie, die Bürger, ja in jedem Fall, und auch in jedem Fall immer mehr – diese Diagnose der Wehrlosigkeit kann jeder Deutsche selbst stellen.

Wer aufsteigt und Macht gewinnt, muss Gerechtigkeit üben und verteidigen. Gerechtigkeit als Führungsaufgabe wäre leicht, wenn es nur um die Schwachen oder nur um die Starken ginge.
Gerecht regieren, das heißt Leistungsgerechtigkeit für die Erfolgreichen mit Ermunterung für die Schwachen und Mahnungen an die Verweigerer zu verbinden.
Auch das Ausbleiben von Anerkennung für die, die mehr leisten, beschädigt die Gerechtigkeit.

Der Staat reicht seinen Bürgern nicht mehr die Hand für ein Bündnis, das den Aufstieg zu Wohlstand für alle in Freiheit, Sicherheit und Gerechtigkeit zum Ziel hätte. Der Staat teilt überhaupt keine Ziele mit; daher hat er auch keinen Bedarf, sich mit seinen Bürgern über irgendetwas zu einigen. Was staatliche Vernunft ist, und ob sie in den Abstiegsprogrammen für immer mehr Menschen versagt habe, gibt die Regierung nicht zu Protokoll.

Selbst zu versagen, ist für unzählige Bürger mangels Freiheit überhaupt keine Option mehr; sie sind der Treibsand im Strom der Globalisierung; so würde es vielleicht ein Hofdichter des politischen Topmanagements ausdrücken.

Aber das ist die halbe Wahrheit. Globalisierung managen wäre das eine; den deutschen Sozialstaat nicht halbherzig, sondern mit ganzem Verstand reformieren, das andere. Ein Politmanagement, das sich abgewöhnt hat mit den Adressaten seiner Entscheidungen zu kommunizieren, hat sich zugleich angewöhnt, die Vernunft der Bürger dramatisch zu unterschätzen. Große Schritte gehen nur mit den Bürgern; kleine verschleiern die fortschreitende Erosion der Sozialsysteme.

Der Financier aller Selbsttäuschungsmanöver dieser Jahre, der Bürger, sieht sich zwangsverpflichtet, die Täuschungsaktionen zu bezahlen.

Fünfzig Jahre nach Ludwig Erhards Kampfruf »Wohlstand für alle« erleben immer mehr Deutsche, dass mit ihrem Arbeitseinkommen Wohlstand nie mehr möglich sein wird. Widerspricht hier die Regierung? Weiß sie das überhaupt? Nimmt sie es billigend in Kauf?

Wenn ja, was zu vermuten ist, dann hat Deutschland keinen anderen Ausweg als das bedingungslose Grundeinkommen.[51]

Es sei denn, die Führungsgruppen in unserem Lande trauten der Politik jenen Turnaround, den wir brauchen, auf anderen Wegen zu. Dabei wäre das Timing entscheidend, denn wir kennen die Deadlines unserer Täuschungsmanöver:

Die deutsche Staatverschuldung – 1,5 Billionen Euro – nähert sich den siebzig Prozent.

51 Siehe S. 57 f. und S. 234.

Künftige Verpflichtungen des Staates für die Renten-, Kranken- und Pflegeversicherung steigern diese Schuldenlast um fünf bis sechs Billionen Euro. Die Zinsen für das wachsende Defizit werden durch neue Schulden finanziert. Und die Zinsen steigen. An Tilgung ist nicht zu denken.

Macht der starke Staat des Finanzministers so weiter, dann haben wir im Jahr 2030 sechsmal so hohe Staatsschulden wie heute – und keine Chance, die Zinsen auf alte Schulden zu bezahlen.

Mehr Kinder in Krippen, mehr Komfort für die deutschen Soldaten, mehr staatlich gegängelte Forschung sind nicht die Therapie.

Der Kopf-Herz-Kontrakt wurde in Deutschland gekündigt, weil die Politik sich zutraute, mit kühlem Kopf das Herz der Bürger zum Schweigen zu bringen. Seither ist die Republik nicht hirn- aber herztot. Und alleingelassen, ohne den mahnenden Herzschlag der zentralen Energiequelle, kann der menschliche Kopf nur wenig erreichen. »Wenn der Kopf das Herz verschleißt«, sagen die Kardiologen, dann wird es bedrohlich für die Chefetage da oben in unserem Gehirn. Über den Hirntod bestimmt das Herz, das seine Energielieferung plötzlich einstellt. Diesen Zusammenhang im Kopf, haben die Politiker das Experiment gewagt, das Herz kaltzustellen, damit es die Chef-Entscheidungen nicht mehr stört.

Alle Macht den klugen Köpfen; Hartz und Co. sanieren die Republik. Vertrauen brauchen sie dafür nicht, Freiheiten werden tonnenweise kassiert; die neue Dürftigkeit läuft unter »Sicherheit«, und Gerechtigkeit für alle will keiner mehr liefern.

Es sind nicht die Steuern, die jede Wohlstandshoffnung zunichte machen. Es ist die beispiellose Abgabenlast, die Deutschland zu einem Absteigerland macht. Und für die nächste Steigerung hat die Politik eine ideologische Geheimwaffe auf den Weg gebracht, die jeden zum Outcast macht, der opponiert: Klimaschutz heißt die Wunderwaffe.

Drehte die Politik schon bisher ein beachtlich großes Rad, jetzt reicht es von Pol zu Pol, und es entspricht der Gemütslage in Deutschland zu fast hundert Prozent. Eisbär-Baby Knut und der Klimaschutz, das sind zwei Selbstgänger, die zeigen, was uns fehlt und was wir ersehnen.

Während ganze Wertelandschaften versinken, steigt die Ideologieanfälligkeit. Irgendeine Botschaft muss her, die beides leistet: Wir, die bösen Buben, und wir, die Selbstretter und Weltretter. Deutschland rettet sich aus dem Herzstillstand quasi durch Elektroschock: Wir inszenieren den Super-GAU, um dem schleichenden Elend etwas entgegenzusetzen, das einer Wiederbelebung gleichkommt.

Ganz andere Gesichter erscheinen plötzlich auf den Bildschirmen und in den Magazinen, jahrzehntelang eingegruftete Spezialwissenschaftler haben Hochkonjunktur; Politiker wechseln die Kleider und erscheinen im Ökolook; neue Fronten zwischen ihnen erlauben einen ganz neuen Schlagabtausch. Dichtung und Wahrheit über das Weltklima in Geschichte und Gegenwart schäumen hoch auf und liefern Tag für Tag neue Unversöhnlichkeiten – diesmal aber für die absolut gute Sache; Gutmenschen aller Länder, vereinigt Euch.

Knut ist das Entlastungsprogramm gegen das neue Credo »Frauen in die Produktion«. So ungestört dem Kindchenschema zu huldigen ist ja bei Menschenkindern schon gar nicht mehr erlaubt, bald auch aus Zeitgründen gar nicht mehr möglich. Knut entschädigt alle heimlich trauernden Mütter von heute und morgen vorübergehend für den drohenden Verlust, den sie nicht einklagen dürfen. Der kleine Eisbär entschuldigt ebenso transitorisch alle feigen Männer und Frauen der Republik für alle Einwände, die sie nicht vorgetragen haben. »Ein Herz für Kinder« heißt das Trennungsprojekt für Eltern und Kinder ja nicht. Aber ein Herz für Knut darf jeder haben, nicht nur europäisch, sondern weltweit.

Plötzlich verwandelt sich die Wertelandschaft wieder: Dass der Betreuer den kleinen Eisbären so aufopfernd pflegte, wie das in der eben zur Entsorgung anstehenden »alten Welt« die Mütter taten, wird mit Rührung aufgenommen. Selbst Weihnachten und Silvester machte der Pfleger nicht von seiner »Wahlfreiheit« Gebrauch. Er tränkte das Bärenbaby alle zwei Stunden, Tag und Nacht. Jede Zeitung berichtete davon, weil alle Menschen wissen: Das bewegt die Herzen.

Wer mit der Herznahrung derart im Entzug sitzt wie die Deutschen, der erlebt den kleinen Bären mit seinem x-beinigen Gang

Freiheit, Sicherheit, Gerechtigkeit: Der Staat reicht seinen Bürgern nicht mehr die Hand für ein Bündnis, das den Aufstieg zu Wohlstand für alle in Freiheit, Sicherheit und Gerechtigkeit zum Ziel hätte.
Der Staat hat keinen Bedarf, sich mit seinen Bürgern über Ziele zu einigen.
Immer mehr Menschen sehen weder die Option zu scheitern noch jene aufzusteigen für sich. Sie sind der Treibsand im Strom der Globalisierung.
Ein Politmanagement, das sich abgewöhnt hat, mit den Adressaten seiner Entscheidungen zu kommunizieren, hat sich zugleich angewöhnt, die Vernunft der Bürger dramatisch zu unterschätzen.

wie eine Befreiung. Endlich wieder gemeinsam fühlen, endlich, wenigstens vorübergehend, diesen Hunger stillen: nach starken Emotionen.

Just in time, verwunderlicher Zufall, kommt diese Ladung archaischer Impulse ins kluggeschwätzte Krippenland. Da ist es auf einmal, das Babyface, das wir gerade in einem ökonomiegesättigten Vernunftanfall verstoßen wollen. Und wir riskieren den Überschwang, ganz wie bei der Fußballweltmeisterschaft, wir riskieren das ideologiefreie Glück. Weil der deutsche Alltag so wenig davon bietet.

Knut bringt einfach alles mit, was die hungernde Seele der Deutschen braucht: Nach einem Jahr würde er seinen Pfleger auffressen – genau der Zeitpunkt, zu dem Menschenkinder das auch mit ihren Eltern machen würden –, gäbe es da nicht die Kinderkrippe. Auf Umwegen also bestätigt Knut die Krippenideologie, von der er uns für ganz kurze Zeit erlöst hatte.

Die Politik zieht derweil von Sieg zu Sieg, geschmückt mit fremden Federn. Dabei gehen ihr immer mehr Bürger verloren. Noch glauben die Politiker, das könne man kurzfristig richten, übermorgen, wenn Wahlen nahen. Eine gewisse Berührungsangst mit dem Großfinancier ihrer vollmundigen Auftritte dämpft die Lust auf Nähe: Während der Durchgriff der Politik immer großräumiger wird, erscheint der »kleine Mann« immer kleiner. Er kennt sich eben nicht aus in der Welt des neuen großen Spiels, mit *Reits* und *Dax* und *Private Equity* und Derivaten, mit *Pushs* und *Puts*, mit Boni und Optionen.

Die Politik grenzt sich ab. Das Business des Normalverbrauchers, der früher einmal den alten deutschen Herrschernamen Otto trug, ist immer noch verdammt *local*; das Spielfeld der Politiker, die auch dort mitspielen, wo sie fast nichts verstehen, ist die Welt.

Der Baukasten zur Vertuschung von Unkenntnis und zur Vermeidung von Haftung wird täglich reichhaltiger. Da lagern die Multifunktionssätze, die nach Staatsbesuchen und Klimakonferenzen, bei Freund und Feind, daheim und draußen, immer passen.

Das überraschungsfreie Politikkonzept gefällt auch den Bürgern. Sie vergeben die höchsten Noten für einen Politikstil, der

Der Kopf-Herz Kontrakt wurde in Deutschland gekündigt, weil die Politik sich zutraute, mit kühlem Kopf das Herz der Bürger zum Schweigen zu bringen.
Alle Macht den klugen Köpfen. Freiheiten werden tonnenweise kassiert, die neue Dürftigkeit läuft unter ›Sicherheit‹, und Gerechtigkeit für alle will keiner mehr liefern.

Die Politik dreht nun ein ganz großes Rad. Es reicht von Pol zu Pol.
Knut und der Klimaschutz,
Kinder in die Krippen und Frauen in die Produktion:
Stressfaktoren für Kopf und Herz.

Der Wind wird eisiger.
Müssen alle frieren, wo die globalen Winde wehen?

keine *news* liefert. Die Menschen leiden an einer Überraschungsallergie. Krankheitsursache: Alle Überraschungen der letzten Jahre waren Enttäuschungen. Mehr davon braucht niemand in Deutschland.

Eine wirkliche Überraschung wäre die Frage: Wie hält es die Politik mit dem Menschenrecht auf Glück?

Bei Leuten, die viele von uns immer weniger mögen – vielleicht deshalb? – steht es sogar in der Verfassung: *the pursuit of happiness*, das Recht auf Glück. Nicht Sicherheit allein, nicht nur Freiheit und Gerechtigkeit – ohne sie ist es freilich überhaupt nicht zu haben, das Glück. Wer weniger will, hat schon verloren.

Ohne Preis kein Fleiß: Wie man schwarze Schafe weiß macht

Kein Recht auf Glück? Kein Anspruch auf Führung? Statt dessen Abstieg ohne Murren, von hybriden Positionsmeldungen begleitet, die »Deutschland als Tempomacher«, »Deutschland vorn« und »Deutschland als Friedensstifter« zum Thema haben. Deutschland als idealer Ort für kleine Leute kommt da nicht vor. Deutschland, der Aufsteiger, ist kein Land für Aufsteiger mehr.

Mit der optimistischen Vermutung, ob es das nicht wieder werden könne: ein Land für Aufsteiger, bleibt man allein. Was aber ist der deutsche Aufstieg in die oberen Klassen der Weltliga wert, wenn Deutschlands Erfolge nicht mehr Erfolge für die Deutschen sind, die hier leben?

Deutschland hat keinen Traum mehr. Ein Land, das ausgeträumt hat, müsste wacher sein als die andern, realitätstüchtig, erfolgsstark. Genau das sind wir heute, sagen die Führungskräfte in der Politik. Aber die Realität unserer Sozialsysteme wollen sie sich trotzdem nicht zumuten. Deutschland wird im Zwischenhoch dieser Jahre den Turnaround versäumen, der den Aufschwung krisenfest machen könnte.

Ohne den Traum vom Glück haben auch die Realitätstüchtigen ein schweres Spiel. Die potentiellen Aufsteiger kommen abhanden. Sie brauchen ein Klima von Zustimmung und Zuversicht, um uns allen von ihrer Kraft das abzugeben, was die Starken den Schwachen schulden. Wer von uns, das ist die entscheidende Frage, will in einer Gesellschaft leben, die ihre Träume verloren hat? Und schlimmer: in einer Gesellschaft, in der immer mehr Führungskräfte glauben, es ginge auch ohne Träume? Wer von uns will in einer Gesellschaft leben, in der niemand und nichts mehr besser wird? Dass es für wenige besser wird, reicht als Antwort nicht aus.

Den zahllosen Versprechen der Nachkriegszeit folgt nun eine Zeit ganz ohne Versprechen.

Sie bleiben aus, nicht weil radikale Wahrhaftigkeit als Führungstugend eingeübt werden soll. Abstiegsmanagement arbeitet gewöhnlich ohne Kommunikationsaufwand. Und das Schweigen der Lämmer bestätigt: Sie haben verstanden. Es gibt nichts zu sagen, außer Multifunktionssätze für den Machterhalt.

Die Kontrollen werden verfeinert, auch das gehört zum Abstiegsmanagement. Viele von den schweigenden Lämmern sind schwarz, und es werden immer mehr; sie arbeiten, ohne den Staat an ihren Erträgen zu beteiligen. Der schaut aber immer öfter bei ihnen vorbei, nein mehr: in ihre Schränke, in ihre Betten. Sie müssen sich trennen, wenn sie mehr Geld wollen, sagt der Staatsdiener auf Besuch. Und wir schließen jetzt dieses Zimmer ab; zum Lüften und Staubwischen dürfen sie es betreten.

Der Staat verspricht nichts, er verbietet und verfolgt. Die schwarzen Schafe müssen herhalten, um die Duldsamkeit der weißen zu erhöhen.

Die Verlierer sollen sich anstrengen, sagt der Staat. »Ohne Preis kein Fleiß«, könnten die Humorvollen antworten, die längst wissen, dass ihr Nachbar über Arbeit auch kein Auskommen erreicht.

Da wir mindestens zehn Jahre brauchen werden, bis wir uns auf die Rettung einigen – das Grundeinkommen für alle[52] –, müssen wir zunächst den Turnaround als ein *joint venture* der Besten beginnen.

Die Besten, das sind die kopfstarken Träumer, deren Ratio nicht verlernt hat, auf ihre emotionale Kondition zu setzen. Ohne diese Mischung geht nichts Großes.

Während die Deutschen soeben zufrieden feststellen, dass sie nichts Großes mehr wollen, auch nicht das Glück, wird es höchste Zeit, die Wege freizugeben, auf denen ohnehin kein Gedränge herrscht; es sind die Aufstiegsrouten für Unabhängige, die Kar-

52 Siehe dazu S. 57 f. und S. 226.

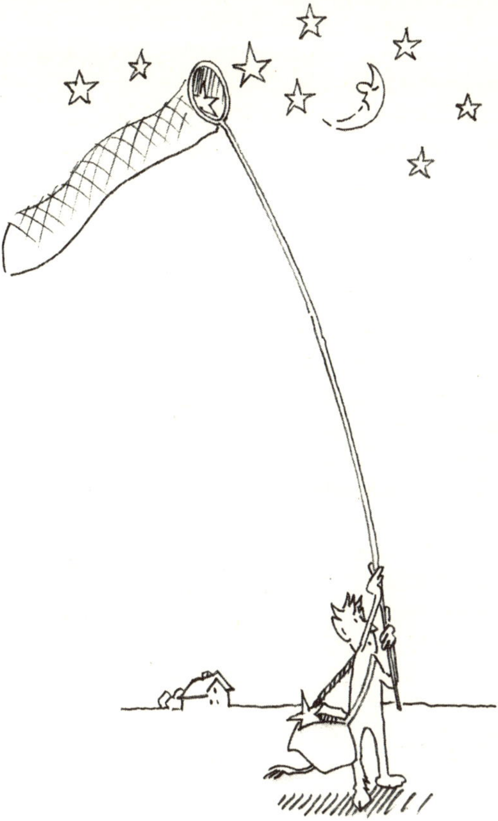

Wer mit der Herznahrung derart im Entzug ist wie die Deutschen, der umarmt einen kleinen Bären, wie andere kleine Kinder umarmen. Deutschland hat keinen Traum mehr.
Ein Land, das ausgeträumt hat, müsste wacher sein als die andern. Ohne den Traum vom Glück haben auch die Starken ein schweres Spiel. Auch sie brauchen ein Klima von Zustimmung und Zuversicht, um uns allen von ihrer Kraft das abzugeben, was die Starken den Schwachen schulden.

riere als Lieferpflicht verstehen – nicht an Lobbies und Verbände, sondern an alle, die ihnen nacheifern wollen und an jene, die profitieren sollen, weil sie selbst nicht aufsteigen können.

Kultur ist immer nur so möglich gewesen und wachstumsstark geworden, dass mit verschiedenen Talenten und Temperamenten ein Leistungsmix entstand, der allen gibt, was ihnen zusteht – Gerechtigkeit; der jedem erlaubt, seine besten Kräfte kennenzulernen und einzusetzen – Freiheit; und der jedem zusichert, was alle für sich haben wollen – Sicherheit vor Übergriffen, Sicherheit in Krankheit und Alter.

Im Wohlstandsübermut hat die Politik es nicht mehr so genau genommen mit den Bedingungen für die drei Werte: Gerechtigkeit, Freiheit, Sicherheit. Und der Zusammenhang zwischen Einsatz und Erfolg zerriss dann auch für die Bürger. Einfacher ausgedrückt: Das Aufstiegsethos wurde schwer beschädigt durch den Wohlstandsirrtum.

Die Sozialsysteme des ersten Jahrzehnts im neuen Jahrtausend folgen immer noch der Wohlstandsformel. Aufstieg, wohin?, wenn die Aufstiegserfolge der Nachkriegsjahrzehnte uns um die Ohren fliegen. Aufstieg, wozu?, wenn uns nicht mehr gelingt als ein verheimlichter Abstieg. Warum überhaupt Aufstiege planen, während sich Oben und Unten in nie gesehener Gründlichkeit entkoppeln, so, dass die Existenzvernichtung des einen zur Erfolgsbedingung des andern wird?

Wie organisiert man Aufstiege ohne politische Regie in einem Staat, der alle Lebensbereiche unter seine Kontrolle bringt?

Viel Kontrolle nimmt den Ideen die Luft zum Atmen. Viel Kontrolle, die ja viel Ordnung meint, tötet Spontaneität und Abenteuerlust.

Viel Kontrolle braucht Mitspieler im kontrollierten System; Komplizenschaft mit Überwachern korrumpiert. Der Staat ist nicht klüger als seine Kinder, er bildet es sich nur ein, weil er Kontrollmacht besitzt. Kontrolle demütigt und entzieht Vertrauen. Tausche Vertrauen gegen Kontrolle, so lautet das alltäglich und überall gelieferte Angebot einer Staatsmacht, die sich mangels Bürgerkontrolle an Selbstüberschätzung gewöhnt hat.

Nur Aufsteiger aus eigener Kraft können den Staat in die Schranken weisen. Nur sie können Schritt für Schritt – aber nicht mit den kleinsten Schritten, weil wir weniger Zeit haben als die Politik –, den Menschen die Hoffnung auf ihr Menschenrecht, das Glück, zurückgeben. Nur wer im Wissen dieses Anrechts lebt, kann Höchstleistungen bringen.

»Aufstieg für alle« stellt auch die Aufsteiger von gestern in ein neues Licht: Sie sind es, die das neue Ethos für Aufsteiger verbreiten und verteidigen müssen. Für das Gemeinwesen, in dem wir miteinander leben, kann das nichts anderes als einen Turnaround bedeuten. »Weiter so«, eine gern bespöttelte Wahlkampffanfare aus dem Schlaraffenland, ist wieder zur Erfolgsformel der Politik geworden. »Weitersparen« heißt das Motto gegen Bürgerbeteiligung am Aufschwung.

Weiter Schulden machen, ist das wahre Programm. Aber die Antriebe sind so edel wie nie: Ökostreber Deutschland zeigt der Welt, wie man als Schuldenmacher unanfechtbar wird. War schon der *kindergarden* eine deutsche Innovation aus der Mitte des 19. Jahrhunderts, so liefern wir jetzt den Neuentwurf für Kindheit generell: Bevor sie auf ihren Füßen stehen, sammeln wir die kleinen Produktionsstörenfriede in Pools, wo sie alles im Zwanzigerpack erleben. »Dich gibt es hundertmal«, ist die Botschaft, die haftet. Deutschland probt den Sozialismus, von dem die gepriesenen Vorbilder wie Schweden sich soeben verabschieden.

Klimatourismus, Kindheitsmanagement, Bildungshoheit, lauter Großprojekte, die uns in der Zirkuskuppel auf dem Hochseil der ethisch Überlegenen zeigen. Deshalb muss das neue Ethos der Aufsteiger, das den Turnaround erst möglich macht, auch die erfassen, die jetzt oben sind in der Zirkuskuppel, und die den Turnaround zu managen haben.

Wir können Schrittmacher bleiben bei allen Themen, die zu unserer Kompetenz passen. Beim Klimafuror fehlt noch die Stimme, die uns eine andere Primusrolle erlauben wird als den Ökostreberpart, den wir uns ausgesucht haben. Es ist die Stimme der Vernunft, die sich dem raffinierten Hochmut der Verursachertheorien als Helfer zum Maßhalten anbietet. Auf den ersten Blick kein typisch deutscher Part, weil wir im Böse-Buben-Stück lieber den reuigen Sünder geben, der alle mit seiner Entschlossenheit zum reinrassig Guten in den Schatten stellt. Ein Schuldrausch ist deshalb sehr erwünscht, weil er diese Rolle besonders glänzen lässt.

Dennoch: Es werden die Jahre kommen, in denen wir alle uns für die Nichterfüllung unserer rauschhaften Selbstzüchtigung zu entschuldigen haben. Am besten wird dann jener Mitspieler dastehen, der schon anfangs an den Respekt vor der Wissenschaft, an die Bescheidenheit vor einer millionenjährigen Klimageschichte ohne uns und an die Fehlerquote unserer Einsichten erinnert hat. Wer heute künftige Generationen schützen will und dabei kein Geld zur Rettung der Kleinkinder, die im Sekundentakt sterben, der Hungernden und Durstigen, der Bedrohten und Gefangenen, der Gefolterten und Vertriebenen dieser Erde übrigbehält, wird schwerlich überlegene Menschlichkeit für sich reklamieren können. Deutschland als Mahner zum Maßhalten bei Diagnosen und Therapien, das wäre eine neue, unbequeme Rolle, die uns am Ende des Rauschs einen überlegenen Platz sichern würde.

Aufstieg für alle, das ist auch der Appell an alle, die heute schon oben sind: Nehmt die Kinder mit! Gebt ihnen nicht weniger, als Ihr den Erwachsenen zugesteht, denn sie brauchen mehr als Erwachsene. Ihre soziale Stärke, ihr Selbstvertrauen und ihre emotionale Kondition werden in der frühen Kindheit entwickelt. Eine Regierung, die sich als Bildungs- und Forschungsförderer vorstellt, hat die Forschung zur Kenntnis zu nehmen, die seit mehr als fünfzig Jahren zur frühen Kindheit Ergebnisse vorlegt, die zweifelsfrei beweisen: Bindungsfähigkeit und Intelligenz, Frustrationstoleranz und Ichstärke haben ihre Vorgeschichte in der Schutz- und Liebeserfahrung zur Zeit des noch weichen Kleinkindgehirns.

Kinder brauchen, genauso wie Erwachsene, denen wir das ohne Zögern zugestehen, das Erlebnis, einzigartig und unverwechselbar zu sein. Sie brauchen Liebe, die nicht ein Zwanzigstel, sondern das Zwanzigfache der Gruppenverwahrung ausmacht.

Wir wissen, dass es um die Erwerbsarbeit der Mütter geht, wenn von »Krippen« gesprochen wird. Warum zögert der Staat, den Firmen, die Erwachsene beschäftigen, Kinderbetreuung abzuverlangen per Gesetz? Er sollte kräftig zuzahlen, wo Firmen,

Während die Deutschen zufrieden feststellen, dass sie nichts Großes mehr wollen, auch nicht das Glück, wird es Zeit, wenigstens den Unerschrockenen die Aufstiegswege freizugeben, damit sie an die andern liefern können.
Wie organisiert man Aufstiege ohne politische Regie in einem Staat, der alle Lebensbereiche unter seine Kontrolle bringt?

Der Staat ist nicht klüger als seine Kinder, er bildet es sich nur ein, weil er Kontrollmacht besitzt.
Nur Aufsteiger aus eigener Kraft können den Staat in die Schranken weisen.

auch im Verbund, die Betreuung nahe am Arbeitsplatz der Eltern nicht bezahlen können. Er sollte ebenso großzügig zuzahlen bei Tagesmüttern, deren Eignung zu fördern wäre. »Wahlfreiheit«, die im neuen Gesetz eine Mogelpackung ist, entsteht durch Vielfalt der Angebote. Staatskrippen mit neu zu qualifizierenden Betreuern kosten mehr als die neue Vielfalt, die zum Turnaround gehört: Achtung vor dem Elternwillen, Beistand durch den Dienstleister Staat, wo die neue Vielfalt der Angebote den Firmen und den privaten Trägern nicht gelingt. Kasernierung von kleinen Kindern schafft Untertanen, die ihre »Gleichheit« schließlich als frei gewählt betrachten.[53]

Kleine Gruppen, die Geschwisterrunden gleichen, machen stark für Aufstiege. Oder wollen wir die künftigen Aufsteiger gar nicht? Wollen wir Untertanen?

Die Aufsteiger in der politischen Führung brauchen Mut, um den Menschen zurückzugeben, was ihnen gehört: Gestaltungsspielräume. Diese Regierung hat ja keine Erfahrung mit freien Bürgern, deshalb braucht sie Mut für Maßnahmen, die sich sogar unter Kostengesichtspunkten empfehlen. Die Politik hat die deutsche Krise für eine beispiellose Machtergreifung genutzt; sie hat sich ans Verordnen und Verbieten gewöhnt. Was Bürgermacht vermag, liegt jenseits ihrer Erfahrungen und wird dramatisch unterschätzt.

Überrascht von der Langmut der Menschen, traut die Regierung sich inzwischen alles zu und den Bürgern nichts. Wem ich nichts zutraue, dem werde ich auch nichts anvertrauen. Aber es »rechnet sich«, geben wir dem Staat zu bedenken, wenn Bürgermacht sich mit Staatsmacht auf ungewohnte Weise verbinden darf: Unzählige alleinstehende, zahllose ältere Menschen sind für Kurse zu gewinnen, die auf Kinderbetreuung vorbereiten. Viel mehr Arbeitsplätze mit Sozialversicherungspflicht entstehen, wenn wir Hunderttausende von »Großmüttern« und »Großvätern« aus ihrer Einsamkeit – oft auch Arbeitslosigkeit – herausholen und zur Kinderbetreuung ermächtigen. Kleine Gruppen, kurze Wege, viel weniger Subventionen für die nun Beschäftig-

---

53 Siehe S. 38 und S. 40.

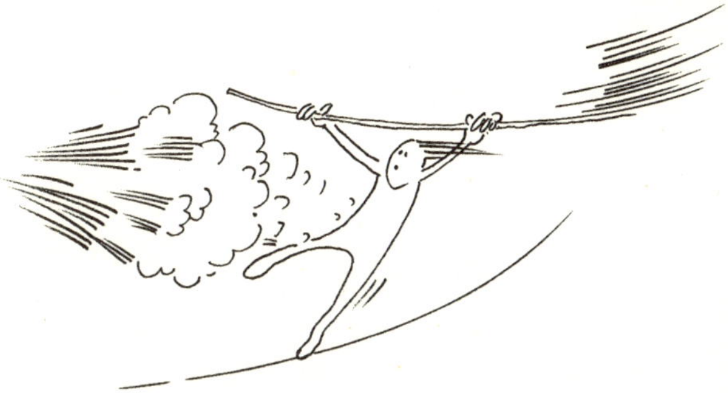

Klimatourismus, Kindheitsmanagement, Bildungshohheit – lauter Großprojekte, die uns in der Zirkuskuppel auf dem Hochseil der ethisch Überlegenen zeigen.

Beim Klimafuror fehlt noch die Stimme, die uns eine andere Primusrolle erlauben würde als den Ökostreberpart, den wir uns ausgesucht haben. Es ist die Stimme der Vernunft, die sich dem raffinierten Hochmut zum Maßhalten anbietet.

Wer heute künftige Generationen schützen will und dabei kein Geld zur Rettung der lebenden Kleinkinder, die im Sekundentakt sterben, der Hungernden und Durstigen, der Bedrohten und Gefangenen, der Gefolterten und Vertriebenen dieser Erde übrigbehält, wird schwerlich überlegene Menschlichkeit für sich reklamieren können.

ten sind das lockende Ergebnis. Alt und Jung zueinander bringen, statt sie einzeln zu benachteiligen, auch das gehört zum neuen Ethos für Aufsteiger.

Während wir von Kindern sprechen, reden wir in Wahrheit bereits von Bildung. Die Themenspalterei produziert noch mehr Fehler. Auch Bildung gelingt nur in einem Klima von Zuwendung und Achtung. Lernprozesse ohne Liebe sind im Kindesalter nicht möglich. Die Lernerfahrung freilich, die aus seelischer Unterkühlung und täglichen Verlusterlebnissen mit den nächsten Menschen entsteht, beschädigt das kindliche Selbstvertrauen und die soziale Kompetenz dauerhaft.

»Bildung« ist dann erfolgreich, wenn sie Kopf und Herz verbindet. Die emotionale Magersucht vieler Karrieristen, die angeprangert und beklagt wird, ist nicht Zufallsprodukt, sondern Planungsergebnis: Kämpfe deine Gefühle nieder, dann bist Du allen andern überlegen, die von Emotionen geschüttelt werden, heißt der falsche Lehrsatz. Trainings in Emotionsverleugnung produzieren kühle Köpfe – so kühl, dass sie dem emotionserhitzten Markt mit falschen Strategien begegnen. Der männliche Kampf gegen Gefühle hat eine sehr einfache Ursache, die im Alltagsdiskurs nie vorkommt. Männer kämpfen tatsächlich mit heftigeren Gefühlsstürmen als Frauen. Schon in der Kindheit üben sie deshalb, nicht Opfer ihrer Emotionsschübe zu werden, sondern cool und ohne sichtbare Gemütsbewegung aufzutreten.

Das deutsche Wirtschaftswunder der Nachkriegszeit eröffnete in der nächsten Etappe zahllose Aufstiege durch Bildung. Bildung schafft Wohlstand, und Bildung braucht Wohlstand, um ihre Vielfalt zu steigern und mit den Innovationen Schritt zu halten. Ein Staat, der in der Krise Aufstieg durch Bildung fördern will, zugleich aber die Bürger am Wachstum der Wirtschaft erst um Jahre verspätet beteiligen will, den Exodus von Hochleistern nicht zu stoppen vermag und den Zuzug von Unternehmertalenten durch kaum erfüllbare Bedingungen bremst; ein Staat, der auch die Bildung ins ökonomische Ghetto setzt, hat die wichtigste Lektion noch vor sich.

Die Stunde ist günstig wie nie, den Turnaround für die Wohlstandsquelle Bildung staatlich freizugeben. Günstig wie nie ist die Stunde deshalb, weil das immer noch andauernde Missverständnis der Politik, wie Bildung zu fördern sei, nicht in eine großflächige Betonierung der deutschen Bildungslandschaft umgesetzt werden kann wie im Finanzrausch der siebziger Jahre.

Bildung fördern mit wenig Geld, Bildung fördern im Schuldenstaat, wie geht das?

Aufstieg durch Bildung nicht an der Staatsleine, sondern in Freiheit, das geht nur mit der Freigabe von Spielräumen für Gründerlust und Investments der Wirtschaft in Schulen und Hochschulen. Die öffentliche Hand darf bei den trivialen Voraussetzungen eilig mitwirken: Alle Schulgebäude sind zu verkaufen. Wer sie zurückmietet, klärt sich beim Verkauf. Schule als privates Business ist nur durch Qualität erfolgreich im Wettbewerb. Der Staat darf als Prüfer durch die Klassen gehen, die Ausbildungswege der Lehrer liegen ohnehin offen.

Private Gestaltungslust ist überall erfolgreicher als Bürokratie und Ideologie, die wenig rühmliche Kapitel unserer jüngeren Bildungsgeschichte geschrieben haben. Nun haben wir PISA als Ideologie-Ersatz. Die Politik sollte sich eher von den besten Bildungswissenschaftlern, die nicht den Fortbestand von PISA durch Hiobsbotschaften zu garantieren haben, beim Bildungs-Turnaround beraten lassen.

Ein Staat, der von Kosten befreit ist, die mit der Privatisierung von Schulen und Hochschulen aus seinem Budget verschwinden; ein Staat, der nicht mehr Eigner von Gebäuden und Gelände ist, wo Bildung stattfindet, kann sich als Spender und Stipendiengarant eine neue Reputation verschaffen. An vielen Plätzen wird es ein Rollentausch sein: Nun steht der Minister als Sponsor so glanzvoll da wie ehedem ein Konzernchef. Der ist jetzt Schulträger, allein oder mit andern, und der Staat darf die Standards kontrollieren. Für Qualität sorgen die späteren Abnehmer der Absolventen, weil sie die Schule, die Hochschule erfolgreich bewirtschaften müssen.

Aufstieg durch Bildung: Auch dieser quer zur Krise liegende Plan verlangt mutige und schnelle Aktionen von der politischen Klasse.

Die Politik muss ihre Angst vor freien Bürgern überwinden. Die Spitzengruppe hat ganz andere Aufgaben, als alle Lebensbereiche bürokratisch so zu verminen, dass die Menschen ihre eigenen Fähigkeiten gar nicht mehr entdecken können. Bildung ist ein Entdeckungsprozess voller Überraschungen. Wer »Bildungsplanung« betreibt, ist der Versuchung ausgesetzt, gleichzuschalten, was uns zu einem produktiven Mitspieler im globalen Wettstreit der Aufsteiger macht: verschiedene Talente, auseinanderstrebende Intelligenzen und Antriebsniveaus, explosive und moderate Gefühlsleistungen, Mut und Kleinmut, Zuversicht und Skepsis, Zweifel und Selbstvertrauen; nicht zu vergessen: das Liebesverlangen, den Hunger auf Lob, der junge Menschen auf ihrem Bildungsweg begleitet.

Gleichschaltung ist tödlich. Staatliche Bildungseinrichtungen erliegen dieser Tendenz je länger sie bestehen desto gründlicher. Wer Bildung fördern will, als Lehrer, Forscher oder Erzieher kleiner Kinder, braucht neben Sachkenntnis nichts Geringeres als – Leidenschaft. Es geht ja um gemeinsame Entdeckerfreude, um die Lust zum Unerwarteten, die jede Schulstunde, jedes Seminar zu einem spannungsreichen neuen Spiel machen – jeden Tag. Das Lähmende in der Schule ist die Routine der Lehrer, ihr Agieren als »Lernvorsitzende« und, so berichten Schüler, die jeden Tag erneuerte Enttäuschung, dass der Lehrer nur Fragen stellt, deren Antwort er schon weiß. Er tut nur so, als sei er neugierig auf die Lösung, er kennt sie bereits und hält die Schüler zum Narren. Schule als Abenteuer – ein Schrecknis für Lehrer. Für Schüler der Traum vom Glück.

Lehrer sind Aufstiegsmanager, ebenso wie Ausbilder in den Betrieben und Professoren in den Hochschulen. Sie sind nicht nur dem eigenen Aufstieg verpflichtet, sondern Aufstiegshelfer für die nächste Generation. Endlich, heute oder morgen, erfasst auch die Politiker die Lust auf den Rollenwechsel: Politik ist Aufstiegsmanagement, so muss die neue Botschaft lauten.

Aufstieg für alle, das ist auch der Appell an alle, die heute schon oben sind: Nehmt die Kinder mit!
Gebt ihnen nicht weniger, als Ihr den Erwachsenen zugesteht, denn sie brauchen mehr als Erwachsene.
Ihre soziale Stärke, ihr Selbstvertrauen und ihre emotionale Kondition werden in der frühen Kindheit gemacht.

Kinder brauchen, ganz wie Erwachsene, denen wir das ohne Zögern zugestehen, das Erlebnis, einzigartig und unverwechselbar zu sein. Sie brauchen Liebe, die nicht ein Zwanzigstel, sondern das Zwanzigfache der Gruppenverwahrung ausmacht.

Freiheit liefern – weil Freiheit mächtig macht

»Wir haben die Wahl zwischen Sklaverei
und Freiheit. Wir wählen die Freiheit.«
Konrad Adenauer, 1952

Wer Macht hat, soll Freiheit liefern, um mächtig zu bleiben. Spontan kassieren die Mächtigen aber Freiheit, um ihre Macht zu sichern. Nur die Starken und Mutigen suchen das Bündnis in Freiheit, um sich die Zustimmung ihrer Mitarbeiter und Bürger auch für die Zukunft zu verdienen.

Freiheit gegen Sicherheit auszuspielen, ist also gar nicht eine überraschende Laune der Machtlosen. Sie lernen diesen Irrtum von denen, die sie regieren.

Wenn schwache Regierungen glauben, Freiheitsverluste ihrer Bürger seien Sicherheitsgewinne für die eigene Macht, so wird den Bürgern schnell klar: Die Regierung fürchtet Bürgerfreiheit, weil Freiheit mächtig macht. Aber die Bürger können sich nicht nehmen, was die Regierenden ihnen nicht geben. Wenn die Führung Freiheit so gefährlich findet, dann entschließen die Menschen im Staat sich endlich auch, das Angebot von mehr Sicherheit, das die Regierung im Tausch gegen Freiheitsrechte anbietet, zu akzeptieren.

Was die Regierung mit gespieltem Schrecken in den Umfragedaten vorzeigt, ist die Frucht der Erfahrungen, die sie den Bürgern aufdrängt – Freiheit ist Stress, Sicherheit ist Komfort.

Wenn die Sicherheitsliebhaber am Ende allein übrigbleiben, weil alle Freiheitshungrigen geflohen sind, dann herrscht eher Grabesruhe als Frieden. Keine Innovation mehr, kein geistiges Abenteuer, kein Wagemut, keine Kreativität. Der Machterhalt mag damit eine kleine Weile noch gelingen; zu managen ist dann verschärftes Abstiegstempo statt Wachstum.

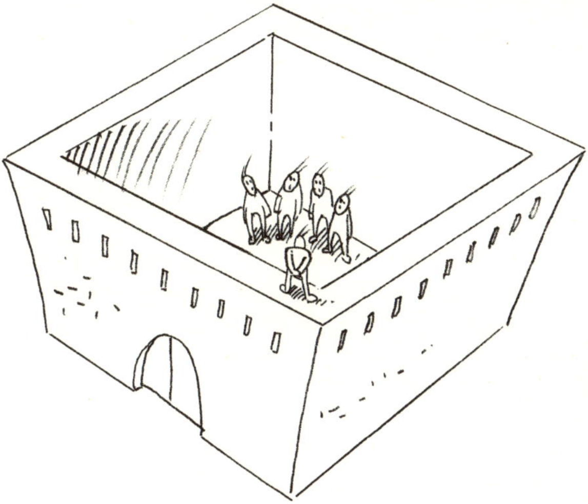

Die Aufsteiger in der politischen Führung brauchen Mut, um den Menschen zurückzugeben, was ihnen gehört: Gestaltungsspielräume. Aufstiege durch Bildung nicht an der Staatsleine, sondern in Freiheit.

Wer Macht hat, muss Freiheit liefern, um mächtig zu bleiben. Starke und mutige Führungsteams suchen das Bündnis in Freiheit, um den Zusammenhalt für morgen zu sichern.

Wer Freiheit und Sicherheit gegeneinander ausspielt, beschädigt beide.
Freie Bürger werden sich um ihre Sicherheit selbst kümmern.

Wer Freiheit und Sicherheit gegeneinander ausspielt, beschädigt beide. Die angebliche Alternative – Freiheit oder Sicherheit, du musst wählen – bringt die Täuschung schon in der Frage unter. ›Ich will beides!‹ wagt niemand mehr zu fordern.

Die Konfrontation von Freiheit und Sicherheit hat ihre Geschichte. Wenn Freiheit nicht mehr als Glücksversprechen verstanden wird, sondern als Bedrohung, dann beruht das auf Erfahrungen und Erwartungen, die sich an das Angebot und den Entzug der Freiheit knüpfen. Im jüngsten Dialog unter Deutschen seit 1990 ist die Freiheitsangst leicht zu entziffern: Sie entspricht dem, was wir ein Haftsyndrom nennen. Menschen, die lange in einem repressiven Regime leben, brauchen Strategien, um den Leidensdruck abzumildern. Sie greifen zu einem Weichzeichner, der die eingeschränkten Lebensumstände als eine Form der Geborgenheit zu akzeptieren hilft. Statt der Freiheit, die unerreichbar scheint, lernen sie eine Form der Berechenbarkeit zu schätzen, die zwar ereignislos dahinfließt, aber im Lichte der Unentrinnbarkeit als Quasi-Sicherheit erlebt wird.

Der deutsche Dialog seit dem Mauerfall belehrt uns, dass Freiheitsmangel die Sicherheit aufwertet – gleichviel, wie die Chancen in diesem virtuellen ›Hochsicherheitstrakt‹ stehen, den der Unrechtsstaat darstellt.

Aber die Konfrontation von Freiheit und Sicherheit hat eine längere Vorgeschichte.

Im ersten Jahrhundert nach Christus meldet sich mit der *Pax Romana* die politische Leitidee ›Sicherheit‹. Sie schillert in verschiedenen Farben: individuell und technisch, wirtschaftlich und verteidigungspolitisch liefert sie die Gegenwelt zu Gefahr und Risiko, Unordnung und Angst.

Sicherheit nur philosophisch-psychologisch zu beschreiben, wie es Lukrez und Cicero taten, als *animi securitas*, Seelenfrieden, das wird nun nie mehr möglich sein.

Sicherheit wird schon im ersten Morgenlicht moderner Staatsideen zu einer Aufgabe der Mächtigen. Sie sind es, die sich um Schutz und Risikobeherrschung, um Verlässlichkeit und Garantien kümmern müssen, um Vorhersehbarkeit und Berechenbarkeit zu schaffen. Im modernen Lebenskosmos wird Sicherheit ein Wertsymbol, das die Herrschenden vor unerwartete Alternativen stellt. Freiheit und Sicherheit driften auseinander.

Die christlichen Angebote für überlegene Gewissheiten – Gottvertrauen, Gnade und Erlösung – werden in einen Sonderraum für metaphysische Bedürfnisse verschoben.

Noch in der Welt der Stände konnte Sicherheit, von Herrschenden gewährt, als Grundlage für Freiheit erlebt werden.

Die Moderne macht jeden ihrer Bürger zum Souverän seiner Sicherheitsbedürfnisse. Sie weckt damit den unstillbaren Sicherheitsappetit, der als gefährlicher Rivale des Freiheitsdurstes einen Etappensieg nach dem andern holt.

Der Staat sichert seine Macht durch Übergriffe auf die Freiheit seiner Bürger. Er entschädigt die Beraubten mit Sicherheitsleistungen. Rechtssicherheit als ›angeborenes Recht‹, Sicherheit des Eigentums und ein Aufblühen der Sicherheitswissenschaften, die endlich verwirklichte Idee des Philosophen Gottfried Wilhelm Leibniz, der schon 1697 den Aufbau von Versicherungen vorgeschlagen hatte, bestimmen das 18. Jahrhundert.

Die Industriekultur dramatisierte den Sicherheitsbedarf – durch nie gekannte Unsicherheiten: ›Soziale Sicherheit‹ wird zum zentralen Thema. Artikel 20 der UN-Menschenrechtserklärung von 1948 verankert das Recht auf Sicherheit unter den höchsten Werten. Das Wertsymbol Sicherheit beschäftigt schon damals stürmisch wachsende Industrien. Sie profitieren von wachsenden Ängsten in einer Welt voller virtueller Produkte und Prozesse.

Sicherheitsversprechen und Sicherheitsverluste werden von ihren jeweiligen Profiteuren in einen Wettlauf getrieben, der niemandem mehr eine Zuschauerrolle erlauben soll: Der Markt der Ängste und der Beschwichtigungsangebote ist längst global geworden. Sicherheit ist Spielball und strategisches Kampfinstrument zugleich in der politischen, sozialen und wirtschaftlichen Kampfbahn unserer Tage.

Wieviel Freiheit, so die täglich in diesem turbulenten Match mitfließende Frage, darf die versprochene Sicherheit kosten?

An garantierte Sicherheitslieferungen glaubt ohnehin niemand mehr. Der Attraktivität des Wertsymbols Sicherheit können die großflächigen Enttäuschungen mit Sicherheitsanbietern offenbar wenig anhaben. Aber der andere Anbieter, der Staat, profitiert von diesen Illusionsverlusten. Er nimmt Freiheiten und zahlt mit Sicherheitsversprechen. Das garantierte Minimum ist entmutigten Bürgern lieber als das wohldosierte Abenteuer.

Das könnte ein Schlusswort sein, wenn Sicherheit für uns alle das große Gelingen, den Sieg, das Glück bedeutete. Das Fatale ist: Nichts wirklich Großes geht ohne Freiheit – die Liebe nicht, nicht Wissenschaft und Kunst, nicht die schöpferische Zerstörung des wagemutigen Turmbaus von gestern – will sagen: ohne Freiheit keine Innovation.

Ohne Freiheit stirbt die Leistungskultur, weil der Sicherheitskomfort die Antriebe lähmt und jede Bewegung bedrohlich erscheinen lässt.

Sicherheit ist eine Droge, wo immer sie ohne Freiheit auftritt. Sie schläfert Ideen ein und steigert den Sicherheitsappetit. Das Gefängnis darf immer kleiner werden, weil der Bewegungsdrang nachlässt, Berechenbarkeit wird zum höchsten Wert; Überraschungen lösen Angst aus.

Dieser wichtigste Befund wird in allen Debatten um den Bärenhunger auf Sicherheit verschwiegen: dass Sicherheit ohne Freiheit völlig wertlos ist. Sicherheitslieferungen, die an den Freiheitskonsum der Spender gekoppelt sind, täuschen eine Weile darüber hinweg, dass ihr Preis noch höher ist als der Verlust der Freiheit allein. Weil Sicherheit nicht satt macht, zerstört sie lautlos, aber zuverlässig die Würde der Betrogenen.

Dass Regierungen dem Kurzschluss folgen, das steigende Verlangen der Sicherheitssüchtigen nach immer mehr Sicherheit sei die Aufforderung, die Droge Sicherheit noch höher zu dosieren, verrät schon, dass sie noch nicht wussten, was sie ab jetzt wissen können:

Sicherheit ist wertlos ohne Freiheit. Sie ist auch für die Lieferanten wertlos, weil ihre Klienten immer schwieriger werden – und immer weniger berechenbar. Was die Führung auch tut, die Sicherheitssüchtigen werden nicht mehr satt.

Was anfangs noch bequem erschien, wird nach und nach zur Last: Die passiven Sicherheitsadressaten werden immer bequemer. Sie kommen nicht mehr zur Wahl, um sich für ihr ereignisloses Lebensklima zu bedanken. Sie langweilen sich; sie ge-

Der Staat versucht, seine Macht zu sichern durch Übergriffe auf die Freiheit seiner Bürger. Er entschädigt die Beraubten mit Sicherheitsangeboten.
Das starke Wertsymbol Sicherheit soll den Freiheitsappetit einschläfern.
Das Fatale ist: Nichts wirklich Großes geht ohne Freiheit –
die Liebe nicht, nicht Wissenschaft und Kunst, nicht die schöpferische Zerstörung – will sagen: ohne Freiheit keine Innovation.
Ohne Freiheit stirbt die Leistungskultur.

Weil Sicherheit nicht satt macht, zerstört sie lautlos, aber zuverlässig die Würde der Betrogenen.

stalten nichts mehr selbst. Sie überfordern den Staat, der sie systematisch unterfordert.

Während wir Sicherheit und Freiheit gegeneinander ausspielen, gerät das Plausible aus dem Blick: dass Sicherheit und Freiheit zusammengehören. Die falschen Denkprogramme werden von den Umfrage-Instituten verstärkt, die vom Entweder-Oder ausgehen. Der kalte Krieg zwischen Freiheit und Sicherheit ist ein Simulationsprodukt von denkfaulen Vereinfachern.

Wer beide, Sicherheit und Freiheit, gegeneinander ausspielt, muss scheitern. Wer vortäuscht, wir müssten uns entscheiden zwischen beiden, hat entweder kein Interesse an unserer Freiheit oder an unserem Verlangen nach Sicherheit.

Die USA verbinden beides entschieden und selbstverständlich im gemeinsamen Ziel der ›Freiheitssicherung‹.

Die Antrittsreden aller Präsidenten der Vereinigten Staaten von Amerika stellen *freedom* und *liberty* in den Mittelpunkt:

Roosevelt 1942: »Wir kämpfen für Sicherheit, Fortschritt und Frieden, nicht nur um unserer selbst, sondern um aller Menschen willen, nicht nur für eine Generation, sondern für alle Generationen.«

Truman 1949: »Wir glauben, dass alle Menschen das Recht auf die Freiheit des Denkens und des Redens haben.«

Präsident George W. Bush weicht von diesen Vorbildern, unter denen auch Eisenhower und Kennedy zu nennen sind, nicht ab: Seine Antrittsrede beschwört zweiundvierzigmal die Worte *liberty* und *freedom*.

Der Historiker Walter Russell Mead nennt die weltumspannende *mission* der USA einen »nationalen Messias-Komplex«. Die Entschlossenheit, beide, Freiheit und Sicherheit, nicht auseinanderdividieren zu lassen, kann nicht als Komplex abgetan werden. Von Abraham Lincoln stammt einer von diesen global gedachten Sätzen aus einer Zeit, als nur Visionäre an die Globalisierung unserer Verantwortung dachten. Man schrieb das Jahr 1865. »Die beste Hoffnung für Frieden in unserer Welt ist die Verbreitung von Freiheit in aller Welt«, sagte Roosevelt damals. Vor »aller Welt« lag noch das große Experiment jener Staatenlenker, die ihre Macht auf der Unfreiheit ihrer Bürger aufzubauen gedachten. Viele Jahrzehnte vergingen, bis das Experi-

Sicherheit ist wertlos ohne Freiheit.
Sie ist auch für die Lieferanten wertlos, weil ihre Klienten immer schwieriger werden – und immer weniger berechenbar.
Was die Führung auch tut, die Sicherheitssüchtigen werden nicht satt.

Während wir beide gegeneinander ausspielen – Sicherheit und Freiheit –, gerät das Plausible aus dem Blick: dass Sicherheit und Freiheit zusammengehören.
Der kalte Krieg zwischen Freiheit und Sicherheit ist ein Simulationsprodukt von denkfaulen Vereinfachern.
Sicherheit ist eine Droge, wo immer Sie ohne Freiheit auftritt. Sie schläfert Ideen ein und steigert den Sicherheitsappetit. Das Gefängnis darf immer kleiner werden, weil der Bewegungsdrang nachlässt Berechenbarkeit wird zum höchsten Wert; Überraschungen lösen Angst aus.

ment abgebrochen wurde. Aber die Sicherheitskranken aus den kommunistischen Lagern in Staatengröße haben immer noch Angst vor der Freiheit: Die Droge wirkt, auch im Entzug.

»Die Freiheit kommt zu denen, die sie lieben«, sagte der amerikanische Präsident, der dem antiamerikanischen Affekt der Europäer mehr Stichworte geliefert hat als die meisten seiner Vorgänger, und der Satz bleibt richtig, unabhängig davon, wer ihn spricht.

Freiheit kommt zu denen, die sie lieben: Freiheit verlässt die andern, die sie geringschätzen. Unser Dilemma ist noch ernster. Die Menschen in Deutschland verlieren Freiheitsspielräume und Sicherheitsgarantien zugleich. Die offiziellen Botschaften der politischen Führung bestätigen das und werben darum, mit beiden Verlusten zu leben: weniger Freiheit, weniger Sicherheit.

Erst in dieser Lage sind Menschen ansprechbar für das demoralisierende Tauschgeschäft nach dem Muster: Du kannst wirklich nicht beide zurückbekommen, also wähle: Freiheit oder Sicherheit.

In Wahrheit ist weder das eine noch das andere vorrätig. Sicherheit: nicht darstellbar. Das Trainingsprogramm zum Abgewöhnen läuft ja gerade. Freiheit: Bei Erkenntnis ihres Wertes wäre sie lieferbar. Der Riegel ist der Irrtum, freie Bürger brächten Machtverlust für die Führung. Wahr ist aber: Unfreie Bürger fesseln die Führenden an Überwachungs- und Kontrollaktionen. Der absurd anmutende logische Schluss aus dieser Kombination von Nichtliefernwollen (Freiheit) und Nichtliefernkönnen (Sicherheit) ist:

Menschen, denen man Freiheit liefert – statt sie unter Verschluss zu halten –, werden sich um ihre Sicherheit selbst kümmern. Bürger, denen man jede Möglichkeit aus der Hand nimmt, für ihre Sicherheit zu sorgen, durch Leistung zum Beispiel, durch Phantasie, durch Kooperation mit anderen, erkranken an Sicherheitssucht. Weder der Staat noch andere Organisationen können die Kranken satt machen.

Wenn es zutrifft, dass ein Staat, der nicht Freiheit liefert, am Ende selbst zum Gefangenen seiner untätigen Bürger wird, dann ist die Lösung leicht: Es bedarf dieses einen Mutsprungs in die tabuisierte Richtung, wo die Freiheit der Bürger in Ketten liegt.

Freiheit kommt zu denen, die sie lieben.
Freiheit verlässt die andern, die sie geringschätzen.
Unser Dilemma ist noch ernster: Die Menschen in Deutschland verlieren Freiheitsspielräume und Sicherheitsgarantien zugleich.
Nur wo die Freiheit verteidigt wird, kann Sicherheit geschaffen werden. Was wir verteidigen, drinnen wie draußen, ist nicht zuerst die Sicherheit, sondern zuerst die Freiheit.
Ohne Freiheit können wir einander keine Sicherheit versprechen.

Freiheit als Wagnis? – Ja, als ein Wagnis, das wir den Mächtigen abverlangen müssen.
Sie haben dabei die stärksten Verbündeten zur Seite, deren Kampfkraft sie dramatisch unterschätzen: freie Bürger.

Ihre Ketten sind, wie wir gesehen haben, die falschen Annahmen über die Gefährlichkeit freier Bürger.[54]

Die Menschen im Staat sind die Wächter ihrer Führung. Wenn die Regierenden ihnen das wichtigste Instrument zur Mitwirkung aus der Hand nehmen, dann müssen sie um dieses Instrument, die Freiheit, kämpfen. Freiheit will auch innerhalb der *res publica*, nicht nur draußen in der weiten Welt, überwacht und erkämpft werden. Die Mächtigen unterliegen der Kontrolle ihrer Bürger.

Nur wo die Freiheit verteidigt wird, kann Sicherheit geschaffen werden. Was wir verteidigen, drinnen wie draußen, ist nicht zuerst die Sicherheit, sondern zuerst die Freiheit. Ohne Freiheit können wir einander keine Sicherheitsgarantien geben.

Wer anderes verspricht, täuscht die Bürger.

Ihr bevorzugt Sicherheit? müsste der Staat die Menschen fragen. Lasst uns gemeinsam dafür sorgen, dass wir sicher leben. Aber das geht nicht ohne Freiheit. Ein Staat, der so informiert, würde überrascht die Gestaltungskraft seiner Bürger erleben. Freiheit als Wagnis: Ja, als ein Wagnis, das wir den Mächtigen abverlangen müssen. Wir können die Ermunterung zu diesem Wagnis mit einem Versprechen verbinden: Politiker, die den Bürgern ihre Freiheit zurückgeben, werden gestärkt auf die nächste Etappe gehen. Sie haben die stärksten Verbündeten an ihrer Seite, deren Kampfkraft sie dramatisch unterschätzt haben: freie Bürger.

---

54 Siehe S. 197–207.

Register

Gertrud Höhler

Jenseits der Gier

Vom Luxus des Teilens

ISBN 978-3-548-36909-9
www.ullstein-buchverlage.de

Gertrud Höhler

Warum Vertrauen siegt

ISBN 978-3-548-36717-0
www.ullstein-buchverlage.de

Misstrauen regiert – auf den Märkten, an den Börsen, in der Politik. Diese Abwärtsspirale beschädigt unser Selbstvertrauen. Wir müssen die Richtung ändern – mit einem Wagnis, für das wir reichlich belohnt werden: Vertrauen. Vertrauen macht mächtig, weil es Grenzen verschiebt: in den Köpfen und auf den Märkten. Wir haben keine Wahl – wir müssen uns aufeinander verlassen.

»Die Forderung nach einer Ökonomie und Politik, die sich Berechenbarkeit und Kompetenz, Offenheit und Ehrlichkeit auf die Fahne schreiben.« *Handelsblatt*

»Gertrud Höhler gehört zu den gefragtesten Kommunikations- und Unternehmensberatern Deutschlands.« *Vogue*